In Eva Menasses Essays und Reden lassen sich das Temperament und die unbändige Formulierlust dieser Autorin noch einmal neu entdecken: in liebevoll-boshaften Langzeitbeobachtungen über Deutsche und Österreicher, in engagierten politischen Interventionen, aber auch in leidenschaftlichen Bekenntnissen zu Lieblingsautoren wie Richard Yates, Alice Munro und Ulrich Becher. Ein besonderes Augenmerk gilt der öffentlichen Rolle des Schriftstellers, ein Feld, auf dem man in Deutschland bekanntlich nur alles falsch machen kann.
Die pointierten und eleganten Texte der Heinrich-Böll-Preisträgerin beziehen Stellung, sie sind ein starkes Plädoyer gegen Lauheit – und ein Lektüregenuss.

Eva Menasse, geboren 1970 in Wien, begann als Journalistin beim österreichischen Nachrichtenmagazin »Profil«. Sie wurde Redakteurin der »Frankfurter Allgemeinen Zeitung« und begleitete den Prozess um den Holocaust-Leugner David Irving in London. Nach einem Aufenthalt in Prag arbeitete sie als Kulturkorrespondentin in Wien. Sie lebt seit 2003 als Publizistin und freie Schriftstellerin in Berlin. Ihr Debütroman »Vienna« sowie ihr Erzählungsband »Lässliche Todsünden« waren bei Kritik und Lesern ein großer Erfolg. Für ihren Roman »Quasikristalle« wurde sie mit dem Heinrich-Böll-Preis der Stadt Köln ausgezeichnet.

Eva Menasse bei btb
Vienna
Lässliche Todsünden
Quasikristalle

Eva Menasse

Lieber aufgeregt als abgeklärt

Essays

btb

Der Verlag weist ausdrücklich darauf hin, dass im Text enthaltene externe Links vom Verlag nur bis zum Zeitpunkt der Buchveröffentlichung eingesehen werden konnten. Auf spätere Veränderungen hat der Verlag keinerlei Einfluss. Eine Haftung des Verlags ist daher ausgeschlossen.

MIX
Papier aus verantwortungsvollen Quellen
FSC® C014496

Verlagsgruppe Random House FSC® N001967

1. Auflage
Genehmigte Taschenbuchausgabe September 2016,
btb Verlag in der Verlagsgruppe Random House GmbH,
Neumarkter Straße 28, 81673 München

Umschlaggestaltung: semper smile, München
nach einem Umschlagentwurf von Barbara Thoben, Köln
unter Verwendung eines Motivs von © Oliver Eltinger/Corbis
Druck und Einband: GGP Media GmbH, Pößneck
MK · Herstellung: sc
Printed in Germany
ISBN 978-3-442-71372-1

www.btb-verlag.de
www.facebook.com/btbverlag
Besuchen Sie auch unseren LiteraturBlog www.transatlantik.de

Inhalt

Vorwort

»Je genauer ich meine Meinung zum Ausdruck zu bringen vermag, desto genauer produziere ich im Andersdenkenden die Widerlegung meiner Meinung. Wäre ich still gewesen, wäre der Widerpart reiten oder baden gegangen, jetzt schreibt er aber einen fulminanten Artikel. Ein Artikel mit meiner Meinung weckt fünf mit der Gegenmeinung. Also habe ich der Sache, falls es sie gibt, eher geschadet«, schreibt Martin Walser in »Vormittag eines Schriftstellers«.[1]

Die »Sache«, das weiß der ironische Selbstzerfleischer Walser natürlich, ist viel mehr als der zufällige, tagesaktuelle Anlass, aus dem man einen Meinungsartikel schreibt, für den man mehr oder weniger fulminante Widerreden einstecken muss und von dem man sich möglicherweise schon ein paar Jahre später erstaunt oder missmutig distanziert. In Summe ist die Sache der Diskurs, jenes vielstimmige, oft nervige Meinen und Streiten, in dem eine offene Gesellschaft ihre Übereinkünfte und Frontlinien, Tabus und Dringlichkeiten überprüft und verändert. An dieser oder jener Stelle am Diskurs teilgenommen zu haben, ist bei all der Vielmeinerei zweifellos ziemlich unbedeutend, und das, was man in den Ring geworfen hat, nicht unbegrenzt haltbar. Trotzdem – und das ist eine der wenigen Sicherheiten, die ich mir über die Jahre bewahrt habe – ist es weder uncool noch anmaßend, sich als von Beruf schreibender Mensch gelegentlich an öffentlichen Debatten zu beteiligen. Die Hohepriester des Purismus –

sich immer nur über das »literarische Werk« artikulieren und die Finger bloß nicht an Politik schmutzig machen – erscheinen mir nicht nur auf spitzfindig gewendete Weise eitel, sondern auch ein wenig fade, wie Kinder, die nie mitspielen wollen, weil man ja auch einmal verlieren könnte.

Beim Sichten der Texte, die für dieses Buch infrage kamen, ergaben sich schnell Schwerpunkte, die, unabhängig von Chronologie, nun die Reihenfolge bestimmen: ein Haufen Politisch-Feuilletonistisches, und darin wiederkehrend Stücke speziell zu Österreich und Deutschland, Wien und Berlin – ein Thema übrigens, das ich hoffe, biographisch hinter mir zu lassen. Nach über fünfzehn Jahren in Berlin, fern von meinem seltsamen kleinen Heimatland, geht mir das exegetische Selbstvertrauen langsam verloren. Und so ist es nur fair, dass in jüngeren Texten deutsche Spezifika einer genaueren Betrachtung unterzogen werden. Lange genug war ich fast unkritisch verliebt in mein Gastland, dem ich aber weiterhin, wenn in Österreich die ganz Rechten auf ihrem hirnlosen Vormarsch noch weiter kommen sollten, verzweifelt nachrühmen werde, dass es mir quasi politisches Asyl bietet.

Zweitens gibt es Betrachtungen zur Literatur im engeren Sinn, wobei ich, wie viele Kollegen, dazu übergegangen bin, fast nur noch über Bücher oder Autoren zu schreiben, die mich begeistern. Natürlich verraten manche dieser Aufsätze viel über die Ansprüche an das eigene Schreiben, bilden eventuell den Kern einer Privatpoetologie.

Im dritten Teil finden sich im Autobiographischen wurzelnde Texte – das nur zuzugeben ist gefährlich, wo man doch als Schriftstellerin auf Schritt und Tritt über den »wahren« Anteil in den eigenen Büchern verhört wird. Es sind jedenfalls Texte, die mir am Herzen liegen, weil die dazugehörigen Erlebnisse offenbar so stark waren, dass sie als eigene Geschichte herausmussten und nicht warten konnten, bis sie als überformtes Material oder als kleine Verzierungssplitter in einen Roman oder eine Erzählung passten.

Trotz der Genrebezeichnung »Essays« beschließen zwei kleine Erzählungen den Band: die eine, »Und Goethe war übrigens Jungfrau«, weil ich sie wiederum endlich vom Geruch des Autobiographischen befreien möchte – seit sie vor vielen Jahren erschien, werde ich zu Diskussionen über Astrologie eingeladen, weil Leser überzeugt davon sind, dass ich wirklich eine sternenverrückte Tante hatte. Hatte ich nicht. Alles erfunden, es tut mir leid – nur in Astrologie-Foren ist dieser Umstand natürlich, wegen meiner schreienden Fachunkenntnis, bekannt.

Die andere Erzählung ist, in ihrer ganzen schüchternen Kürze, die allererste belletristische Arbeit, die ich veröffentlicht habe. Aus reiner Sentimentalität beschließt sie den Band – weil ich ihr dankbar bin, weil das Schreiben in dieser assoziativen Freiheit eine Mutprobe war, ohne die alles Weitere nicht hätte begonnen werden können.

Mit dem Älterwerden scheint einem das entschlossene Meinen immer schwerer zu fallen. Deshalb stoße ich ja, mit dem Instinkt einer Leserin, die nie einem anderem System als dem der spontanen Lust gefolgt ist, gerade jetzt auf die Aufsätze Martin Walsers. In dem obengenannten Essay spricht er von den Folgen, die man gewärtigt, sobald man »seine Meinung genau zum Ausdruck« gebracht hat, man erfährt aber nichts darüber, dass schon das ja die Ausnahme ist. Ich vermute, Schriftsteller werden gerade auch solche, die beim Meinungsschreiben massiv davon behindert werden, dass ein obsessiver Kopf-Schachspieler immer gleich den Gegenzug ausführt, also das Gegenargument formuliert, um das ursprüngliche zu entwerten. Die sich in die Literatur flüchten, weil diese Ambivalenz und Offenheit nicht nur zulässt, sondern verlangt. Ein zu Ende geschriebener, in sich schlüssiger Meinungsartikel ist da fast ein Wunder, weil es einmal gelungen ist, die eigenen Gegenstimmen weiträumig auszuschalten. Das ist aber nur dann der Fall, wenn einem die vorherrschende Meinung zu einem bestimmten Thema so falsch oder disproportional erscheint, dass man gar nicht anders kann, als sich zu Wort zu melden. Oft ist das ein mühseliger, schmerzhafter, aber unausweichlicher Akt der Selbstbehauptung – so etwa der bestimmt nicht angenehm zu konsumierende Text »Nicht christlich, sondern krank«.

Beim Vergleich von anderen, weniger lanzenhaften Texten wird der aufmerksame Leser bemerken, dass ich mir über die Jahre gelegentlich widerspreche. Allerdings wäre das Gegenteil wohl verdächtiger. Denn einmal gewinnt eben der Alarmist im Kopf die Oberhand, ein andermal der Besänftiger. Die passende Antwort auf diesbezügliche Beschwerden hat vor Jahrzehnten der große österreichische Kulturhistoriker Egon Friedell gegeben: »Wenn ich mir schon widerspreche, warum widersprechen Sie mir dann?«

E. M.

I. Politisch-Feuilletonistisches

Lieber aufgeregt als abgeklärt

Dankesrede zum Heinrich-Böll-Preis

Was hätte wohl Heinrich Böll dazu gesagt? Zur Umfrage einer Wochenzeitung kurz vor der letzten Bundestagswahl, in der von achtundvierzig bekannten Wissenschaftlern, Künstlern, Intellektuellen etwa ein Viertel mehr oder weniger deutlich, mehr oder weniger stolz ihre Wahlverweigerung öffentlich bekundeten? Wo dieses Viertel der Befragten egozentrische Sätze schrieb wie »selten war ich mir so unschlüssig«, unfreiwillig komische Sätze wie »früher habe ich noch an Parteien geglaubt«, denkfaule Sätze wie »wie soll man in differenzlosem Feld eine Entscheidung treffen«, und bemitleidenswert erschöpfte Sätze wie den folgenden: »Das Beste, was wir im Augenblick haben, ist die erzwungene Solidarität unter uns Wahlmüden«? Was hätte er gesagt zu dem großen Essay eines angesehenen Wissenschaftlers, der wortgewaltig viel richtige Kritik an hochkomplexen politischen Phänomenen äußerte, nur um dann mantraartig zu dem unterkomplexen Schluss zu kommen, die einzige Möglichkeit, darauf zu reagieren, sei, nicht mehr wählen zu gehen?

Was hätte Böll gesagt angesichts von Medien, die diese todschick gewordene Politikverdrossenheit, diese Denk- und Entscheidungsfaulheit nicht bloß transportieren, sondern lustvoll vervielfältigen, indem sie ausgerechnet den Nichtwähler zum Superstar aufbauen, der einfühlsam zu seinen Beweggründen interviewt wird? Wo sich Talkmaster inzwischen auch in gehobenen Programmen als unerbittliche Ankläger gerieren, die dem Angeklagten, also dem Politiker, der ohnehin vorverurteilt ist, aus ihren unendlichen digitalen Archiven seine Fehlleistungen, Tränen und falschen Versprechungen vorspielen? Wo sie einem Kanzlerkandidaten, der über Maßnahmen zur Gleichberechtigung spricht, als Antwort höhnisch O-Töne aus Fußgängerzonen zeigen, wo irgendwelche Frauen sagen, dass ihnen die Mundwinkel dieses Bewerbers aber einfach nicht gefallen?

Was hätte Heinrich Böll gesagt angesichts einer Öffentlichkeit, in der sich die Reste von Sachpolitik aufgelöst haben wie in einer homöopathischen Zuckerlösung, weil es nur noch um Äußerlichkeiten geht, um Fingerhaltungen, Halsketten und die Frage, wie einer »ankommt« und nicht, ob er etwas zu sagen hat?

Was würde Heinrich Böll heute zur Lage in seinem Deutschland sagen? Nach fast siebzig Jahren Frieden ist es zu einem der reichsten und mächtigsten Länder der Welt geworden, während anderswo auf der Welt, nicht nur in Syrien, täglich Tausende fliehen und Hunderte sterben, während regelmäßig Dutzende, an schlechten Tagen auch Hunderte Flüchtlinge im Meer zwischen Afrika und Europa ertrinken, und die paar wenigen, die ihre Haut heil bis zu uns gerettet haben, treten nach kurzer Zeit in unseren kalten Kirchen lieber in den Hungerstreik, als ein sinn- und trostloses Dasein als zwar durchgefütterter, aber jeder

Zukunft beraubter Asylant zu führen. Was hätte Böll gesagt zu diesem Deutschland, das sich am liebsten dann intellektuell anstrengt, wenn es darum geht, die eigene Untätigkeit zu verteidigen, die eigene erstickende Langeweile zu beschwören?

Ich weiß nicht, was er gesagt hätte, aber eines ist sicher: Heinrich Böll hätte etwas gesagt, und nicht zu knapp. Dieser Mann, der mit achtundzwanzig Jahren aus den Schützengräben eines verbrecherischen Krieges kam, der in den Nachkriegsjahren von sich selbst und seiner Familie verlangte, eher zu hungern, als dass er seine Freiheit als unabhängiger Schriftsteller aufgegeben hätte, dieser Autodidakt, der in den ersten Jahren gar nicht anders konnte, als wie besessen aufzuschreiben, was er an Gräueln erlebt hatte, und der, neben Wolfgang Borchert, der Erste war, der mit seinen Texten den sinnlos verheizten Soldaten und ermordeten Juden ein Denkmal setzte – der hat zeitlebens lieber einen Fehler gemacht, als den Mund zu halten. Der hätte sich niemals von vermeintlich wohlmeinenden Beratern oder vom Comment des Literaturbetriebs sagen lassen, dass es sich für Schriftsteller nicht schickt, sich zur Lage zu äußern. Dass es sich rächen könnte, beim nächsten Buch. Dass es großspurig wirkt, wenn man sich politisch artikuliert, als jemand, der doch bloß etwas geschrieben hat. Worin, bitte, geschätzter Autor, geschätzte Autorin, besteht denn Ihre Expertise, sich zu äußern? Haben Sie ein Rentenkonzept in der Schublade? Oder eine bessere Idee, um die Finanzkrise zu lösen? Wollen Sie sich mit diesem tagespolitischen, gar parteipolitischen Dreck Ihre zarte Poetenhand ruinieren? Na also. Dann überlassen Sie das doch lieber weiterhin uns, den festangestellten Kommentatoren, die wir dafür bezahlt werden, dass wir Tag für Tag eine frische Meinung haben und diese handzuhaben verstehen wie ein Schwert. Und für Wahlempfehlungen gibt es ja, alle vier Jahre, die Starfriseure und Seriensternchen.

Über die Freiheit des Schriftstellers schrieb Heinrich Böll: »Er muss zu weit gehen, um herauszufinden, wie weit er gehen kann.«

Das hat Böll sich zur Maxime gemacht, ebenso wie der um zehn Jahre jüngere Günter Grass. Sie kamen auf der Seite der Schuldigen aus dem Krieg, sie begannen auf den Trümmern zu schreiben, auf denen ihrer Städte ebenso wie auf den Trümmern all dessen, was Deutschland einmal ausgemacht hatte, als nationale Idee, als Ort von hochstehender Kultur und Zivilisation, bevor es die Gaskammer erfand.

Die Energie von Böll und Grass, ihr Land mit der Kraft ihrer Worte zu einem anderen, besseren Land zu machen, war immens und einschüchternd. Als sie älter wurden, diese Energie aber keineswegs nachließ, während das Wirtschaftswunderland um sie herum an die Stunde Null schon gar nicht mehr erinnert werden mochte, wirkten sie auf einmal lächerlich.

Plötzlich wollte niemand mehr sein wie sie, sie schienen querulantisch, besserwisserisch, moralapostelhaft. Plötzlich wollte keiner mehr die öffentliche Arena betreten, die sie den Schriftstellern und Intellektuellen gerade erst erkämpft hatten – das klingt zwar paradox, ist aber wahrscheinlich bloß die natürliche Bewegung der Geschichte, eine Bewegung wie Ebbe und Flut.

Eine neue Zeit kam und urteilte vernichtend wie Rainald Goetz, der Böll und Grass »die präsenilen Chefpeinsäcke« nannte. Auf diese Art der verbalen Abwicklung möchte man übrigens auch mit einem Böll-Zitat antworten: »Ich hoffe, du hast nicht in den Eisschränken der Ironie das Gefühl der Überlegenheit frisch erhalten.« Damals jedenfalls ging die intellektuelle Deutungsmacht über die Phänomene der Gegenwart fast gänzlich auf die Journalisten über.

Schriftsteller und Politik, das ist in Deutschland seither eine unmögliche Verbindung. Es gilt als veraltet und peinlich, sich auch nur in der Nähe von Politik oder gar Parteien sehen zu lassen. Auch dem Wort »politisches Engagement« haftet etwas unsouverän Aufgeregtes an, als wäre so ein Engagierter ein überschäumendes Kind, das es leider noch nicht besser weiß. Wenn ich es recht sehe, hat die Unvereinbarkeit dieser beiden Sphären nach der Wiedervereinigung eher noch zugenommen, wenn auch aus geradezu entgegengesetzten Gründen: Während die Kollegen aus der DDR ihre speziellen Erfahrungen mit Zwang, Vereinnahmung und Staatsschriftstellerei gemacht hatten, sah Heinrich Böll mit dem zeitlichen Abstand und den mit ihm automatisch einhergehenden Schlampereien und Vereinfachungen nun beinahe wie der (demokratische) Staatsschriftsteller der guten alten Bonner Republik aus.

Nichts könnte falscher sein. Heinrich Böll war ein großer Moralist – auch das ein Wort, das konjunkturell zum Schimpfwort taugt, weil selbst die Moral gelegentlich aus der Mode kommt –, aber er war auch ein grandioser Polemiker und ein wilder Widerborst. Wer heute seine politischen Essays, seine Reden, seine Zwischenrufe, ja seine Leserbriefe liest, dem stockt der Atem vor so viel Angriffslust, sprachlicher Zuspitzung, triefender Ironie. Da ist ein heißer, kämpferischer Ton, ein Ton, den man heute kaum noch hört und liest, nicht einmal, wenn sich verfeindete Feuilletonisten beharken.

Im Vergleich dazu ist der aktuelle deutsche Diskurs in ritueller Höflichkeit erstarrt. Kaum einer langt, auch *ad personam*, so hin und macht sich gleichzeitig durch ehrlichen Einsatz des Pronomens »ich« so verwundbar, wie Böll es tat. Man könnte auf den Gedanken kommen, dass Heinrich Böll, der die Nazidiktatur und den Vernichtungskrieg überlebt hatte, danach alle Rüstungen für immer abgelegt hat. Dass Böll, der massenmörderischen Diktatur entkommen, fortan entschlossen war, diese junge Demokratie schreibend und protestierend auf ihre Tauglichkeit zu überprüfen, am eigenen Leib, ob sie »echt« war und sich wirklich nicht wieder zurückverwandeln würde, ob man nicht doch noch Reste von Willkür, Denk- und Redeverboten zutage fördern könnte.

Für diese demokratische Tauglichkeitsprüfung hat Böll »sich eingesetzt« im Wortsinn, er musste zwar nicht mehr, wie im Krieg, sein Leben einsetzen, aber alles andere hat er eingesetzt, seine Person, seinen Ruf, sein Gewicht als Schriftsteller und Nobelpreisträger. Als der RAF-Terror begann, stand er ganz allein auf weiter Flur mit seinem Versuch, in einem Klima von gesellschaftlicher und politischer Hysterie auf die fatale Mitwirkung der Medien an ebendieser totalen Hysterie hinzuweisen.

Dafür hat ihn die Springer-Presse mit einer Hasskampagne überzogen, die Böll als Sympathisanten von Terroristen diffamiert, die ihm den berühmten Polizeieinsatz beschert hat – sein Haus wurde von schwerbewaffneten Polizisten umstellt und nach Terroristen durchsucht. Das hat ihn tief gekränkt, und die Kampagne hat bis zu seinem Tod nicht aufgehört.

Die Causa Böll von 1972 bleibt ein schreckliches Lehrbeispiel dafür, wie in einem Zustand von Radikalisierung beruhigende und deeskalierende Texte gar nicht mehr verstanden werden können, wie alles, was in einer solchen Atmosphäre gesagt und geschrieben wird, plump der einen oder anderen Seite zugeschlagen wird. Bist du nicht für mich, so bist du gegen mich. Es bleibt ein beunruhigendes Beispiel dafür, wie Mitte und Mäßigung plötzlich spurlos verschwinden können.

»Elf Millionen Bundesbürger schlürfen täglich den Polit-Porno-Zynismus von BILD ein«, schrieb Böll glasklar und ungebrochen: »Ich weiß, es ist Mode geworden, die Springer-Presse für indiskutabel zu halten. Ich mag mir diesen intellektuellen Luxus nicht leisten.«[2]

Der intellektuelle Luxus, der nur ein anderes Wort für Feigheit ist: Da ist er, dieser Böll, der ganz unverbraucht und gegenwärtig zu mir spricht, von dem man bis heute so viel lernen kann. Ihn lesend, begreife ich noch einmal neu den Unterschied zwischen dem professionellen Kommentator des Zeitgeschehens, dem Journalisten, dem Lobbyisten, dem Politiker, und uns, den Autoren.

Denn wir sind allein, wir haben keinen Zeitungsverlag, keinen Konzern und keine Partei hinter uns. Die einzige Kraft, die wir haben, ist unsere Stimme und unsere Verletzlichkeit. Wir sind komische Käuze in stillen Kammern, wir verweigern uns der Hochgeschwindigkeit der Geschäftswelt, dem absurden Postulat der Schwarmintelligenz, der vermeintlichen Alternativlosigkeit einer Hundertschaft von gefährlichen Entwicklungen. Wir nehmen uns viel Zeit für seltsame, altmodische Gedanken. Wir haben und brauchen Abstand. Genau das ist unsere Expertise, die Voraussetzung für einen anderen, hoffentlich freieren Blick.

Vielleicht ist ja der Künstler, der sich politisch äußert, die einzige authentische politische Figur. Die anderen sprechen als Profis. Wir aber fallen aus der angestammten Rolle und werden zu Privatleuten mit einer papierdünnen Haut, sobald wir uns öffentlich mit der Welt außerhalb unserer Werke beschäftigen.

Das ist gefährlich, unangenehm und nicht jedermanns Sache. Das ist eine Mutprobe, denn es ist schon so manchem Autor zum Verhängnis geworden, an dessen wohlformulierten Misston man sich noch nach Jahren erinnerte, während die Sprachhülsen der Dauerredner täglich von den nächsten überschrieben werden. Man braucht uns dafür nicht zu bewundern. Das Einzige, das wir mit Nachdruck verlangen, ist: ernstgenommen zu werden, so ernst wie all die anderen auch. Nicht für illegitim oder anmaßend erklärt zu werden. Oder, mit Heinrich Böll gesagt: »Was Autoren sind: auch Bürger, möglicherweise artikulierte. Sonst nichts. Ich bin gegen Heldenverehrung, Denkmäler, Images und Ikonen.«[3]

In seinem vorletzten Roman mit dem brillanten Titel »Fürsorgliche Belagerung« beschreibt Heinrich Böll eine klaustrophobische Welt totaler Überwachung. Eine kleine Gruppe Reicher und Mächtiger wird Tag und Nacht überwacht. Warum? Weil ein Anschlag verhindert werden soll.

Doch je perfekter das Sicherheitsnetz, desto gefährdeter fühlen sie sich. Zu den eminenten Vorkehrungen von Sicherheit gesellt sich eine tiefe psychische Verunsicherung. Hinter jeder Ecke steht ein Bewaffneter und begleitet sie bis auf die Toilette. Die solcherart Beschützten haben keinerlei Privatsphäre mehr, ihre Telefone werden überwacht, ihre Briefe gelesen, jeder ihrer Schritte wird kontrolliert, über buchstäblich jede ihrer Lebensäußerungen wird Buch geführt. Diese Lückenlosigkeit führt zu immensen Kollateralschäden. Denn wenn ein Sicherheitsmann und sein Vorgesetzter alles über einen wissen, dann weiß es auch die Ablöse des Wachmanns und der Stellvertreter des Vorgesetzten, es wissen die Komitees, die regelmäßig zusammentreten, um die Sicherheitsmaßnahmen zu evaluieren. Je mehr es wissen, desto sicherer gibt es Lecks. Es gibt Sicherheitslecks, aber vor allem gibt es Informationslecks. Die Hauptfigur des Romans, Fritz Tolm, ist mit einem Schmierblatt namens »Das Blättchen« zum Multimillionär geworden, aber natürlich gibt es Konkurrenten unter den Schmierblättchenmachern. Und diese Konkurrenz spielt die privaten Informationen über Tolm und seine Familie gnadenlos aus.

Das ist der großartigste Schachzug Bölls in diesem Roman: dass er zeigt, wie ein völlig übersteigerter Sicherheitswahn sich zauberlehrlingshaft gegen die kehrt, die ihn in Gang gesetzt haben. Die umfassend Überwachten und Durchleuchteten können zwar vielleicht vor Anschlägen bewahrt werden, aber sie haben keine Sekunde Ruhe mehr, sie werden unvermeidlich zu Opfern von Erpressung und öffentlicher Demütigung.

Man erkennt die Parallelen. Unnötig zu sagen, weshalb dieser Roman heute vermutlich noch viel aktueller ist als zur Zeit seiner Entstehung, als Heinrich Böll zu beschreiben suchte, was er im Deutschen Herbst über die Physik der Gesellschaft gelernt hatte. Ich muss nicht erinnern an die heutigen technischen Möglichkeiten, die so schnell über unsere Gewissheiten und Empfindlichkeiten, vor allem über unsere Gesetze hinweggestürmt sind, dass wir die Implikationen noch gar nicht begriffen haben. Wir glauben noch, dass der weltweite öffentliche Pranger unser größtes Problem ist, jener Pranger, der heute Shitstorm heißt, der zum ersten Mal seit dem Mittelalter wiedererrichtet wurde und der, wahrhaft demokratisch, für jeden jederzeit bereitsteht. Dabei lauert etwas viel Größeres gleich hinter der nächsten Ecke. Was da lauert, ist so monströs und unbegreiflich, dass wir es noch kaum denken können, während es unsere Computer schon rechnen.

Wir haben, nach einer kollektiven Schrecksekunde von mehreren Monaten, inzwischen immerhin begriffen, dass wir überwacht werden, wir alle, jedermann, ganz fürsorglich und unauffällig. Alle unsere Daten sind im Besitz von Konzernen und Geheimdiensten, es ist derzeit unklar, wer genau was über uns weiß, aber das Unheil liegt im nächsten Schritt: Man ist technisch nicht mehr weit davon entfernt, dass missbräuchlich alles mit allem verknüpft werden kann. Unsere Gesundheitsdaten, die bei der Krankenkasse hinterlegt sind, unsere Einkäufe, die per Strichcode erfasst und mit der Karte bezahlt worden sind, unsere Bewegungsprofile, da wir ja alle Handys und Navigationsgeräte besitzen, unsere Adressbücher, Telefonverbindungen, Kontobewegungen, die Inhalte unserer E-Mails. Sobald das alles miteinander verbunden werden kann – irgendwo gespeichert ist es längst –, sind wir nackt. Denn zusammengerechnet ergeben diese Daten ein ziemlich genaues Abbild unseres Selbst: unserer Neigungen, Vorlieben, Gelüste, Geheimnisse.

Wir müssen das endlich verstehen: Wir sind zwar Menschen aus Fleisch und Blut, aber wir sind inzwischen alle auch Datenbündel. Die Daten, die über uns kursieren, können uns fast lückenlos beschreiben. Und diese Daten – und damit wir selbst – sind derzeit Freiwild; was unsere Daten betrifft, leben wir im Wilden Westen, wo es kein anderes Recht gibt als das des Stärkeren, der die besseren Programmierer und die größten Speicherkapazitäten hat.

Obwohl es zu seinen Lebzeiten noch kein Internet gab, scheint Heinrich Böll das alles vorausgesehen zu haben. Denn dieser Irrsinn, dem wir gerade entgegengehen, ist Ergebnis einer ganz bestimmten giftigen Kombination von entfesseltem Kapitalismus (die Konzerne, die unsere Daten sammeln, damit sie unser Konsumverhalten noch besser einschätzen können) und Sicherheitswahn (die Geheimdienste, die unsere Daten sammeln nach der ziemlich verzweifelten Logik: Wer den ganzen Heuhaufen nach Hause schleppt, hat irgendwo da drin auch die Terroristen-Nadel). Und der Sicherheitswahn wird von skrupellosen Medien genauso befördert wie zu Bölls Zeiten. Wir alle lassen uns ununterbrochen einreden, dass wir hochgefährdet sind, nicht durch Freizeitunfälle (was statistisch stimmen würde), nicht durch Autounfälle (was statistisch stimmen würde), sondern durch Terroristen. Und deshalb schauen wir gelähmt zu, wie demokratische Grundrechte, in Jahrhunderten erkämpft, Schritt für Schritt außer Kraft gesetzt werden: das Recht auf Privatsphäre, die Unschuldsvermutung, das Briefgeheimnis, das Recht auf einen fairen Prozess, das denen, die zum Beispiel in Guantánamo einsitzen, seit vielen Jahren verwehrt wird.

Aber das Interessante ist: Jetzt, da die Grundfesten unserer westlichen Demokratien zum ersten Mal wirklich unterhöhlt werden, beginnen sich Schriftsteller wieder zu benehmen wie damals Heinrich Böll. Sie melden sich zu Wort, sie zeigen ihr Gesicht, sie gehen hinaus, machen Lärm und machen sich angreifbar. Das ist die einzige gute Nachricht: dass Bölls Erbe noch nicht ganz verloren scheint. Eine Schmerzgrenze scheint überschritten, bei den Menschen meines Berufsstandes, die ja nicht nur von Schriftlichem, von Briefen und Texten und Kommunikation leben, sondern die, um überhaupt Schriftsteller zu sein, vor allem »hochrechnen können müssen«, wie es Katja Lange-Müller einmal formuliert hat. Das ist, was wir täglich tun, wenn wir schreiben: Das, was ist, gedanklich in die Zukunft und in alle seine Spielarten hinein zu verlängern. Das Was-wäre-wenn ist unser Geschäft. Deshalb bin ich lieber eine aufgeregte Autorin als ein abgeklärter Nichtwähler.

Und deshalb waren es wohl, nicht nur in Deutschland, die Schriftsteller, von denen die ersten Proteste kamen, als die Enthüllungen von Edward Snowden, dieses großen Helden unseres noch jungen Jahrhunderts, begannen. Als vor acht Wochen zwei Dutzend deutscher Dichter fast siebzigtausend Unterschriften von Bürgern, die unseren Protest und unsere Forderung nach Aufklärung unterstützten, persönlich zum Kanzleramt brachten und dort abgaben, haben wir uns wieder einmal rundum lächerlich gemacht, wie uns auf allen Kanälen umgehend bescheinigt wurde. »Hochmütig und peinlich« sei das, sagte ein berühmter Schauspieler. Wo er das sagte? Natürlich in einer Talkshow. Nicht draußen im Regen.

Eine junge Lyrikerin namens Anke Bastrop hat im Anschluss daran einen hinreißenden Text geschrieben:

»Ich wollte mich dort hinstellen: in der ganzen stolzen Fragilität, dieser seltsamen Angreifbarkeit unseres Menschseins. Ohne sichernde Aufmärsche, Fanfaren und Megaphone. So, wie jeder einzelne der Welt gegenübersteht. Mit Hochmut hat das wenig zu tun, mit Nacktheit viel. Ich wollte das: verletzbar sein. Es entspricht dem Stand des Wortes in der virtuellen Welt.«[4]

Das ist die Saat von Heinrich Böll, die überwintert hat und wieder aufgehen wird.

Was immer wir tun, denken wir an Bölls Worte: »Herr

Oberst, wir gefährden die Demokratie nicht, wir machen Gebrauch von ihr.«

Machen wir Gebrauch von unserer Demokratie. Damit aufzuhören, ist das Einzige, was verboten ist.

Nicht christlich, sondern krank

Zur Debatte um die Präimplantationsdiagnostik

Im Leben eines Menschen gibt es nichts Schlimmeres als den Tod des eigenen Kindes. Eine besondere Spielart dieses absoluten Horrors ist die Totgeburt oder der frühe Kindstod. Im Mutterleib und direkt danach ist das menschliche Leben am empfindlichsten, am rätselhaftesten, am wunderbarsten. Wenn das Mysterium der Geburt mit dem Tod zusammenfällt, berührt es auch den Unbeteiligten tief und eiskalt; es erscheint so falsch, grausam und pervers.

Für die Frauen, die ein totes Kind gebären mussten, ist es eine Lebenskatastrophe, die unter Umständen niemals heilt.

Aber selbst die »normale« Fehlgeburt, wo der Körper die Frucht in den ersten drei Monaten abstößt, weil sie nicht gesund war, ist eine schwere psychische Belastung, die einer langen Zeit der Verabschiedung, Trauer und Verarbeitung bedarf. Die Therapeuten wissen das. Die Frauen, die es durchleiden mussten, wissen das. Und ihre Männer, die Beinahe-Väter, wissen das auch. Oft wissen es sogar die Pfarrer.

Wer es nicht weiß, ist unsere Gesellschaft als Kollektiv und unsere Bundeskanzlerin. Vielleicht ist das der letzte Bereich, wo unsere ach so fortschrittliche, aufgeklärte Gesellschaft, die ansonsten jeden Autounfall als traumatisierungsträchtig erkennt, noch zutiefst männlich geprägt und hundertprozentig frauenfeindlich ist. Es ist jedenfalls der einzige Bereich, wo es für Frauen geradezu verstörend ist, dass der Bundeskanzler konservativ und weiblich ist. Denn über Fehl- und Totgeburten und ihre Folgen redet man nicht. Es ist ein Tabu. Man redet auch nicht darüber, dass man die Hilfe der Reproduktionsmedizin in Anspruch nehmen muss, weil man auf »normalem Weg« keine Kinder bekommen kann. Das alles sind »Frauensachen«, die umgehend »weggesteckt« werden müssen, das haben andere doch auch geschafft.

Angela Merkel hat sich nun ausgesprochen für ein Verbot der Präimplantationsdiagnostik (PID), bei der Embryonen nach der künstlichen Befruchtung auf genetisch bedingte Krankheiten untersucht werden. Teile der SPD und der Grünen wollen sich der Kanzlerin anschließen. Dies bedeutet ganz einfach, dass gewisse Frauen per Gesetz dazu gezwungen werden, vorhersehbare Fehlgeburten und Spätabtreibungen zu erleiden. Dass gewisse Eltern ihre neun Monate lang getragenen, geborenen, aber dann nicht lebensfähigen Kinder sterben sehen müssen. Dass sie vielleicht nie ein gesundes Kind bekommen.

Obwohl das nicht sein müsste.

Es wird behauptet, dass der Gesetzgeber zwischen schweren und nicht so schweren Krankheiten entscheiden müsste, selbst wenn er nur die engste Form der PID, also ausschließlich für genetisch schwer vorbelastete Paare, erlauben würde. Doch darum geht es nicht. Es geht auch nicht darum, Herr über Leben und Tod zu spielen, wie manche Konservative mit ganz unchristlich selbstgefälligen Mundwinkeln sagen und sich dabei ihrem Platz im Paradies gewiss schon nahe fühlen.

Es ginge schlicht und einfach darum, sich innerhalb der bereits bestehenden Gesetzeslage verhältnismäßig und rational zu verhalten. Um etwas Sinnvolles zum Thema PID sagen und entscheiden zu können, muss man das ganze Bild in Augenschein nehmen, alles, was in diesem heiklen

Bereich erlaubt und was verboten ist, von der Zeugung bis zur Geburt.

Die Verhältnisse sind nämlich so: Jede Frau in Deutschland kann jedes gesunde Kind, das sie nicht haben möchte, bis zur zwölften Lebenswoche abtreiben lassen. Das ist ein Recht, das die Frauenbewegung, besonders unterstützt von den Grünen, vor Jahrzehnten durchgekämpft hat, auf das sie stolz ist und das nicht zurückgenommen werden kann und darf.

Zweitens: In den letzten Jahren hat die vorgeburtliche Diagnostik große Fortschritte gemacht. Man darf und will die ungeborenen Kinder im Mutterleib auf alles Mögliche untersuchen. Es ist natürlich schön zu erfahren, dass das Ungeborene gesund ist. In einer ängstlichen Gesellschaft lassen Frauen heute aber wahrscheinlich zu vieles zu. Sie wollen die Gewissheit, dass alles in Ordnung ist. In der Regel haben sie sich vorher nicht gefragt, wie sie mit einer schlechten Nachricht umgehen würden. Diese schlechte Nachricht, oder nur die schlechte Prognose (und was gibt es in diesem Bereich oft für Fehldiagnosen, wo auch gesunde Kinder als krank angekündigt werden!), stürzt werdende Eltern in kaum aushaltbare Konflikte. Was für ein Kind bin ich bereit zu ertragen, obwohl ich es noch nicht einmal gesehen und im Arm gehalten habe?

Die absurde Angst vor dem Down-Syndrom zum Beispiel ist ja nur entstanden, weil man das ungeborene Kind zweifelsfrei darauf testen kann. Sie führt dazu, dass erheblich mehr gesunde Babys verloren gehen als überhaupt Down-Syndrom-Babys entdeckt werden. Denn die Entnahme des Fruchtwassers – in dem man eben nichts anderes als das Down-Syndrom und andere, extrem seltene Chromosomenanomalien sowie Neuralrohrdefekte feststellen kann – ist ein Eingriff, der die Schwangerschaft jeder hundertsten Frau beendet. Und trotzdem empfehlen manche Ärzte ihn nicht nur, sondern üben – angeblich aus Angst vor Schadenersatzforderungen – sogar Druck auf die Frauen aus, besonders, wenn diese über fünfunddreißig sind. Einer Freundin, die nach mehreren Fehlgeburten endlich »richtig« schwanger war und diese Untersuchung gut aufgeklärt verweigerte, wurde mit schwerem Geschütz zugesetzt: »Ein behindertes Kind bürden Sie nicht nur sich, sondern auch der Gesellschaft auf!«

Was aber, wenn die Untersuchung durchgeführt und die Nachricht schlecht, wirklich schlecht ist und die Eltern ein schwer- oder schwerstbehindertes Kind auf gar keinen Fall bekommen wollen? Für diese zum Glück extrem seltenen Fälle gibt es die Spätabtreibung, zu jedem Zeitpunkt vor Einsetzen der Wehen, also bis unmittelbar vor der natürlichen Geburt.

»Spätabtreibung« aber ist ein Euphemismus für einen der grässlichsten Vorgänge, die in Deutschland gesetzlich erlaubt sind. Es bedeutet: Das Ungeborene wird mit einer Spritze ins Herz, durch die Bauchdecke der Mutter, getötet, dann werden die Wehen eingeleitet, und das Kind wird auf normalem Wege geboren. Das dauert so lange, wie es eben dauert, eine »normale Geburt«, viele Stunden, um ein krankes, bereits totes Kind loszuwerden. Würde man das Kind ohne Giftspritze einfach zu früh zur Welt kommen lassen und es lebte, hätten die Ärzte nämlich die Pflicht, alles für sein Weiterleben zu tun, so wie sie es ja auch für die Frühchen tun. Deshalb muss man es vorher totspritzen. Jene Frauen, die das in einer Panikreaktion nach einer niederschmetternden Diagnose machen ließen, werden diesen Schatten auf ihrer Seele meist bis an ihr Lebensende nicht mehr los.

Es war ein richtiger Schritt der letzten Regierung, die

Abläufe in diesen wenigen, tragischen Fällen etwas besser zu regeln. Es gibt jetzt eine Bedenkzeit, die eingehalten werden muss, und eine Pflicht zur umfassenden Beratung.

Aber angesichts solcher Fälle, und angesichts von hundertzehntausend ganz normalen deutschen Abtreibungen pro Jahr, ist jeglicher »Embryonenschutz« in der ersten Woche nach der Befruchtung eine vollkommen irrationale, menschenverachtende Groteske.

Gefragt wird: Wann beginnt das Leben? In Deutschland streitet man erbittert über einen Zeitkorridor von vierundzwanzig Stunden nach der Befruchtung. Wegen dieser Haarspaltereien müssen in der deutschen Reproduktionsmedizin befruchtete Eizellen im »Vorkernstadium« eingefroren werden, also noch bevor sich die Kerne von Ei- und Samenzelle vollständig vereinigt haben. Und wenn sie sich vereinigt haben, müssen alle Embryonen in den Körper der Mutter eingesetzt werden. Obwohl es oft gute Gründe gäbe, nur ausgewählte zurückzusetzen.

Doch ein wenige Tage alter Embryo ist – bei höchstem Respekt vor dem menschlichen Leben! – kein Mensch. Es ist ein Zellhaufen mit Menschpotenzial. Deswegen stellen die Juden, ein ebenso familienfreundliches wie ethisch geschultes Volk, schon die Ausgangsfrage anders: Sie fragen, wann etwas »beseelt« ist. Ein Embryo in der ersten Lebenswoche ist es dieser Auffassung nach nicht. Deshalb kann man ihn sowohl untersuchen wie verwerfen; deshalb ist Israel eines der Länder mit der freizügigsten Reproduktionsmedizin.

Die Natur sortiert missglückte, kranke Embryonen im Normalfall in den ersten drei Monaten der Schwangerschaft aus. Hier liegt auch die Grenze für den legalen Schwangerschaftsabbruch, deshalb sind die Spirale und die

»Pille danach« erlaubt, die beide – in einem viel früheren Stadium – befruchtete Eizellen zum Abort zwingen. Aber hier weiß es unser Gesetzgeber besser als selbst die Natur und schützt den Zellhaufen sogar noch früher.

Alle diese bizarren Details wissen nur Betroffene. Sie schweigen still, denn sie schämen sich für ihr Unvermögen, auf normalem Wege Kinder zu bekommen. Sie lassen es unwidersprochen zu, dass man ihnen den Wunsch nach »Designerbabys« unterstellt oder dass sie »Gott spielen« wollten. In Österreich hat mir ein hochrangiger Politiker der Grünen einmal gesagt, man solle Kinderlosigkeit als Schicksal annehmen. Natürlich war es ein Mann, natürlich ein Katholik, und natürlich hat er selbst Kinder. Und gewiss würde er einen Blinddarmdurchbruch oder eine verengte Herzarterie nicht als Schicksal annehmen, sondern zum Arzt gehen.

Eine PID brauchen Paare, deren auf normalem Weg gezeugte Kinder ein erhebliches Risiko haben, genetisch schwer geschädigt zu sein. Das wissen diese Paare nicht von Anfang an; im Normalfall haben sie von diesem Schicksal erst durch ihr erstes, schwerkrankes, vielleicht bereits verstorbenes Kind erfahren. Dann wollen sie ein zweites und entschließen sich zur künstlichen Befruchtung. Sie tun das, weil sie einen gesunden Embryo, ja: auswählen wollen. Noch einmal: Dieser Embryo, an dem die rücksichtslosen, egoistischen Eltern eugenisch tätig werden wollen, ist zwei, drei, maximal fünf Tage alt, und er hat weder Arme, Beine noch Gesicht wie die viele Wochen älteren Föten, die oft, so falsch wie absichtlich, zur propagandistischen Bebilderung herangezogen werden.

Aber auswählen, das dürfen die von ihren Genen verdammten Paare nicht. Sie müssen auf »natürlichem« Weg weitermachen; sie dürfen so oft schwanger werden, Fehlgeburten erleiden, spätabtreiben oder schwerbehinderte Kinder gebären, wie sie wollen. Was sie aber nicht dürfen, wenn es nach dem Willen der Bundeskanzlerin und ihrer konservativen Männerarmee geht: Sie dürfen den kranken Zellhaufen nicht aussondern lassen.

Das aber ist nicht christlich, das ist krank.

Konservative Politiker und leider inzwischen auch etliche andere, deren moralischer Kompass bei jeder etwas komplizierteren Frage »Hitler, Hitler« blökt, phantasieren seit Jahren von gentechnisch manipulierten »Designerbabys«: Wenn man erst einmal die PID erlaube, dann seien allen Wünschen Tür und Tor geöffnet, die Leute würden sich umgehend in den Labors stauen, um dort schlanke, blonde und blauäugige Mädchen ohne Diabetes- und Brustkrebsgen zu bestellen. Und von da ist es logischerweise nicht mehr weit bis zur nächsten Euthanasieaktion in der NS-Tötungsanstalt Hartheim.

Ich empfehle allen PID-Gegnern einen Tag im Wartezimmer einer Kinderwunschklinik: Denn erstens kann die Medizin solche Designerbabys nicht herstellen und wird es vermutlich nie können. Sie weiß ja nicht einmal, warum sich nur manche Embryonen einnisten, die meisten aber nicht.

Aber zweitens, und das ist es, was mich an den selbstgefälligen Moralaposteln so empört, haben Menschen, die nicht davon betroffen sind, nicht die geringste Ahnung davon, was dieses sperrige Wort »Reproduktionsmedizin« in Wahrheit bedeutet. Sie haben nie die verweinten Frauen gesehen, die dort sitzen, nachdem ihr x-ter Versuch, schwanger zu werden, fehlgeschlagen ist, oder denen die mühsam erkämpfte Schwangerschaft gerade wieder zwischen den Beinen herausblutet. Und sie wissen nicht, was für ein Aufwand und eine Qual es ist, diese paar Embryonen erst einmal zu gewinnen, mit denen man dann dies und jenes nicht tun darf.

Ein Mann: masturbiert in einen Becher.

Eine Frau: gibt am besten ihren Beruf auf und lebt nach dem Eisprungkalender. Nimmt alle möglichen Pillen und Präparate, geht alle paar Tage zum Ultraschall, zur Blutabnahme, hat Armbeugen wie eine Rauschgiftsüchtige. Lernt, sich selbst zu vorgeschriebenen Zeiten Spritzen in den Bauch zu setzen. Lässt sich zur Entnahme der Eizellen unter Vollnarkose »punktieren«, ein harmloses kleines Wort für alle Risiken und Nebenwirkungen einer ganz normalen, wenngleich kurzen Unterleibsoperation. Dann wartet sie demütig, wieviele Eizellen gewonnen werden konnten.

Wieviele davon brauchbar sind. Wieviele davon sich befruchten lassen. Wieviele davon eine Qualität aufweisen, um am dritten Tag zurückgespült zu werden. Und dann beginnt das Hoffen und Warten, das in einem Großteil der Fälle vergeblich und niederschmetternd ist, denn die Schwangerschaftsrate liegt pro Versuch irgendwo zwischen fünfzehn und dreißig Prozent. Frauen tun sich das an, Frauen tun sich das immer wieder an, wie freiwillige Laborratten, nicht weil sie *pervers* sind, sondern weil ihre *Natur* ihnen sagt, dass sie ein Kind wollen. Ein Kind, kein Designerbaby, und nicht, weil sie Gott spielen wollen, sondern nur Mutter sein.

Ich weiß, wovon ich spreche. Ich war in den vergangenen sieben Jahren sechs Mal schwanger und habe zum Glück ein gesundes Kind. Die anderen fünf Male endeten, nackt unter dünnem Hemd, auf gynäkologischen Operationstischen. Eileiterschwangerschaften, Fehlgeburten, schwarze Löcher, Tränen, Depressionen. Ich wollte das nicht öffentlich machen, weil ich es, wie so viele andere Frauen, insgeheim und unabweisbar, für meine eigene, höchst private Schande hielt. Doch wenn es vor neununddreißig Jahren genützt hat, dass Frauen sagten »Ja, ich habe abgetrieben«, dann nützt es vielleicht heute, wenn Frauen sagen: Ja, ich bin auch so eine, die Schwierigkeiten mit dem Kinderkriegen hat. Und deshalb lasse ich mir helfen. Nicht, weil ich größenwahnsinnig auf »ein Recht auf ein gesundes Kind« poche (was für ein Schwachsinn!), sondern weil ich für ein Kind das Menschenmögliche zu tun bereit bin. Und zum Menschenmöglichen gehört nicht nur meine Leidensfähigkeit, sondern auch die Fertigkeit der Medizin.

Deshalb muss man, ganz im Sinne unserer neuesten Retorte, der »christlich-jüdischen Wertegemeinschaft«, glasklar entscheiden: Alle künstlich gezeugten Embryonen dürfen mehrere Tage lang untersucht und ausgewählt werden, um die Chance zu erhöhen.

Die wahre Schande aber wäre es, ausgerechnet den Allerärmsten unter den Kinderwunschpatienten, den genetisch vorbelasteten Paaren, jede Hoffnung auf ein gesundes Kind zu nehmen. Damit stellte man den Schutz eines Zellhaufens über die körperliche und seelische Gesundheit von lebenden und fühlenden Menschen.[5]

Mut zur Wut

Sibylle Lewitscharoff und die Meinungsfreiheit

Sibylle Lewitscharoff hat sich mit einigen Passagen ihrer Dresdner Rede »den Rock nass gemacht«, wie es in einer frühen Reaktion treffend hieß, und zum Teil das geerntet, was sie gesät hat: Abscheu, persönliche Herabwürdigung, Liquidationsprosa. Dieser Vorgang selbst ist strukturell eher langweilig. Unter Schriftstellern sind die vernünftigen, ausgewogenen, ressentimentarmen, also die guten Menschen ebenso selten verteilt wie anderswo – das ist einerseits (Vorbildwirkung, Lautsprechertendenz) bedauerlich, andererseits sind misanthropische und polemische Künstler oft gerade deshalb erfolgreich – als das böse, dennoch gebändigte »Es« der Gesellschaft.

Die von Lewitscharoff verabscheute Reproduktionsmedizin, die den Kinderwunsch unfruchtbarer, mit Erbkrankheiten belasteter sowie gleichgeschlechtlicher Paare erfüllen möchte, wurde bereits von vielen wortreich und emphatisch verteidigt; dem ist nichts hinzuzufügen. Wer nicht anders als mit Gott begründen kann, worin der Unterschied zwischen »normaler« und reproduktiver Medizin, also zwischen Infusion und Insemination, zwischen einer Blut- und einer Samenspende, zwischen einem Bypass, einem künstlichen Hüftgelenk und ärztlicher Hilfe beim Kinderwunsch bestehen soll, hat sich im 21. Jahrhundert intellektuell erledigt.

Interessanter ist, wie sich die Lewitscharoff-Affäre einreiht in eine Serie von Aufregungen, die allesamt einen konstant wunden Punkt im deutschen Diskurs berühren.

Dieser Punkt klemmt irgendwo zwischen Meinungsfreiheit und Tugendterror, vermeintlichem wie tatsächlichem, und zwischen Privatsphäre und deren Exhibitionierung, der freiwilligen wie der gewaltsamen. Und alles weist immer rückwärts, auf das drückende Nazi-Erbe, dessen (vermeintlich drohendes) Wiederauferstehen mit allen Mitteln verhindert werden soll, im Notfall auch mit denen der Nazis.

Ein paar Klarstellungen über das Wesen der Meinungsfreiheit scheinen nötig. Natürlich »dürfen«, wie alle anderen auch, Sibylle Lewitscharoff, Matthias Matussek, Thilo Sarrazin und wie sie alle heißen, ihre Meinungen im gesetzlich definierten Rahmen (keine üble Nachrede, keine Volksverhetzung, keine Auschwitzlüge) kundtun, ohne daran gehindert, dafür verprügelt oder verhaftet zu werden.

Das heißt aber noch lange nicht, dass der Rest der Gesellschaft verpflichtet ist, ihnen dafür, gar für ihren »Mut«, zu applaudieren. Bezeichnenderweise folgt die hohle Phrase »Darf man denn nicht einmal mehr sagen …« ja immer einer massiven Provokation auf dem Fuße, und zwar verlässlich vom Provokateur selbst. So auch im Fall Lewitscharoff. Detonation des Skandals am Donnerstag, Schlagzeile am Freitag: Darf ich nicht sagen, was ich denke?

Doch, doch, Sie dürfen. Sagen Sie nur, denken Sie nur laut. Man darf »Halbwesen« sagen und »Kopftuchmädchen«, man darf behaupten, dass »mangelnde Begeisterung« für Homosexualität bereits als Schwulenhass gelte und dass Israel den Iran ausrotten wolle und nicht umgekehrt. Man möge dann nur bitte genauso frank und frei die Konsequenzen tragen: Widerrede, Gegenargumente, Entrüstung. Vermutlich werden die Einladungen zu Sonntagsreden vorübergehend abnehmen, horribile dictu sogar die Literaturpreise. Aber heftige Reaktionen als Beschneidung der Meinungsfreiheit auszugeben – das ist so dumm wie infam. Es bedeutet ja, sie exklusiv zu beanspruchen, indem die eigene, provokante Meinung absolut gesetzt, die der anderen aber als »Tugendterror« unterdrückt werden soll. Und wenn einer, lieber Harald Martenstein, anfängt und »abartig« sagt, dann kann es schon mal passieren, dass ein anderer »faschistoid« antwortet. Das nennt man den Eifer des Gefechts.[6]

Gemessen an dem, was in letzter Zeit alles geäußert wurde, steht es um die Meinungsfreiheit in Deutschland gar nicht schlecht. Denn es ist so banal wie wahr, dass sie sich erst dort beweist, wo es wehtut. Daher ist es erlaubt, vor Auftritten von Thilo Sarrazin zu demonstrieren, aber verboten, diese Auftritte gewaltsam zu verhindern. Man kann es bedauerlich finden, dass der Staat zur Durchsetzung von Sarrazins Redefreiheit die Polizei schicken muss, aber es ist unbedingt notwendig. Wer das bestreitet (weil er Sarrazins Thesen in die Nähe der Nazis rückt), begibt sich selbst in die Nähe der RAF. Die haben sich auch hoch im moralischen Sattel gefühlt und dafür Gewalt, ja Mord »in Kauf genommen«.

Es ist gar nicht so schwer: Hanebüchene, selbst aggressive und kränkende Meinungen müssen wir hinnehmen, Gewalt und Redeverbote müssen wir verhindern. Rückwirkend aberkannte Preise zählen logischerweise zur Gewalt, wären blanker Tugendterror, abgesehen davon, dass Literaturpreise dann in Zukunft wirklich nur noch post mortem vergeben werden könnten. Aber noch einmal: Solange niemand aberkennt, sondern nur vereinzelt Forderungen danach laut werden, kann man solchen Unsinn als Diskursgeräusch abtun.

Wir könnten uns also entspannen, vertrauen auf die demokratische Reife dieses Landes und darauf, dass sich solche Affären von selbst regeln. Analogien aus dem Kindergarten mögen helfen: Ein Kind, das dauernd zwickt und spuckt, wird von den anderen ausgeschlossen. Also wird es sein Verhalten anpassen, so gut es eben kann. Denn Kinder sind ebenso gnadenlos wie großzügig: Sie nehmen sehr genau wahr, wenn sich ein Zwangsspucker und -zwicker redlich bemüht, und geben ihm nur noch dann auf die Nase, wenn er zurück in die schlechten Gewohnheiten verfällt.

Anders als die kleine Kindergruppe ist die große deutsche Gesellschaft viel unübersichtlicher und deshalb noch flexibler. Es gibt Teilmengen, die schätzen gerade die Zwangsspucker. Anders wäre gar nicht zu erklären, dass Matthias Matussek immer noch als Journalist arbeiten kann. Und so wird auch Sibylle Lewitscharoff, wie Thilo Sarrazin, weiterhin Bücher schreiben und veröffentlichen, sie wird Leser verlieren und andere gerade wegen ihrer Äußerungen dazugewinnen. Von »mundtot«, bitte schön, gar keine Rede.

Es bleibt ein Rätselrest. Denn was Frau Lewitscharoff in ihrem Schlafzimmer über künstliche Befruchtung, was Herr Matussek beim Händewaschen über Homosexualität wirklich denkt, wäre früher einfach unter »Privatmeinung« gefallen. Was aber treibt sie an, diese so trotzig öffentlich zu statuieren? Woher dieser Bekenntniszwang, der überdeutlich an das christliche Glaubensbekenntnis erinnert und in beiden Fällen ja auch christliche Dogmen verteidigt? Schon klar, durch medizinischen Fortschritt und die Liberalisierung der Gesellschaft, die immer ruckartig geschieht (»Homo-Ehe«), werden eiskalte und strenge, aber eben jahrhundertelang gültige Regeln aufgeweicht. Das ruft Verunsicherung hervor, Wut und Distinktionskrämpfe.

Darüber hinausgehend, wage ich die These, dass wir gerade die Auflösung aller Grenzen zwischen privater und öffentlicher Rede, mehr noch, zwischen privater und öffentlicher Sphäre erleben. Wenn das neue Dogma Transparenz um jeden Preis heißt, wenn wir gerade zu begreifen beginnen, dass in klandestinen Speichern ohnehin alles, auch das Peinlichste und Abscheulichste, über uns aufbewahrt ist, exhibitionieren wir folgerichtig unsere eigene Privatsphäre (so wie Frau Lewitscharoff ihre vernunftabgewandte Seite) und marschieren umstandslos in die anderer ein (ich sage dir, wie du schwanger zu werden hast).

Am Ende ist das Beklemmendste an Sibylle Lewitscharoffs Entgleisung: nicht die faktische Ahnungslosigkeit und Wortwahl, nicht die predigerartige Selbstermächtigung, mit der sie gerade so tut, als gäbe es keinen langen, anstrengenden, detailversessenen Diskurs über alle Ethikfragen im Zusammenhang mit neuen medizinischen Techniken wie erst kürzlich über die Präimplantationsdiagnostik. Als hätten wir darauf gewartet, dass endlich wieder jemand die Kanzel besteigt und mit persönlicher Abscheu argumentiert.

Nein, es ist das Hochmoderne dieser Rede, dieser Sprachmacht gewordene Like-it-dislike-it-Daumen, wie in den virtuellen Daten-Schlaraffenländern, der keine Grenzen mehr zwischen dem eigenen Meinen und der Privatsphäre, Sexualität, also der Würde anderer Menschen wahrnimmt.

Das sollte uns aufmerken lassen. Aber auch das sollten wir nicht am Einzelfall diskutieren, sondern am verschachtelten, oft supernervigen größeren Ganzen. Am besten unter verantwortungsbewusster Wahrnehmung unserer Meinungsfreiheit, für die wir zwischendurch auch mal ein bisschen dankbar sein könnten, mit Blick auf China, auf Russland.

Aus enttäuschter Liebe

Das Israel-Gedicht von Günter Grass

Nur tote Juden sind gute Juden. Das ist die kürzeste Formel, mit der man von Ahmadinedschad und Hamas zu deutschen Mahnern wie Günter Grass kommt. Der Unterschied, den man durchaus qualitativ nennen darf, ist, dass Erstere die Juden aktiv zum Tode befördern wollen, was man Letzteren nicht vorwerfen kann. Sie würden es bloß schulterzuckend in Kauf nehmen, wenn Erstere täten, was sie täglich ankündigen, während sie selbst damit beschäftigt sind, ihre NS-Gedenkstätten mit frischen Blumen zu bepflanzen. Aber für die Juden macht das wenig Unterschied.

Die Verpflichtung zum immerwährenden Gedenken an jene Juden, die man damals millionenfach umgebracht hat, steht im Zentrum des modernen deutschen Selbstverständnisses. Keine dörfliche Synagoge, die nicht teuer rekonstruiert würde, auch wenn es gar keine Juden mehr gibt, die darin beten könnten. Hauptsache, sagt man sich, wieder ein Stück unserer so tragisch verlorenen deutsch-jüdischen Vergangenheit gerettet – machen wir eben ein Kulturzentrum daraus. Deutschland ist Weltmeister in der Mahnmal-Industrie.

Natürlich ist es ehrenhaft, geschichtsbewusst zu sein. Es ist – und das sage ich als Österreicherin, deren eigenem Land ein Bruchteil davon gut angestanden wäre – auch nicht falsch, sich dauernd für die Schuld der Väter und Großväter verbal zu geißeln (»meine Herkunft, die von nie zu tilgendem Makel behaftet ist« heißt es geschwollen im

Grass-Gedicht). Aber angesichts der komplizierten, multifaktoriellen Lage im Nahen Osten genügen diese rückwärtsgewandten Bußübungen einfach nicht.

Man kann nicht jedes Mal, wenn es im Nahen Osten knallt, in Deutschland erschrocken ein neues Museum bauen.

Seit Jahrzehnten, spätestens aber seit Wende und Wiedervereinigung, drückt sich Deutschland um diese Fragen herum: wie sich die eigene, schuldbeladene Geschichte mit der Gegenwart und Zukunft Israels produktiv, kooperativ und anständig verbinden lässt. Denn natürlich ist die Lage der Palästinenser entsetzlich.

Weil es aber so schwierig ist, hängt das ganze Thema wie eine kaputte Schallplatte beim ritualisiert-blökenden, auf alles und nichts anwendbaren »Nie wieder« fest, nie wieder Auschwitz, nie wieder Krieg, denn man kann Krieg und Schuld und Tote in Deutschland einfach nicht mehr ertragen. Leider nimmt der Rest der Welt darauf wenig Rücksicht. Und das wiederum nehmen Menschen wie Günter Grass, die sich durch ihre eigene Lebenserfahrung von der Nazizeit über den Kalten Krieg bis zur Wiedervereinigung moralisch geläutert, ja: weiser fühlen, dieser unvollkommenen Welt äußerst übel.

Das Tabu, sich offen, hart und ehrlich mit Israel, seinen Nöten und Feinden, seinen Zwängen, Fehlern und miserablen Politikern auseinanderzusetzen, hat in Deutschland zu einer merkwürdigen inneren Spaltung geführt. Während über Jahrzehnte alle deutschen Regierungen unauffällig und verlässlich an Israels Seite standen, hat sich im Volk, gerade unter den Alt-Achtundsechzigern und Linken, eine teilweise hochaggressive Stimmung breitgemacht, die Israel stereotyp für allein schuldig an allen Problemen des Nahen Ostens hält.

Meinem Mann, dem Schriftsteller Michael Kumpfmüller, verdanke ich dafür den Begriff des »Antisemitismus aus enttäuschter Liebe«.

Er meint damit, dass vielen Deutschen gerade wegen ihrer fassungslosen Verzweiflung über die Naziverbrechen jedes Verständnis dafür abgeht, dass nicht zumindest aus den überlebenden Juden jene moralisch einwandfreien Menschen geworden sind, die sie selbst so gerne wären. Deshalb lädt man in Deutschland, wenn einem die israelische Tagespolitik nicht passt, bereits eingeladene Klezmermusiker wieder aus, und deshalb werden umgekehrt israelische Schriftsteller wie Amos Oz oder David Grossman beinahe wie Heilige verehrt: weil sie ganz gelassen ihre Regierung kritisieren, wozu man als guter Deutscher frenetisch applaudieren kann, ohne am nächsten Tag in dieses hochnervöse, hochbedrohte, winzige Land zurückkehren zu müssen.

Der brennende Wunsch nach dem guten, moralisch hochstehenden Menschen ist so typisch deutsch-romantisch wie im Kern fundamentalistisch, im Gegensatz zur unaufgeregten Realpolitik der deutschen Regierung.

Diese Spannung scheint mir ein möglicher psychologischer Hintergrund des Grass'schen Gedichtes zu sein. Anders als mit »Antisemitismus aus enttäuschter Liebe« ist kaum zu erklären, wie jemand dermaßen einseitig aggressiv und vorauseilend selbstmitleidig argumentieren kann. Als das Gedicht erschien, überfiel mich Verzweiflung. Es stand zu befürchten, dass mit Günter Grass diese weitverbreitete, gnadenlose Israel-Kritik endgültig salonfähig würde, die niemals von der Verantwortung der arabischen Staaten für die Tragödie der Palästinenser noch vom prekären, gasmaskenbewehrten Alltag in Israel und auch nicht vom Geisteszustand des iranischen Machthabers[7] spricht, sondern immer nur von Israels Aggression und seinen Atomwaffen.

Doch die harschen und überraschend einmütigen Reaktionen in Deutschland weisen vorläufig in eine ganz andere Richtung. Vielleicht hat Günter Grass mit seinem schauerlichen Gedicht dafür gesorgt, dass eine überfällige Diskussion endlich in Gang kommt, die die Haltung der Deutschen zu Israel klärt und neu definiert. Dann darf dieses Gedicht in die Geschichte eingehen.

Was nur die Literatur vermag

Laudatio auf Imre Kertész

Als der vierzehnjährige Imre Kertész 1944 in Auschwitz-Birkenau ankam, war das Berliner Schulmädchen Marion Samuel schon ein Jahr tot, ermordet im Alter von elf Jahren.[8] In der Zwischenzeit, zwischen Marions Tod in der Gaskammer und der Ankunft des nur zwei Jahre älteren Kertész, ist in Birkenau viel geschehen. Kurz nach dem Mord an Marion Samuel und weiteren zweitausend Berliner Juden wurden die neuen unterirdischen Gaskammern und die dazugehörigen, mit Aufzügen verbundenen Krematorien in Betrieb genommen. Außerdem machten die deutschen Mörder Anfang 1944 ordentlich Frühjahrsputz. In der Aussage eines Überlebenden der Sonderkommandos heißt es: »In den Öfen wurden neue Roste eingesetzt, und die sechs Schornsteine wurden von oben bis unten inspiziert und ausgebessert. Man vergaß auch nicht, die Ventilatoren von Elektrikern sorgfältig prüfen und warten zu lassen. Zum Schluß wurden die Wände der vier Auskleideräume und der acht Gaskammern frisch getüncht.«[9]

Halten wir uns die Chronologie vor Augen: Schon ein halbes Jahr davor, im Herbst 1943, waren alle vier ausschließlich zur Vernichtung gebauten Lager Chełmno, Sobibór, Belzec und Treblinka geschlossen und ihre Spuren, so gut es ging, verwischt worden. Nur Auschwitz-Birkenau sollte seinen Höhepunkt noch nicht erreicht haben. Denn im März 1944 besetzten die Deutschen Ungarn; die ungarischen Juden waren die letzte verbliebene größere Gemeinde in Europa. Innerhalb weniger Wochen, zwischen März und Juli 1944, wurden an die vierhunderttausend Menschen ermordet, und selbst Auschwitz, diese modernste aller sorgfältig geplanten Vernichtungsfabriken, kam damit an die Grenzen ihrer Leistungsfähigkeit. Die Öfen in den Krematorien brannten Tag und Nacht, aber das genügte nicht. Während der sogenannten »Ungarn-Aktion« mussten zusätzlich Verbrennungsgruben ausgehoben werden, um die vergasten Körper der ungarischen Juden zu beseitigen. Dieses Inferno hat Imre Kertész zufällig überlebt.

All dies sind nur Worte. Ich sage sie, und Sie hören zu, doch bei uns, die wir erst später geboren wurden oder nicht dabei waren, passiert sonst nicht viel. Von den ersten alliierten Soldaten, die die Lager befreiten, haben einige im Schock geweint. Davon sind wir natürlich weit entfernt. Wir haben die Worte »Auschwitz«, »Gaskammer«, »Krematorium« tausende Male gehört, und sie drücken, so en passant, nicht viel Konkretes mehr aus. Sie sind kleine, schwarzglänzende Knöpfe, die bei Berührung ein paar diffuse Gefühle zweiter Hand hervorrufen.

Wenn Worte im besten Fall eine Verbindung zu unserer Seele herstellen und sie öffnen können, so vermögen sie auch das Gegenteil, sie können diese Verbindung blitzschnell kappen. Wir sagen oder hören »Auschwitz«, und unsere Seele schließt geräuschlos eine elektrische Tür. Die Welt verfinstert sich und rückt doch gleichzeitig von uns weg. Wir distanzieren uns, erschrocken, und fühlen uns deshalb schlecht.

Doch egal, ob man das Unbehagen mit dem Schlagwort sich selbst oder anderen anlastet: Es ist kein unerklärlicher und kein unumkehrbarer Zustand. Es zu bemerken und zu benennen, heißt nicht, sich ihm zu ergeben, auch wenn das gewiss bequemer wäre. Wie absolut alles auf der Welt und in der Geschichte – und das ist, was ich immer wieder bei Imre Kertész lerne – kann es in Sprache gefasst, kann es beschrieben werden.

Die Gründe dafür liegen unter anderem im gestörten Verhältnis von Zeit und Sprache. Wir haben aus einer Strecke einen Punkt gemacht, aus einer Zeitspanne ein einziges Wort. Wir sagen »Auschwitz« und meinen damit nicht den Ort, an den man bis heute reisen kann. Wir sagen »Auschwitz« und meinen damit auch Sobibór, Treblinka und all die anderen Orte der Vernichtung, die Konzentrationslager, die Erschießungsgruben, die Nürnberger Rassengesetze, die Wannsee-Konferenz und wer weiß, was alles noch. Wir sagen »Auschwitz« und meinen, dass wir damit alles sagen, was wir uns gleichzeitig zu begreifen weigern.

Natürlich, wir brauchen Chiffren für den täglichen Gebrauch, handliches Material zur schnellen Verständigung. Aber »Auschwitz« haben wir inzwischen so gut chiffriert, dass es uns manchmal scheint, als könnte man die Chiffre nicht mehr auflösen, als wären Hülle und Inhalt untrennbar verklebt. Nur wenn wir verärgert sind, unduldsam und hochmütig, dann bezeichnen wir dieses kleine, machtlose Wort plötzlich als Moralkeule.

Wir stecken fest in einem Gedankenlabyrinth aus Chiffre und wahrer Bedeutung, aus wahrhaftig empfundenen Tabus und anderen, die nur unserer Bequemlichkeit dienen. Doch können wir dieses Labyrinth mit einem Schlag verlassen, indem wir Imre Kertész lesen.

Ganz am Ende des »Roman eines Schicksallosen« wird auch das Problem der gestauchten Zeit analysiert. Der junge Mann kehrt aus dem KZ heim und trifft auf einen wohlmeinenden Journalisten, der ihn nach seinen Erlebnissen ausfragt. Dieser Dialog ist die mitleidlose Beschreibung der völlig missglückenden Kommunikation über das KZ: mitleidlos nicht nur mit dem gutherzig anteilnehmenden, aber inkompetenten Fragesteller, sondern mitleidlos gerade auch mit dem Jungen, der sich zu erklären versucht und desto mehr Verwirrung stiftet, je tiefsinniger er das Problem analysiert. Der Junge beharrt darauf, dass er nur das Konzentrationslager kennt, die Hölle aber nicht, und daher keine Auskunft über die Hölle geben kann. Und hier kommt die von Millionen durchlittene Zeit ins Spiel, ohne die wir nichts begreifen:

»Ich versuchte ihm zu erklären, wie es ist, an einem nicht gerade luxuriösen, im ganzen aber doch annehmbaren, sauberen und hübschen Bahnhof anzukommen, wo einem alles erst langsam, in der Abfolge der Zeit, Stufe um Stufe klar wird. Wenn man die eine Stufe hinter sich gebracht hat, sie hinter sich weiß, kommt bereits die nächste. Wenn man dann alles weiß, hat man auch alles begriffen. Und indes man alles begreift, bleibt man ja nicht untätig: schon erledigt man die neuen Dinge, man lebt, man handelt, man bewegt sich, erfüllt die immer neuen Forderungen einer jeden neuen Stufe. Gäbe es jedoch diese Abfolge in der Zeit nicht und würde sich das ganze Wissen gleich dort auf der Stelle über uns ergießen, so hielte es unser Kopf vielleicht gar nicht aus (…)

Zum Beispiel habe ich – erzählte ich ihm – Gefangene gesehen, die schon vier, sechs oder auch zwölf Jahre im Konzentrationslager waren – oder genauer: noch da waren. Nun aber haben diese Menschen all die vier, sechs oder zwölf Jahre, das heißt im letzteren Fall zwölf mal dreihundertundfünfundsechzig Tage, das heißt zwölf mal dreihundertundfünfundsechzig mal vierundzwanzig Stunden. Und noch weitere zwölf mal dreihundertundfünfundsechzig mal vierundzwanzig mal … und das Ganze zurück, in Sekunden, Minuten, Stunden, Tagen: also dass sie es von A bis Z irgendwie hinter sich bringen mussten. Wiederum andererseits, so fügte ich hinzu, mochte gerade das ihnen geholfen haben, denn wenn diese ganze, zwölf mal dreihundertundfünfundsechzig mal vierundzwanzig mal sechzig mal sechzig genommene Zeit auf einmal, auf einen Schlag über sie hereingebrochen wäre, dann hätten sie es nicht ausgehalten – so wie sie es auf die Art eben doch ausgehalten haben –, dann hätten sie es weder körperlich noch geistig verkraftet. Und da er schwieg, habe ich noch hinzugefügt: So ungefähr muss man es sich vorstellen.«

Der Mann antwortet »Nein, das kann man sich nicht vorstellen«, und dann denkt der Junge resignierend:

»Nun, das wird es wohl sein, warum sie stattdessen lieber von Hölle sprechen, wahrscheinlich.«[10]

Diese Stelle ist eine der ganz zentralen in Imre Kertész' Roman. Denn sie verschränkt auf eine Weise, wie es nur die Literatur kann, zwei scheinbar entgegengesetzte Wahrheiten. Einerseits: Eine Verständigung über das Vernichtungslager zwischen einem von drinnen mit einem von draußen ist unmöglich. Die draußen reden von »Hölle« und von »Gräueln« und also in verschleiernden, distanzierenden Floskeln. Der Junge, der drinnen war, redet von Zeit, vom Glück und von der Langeweile, die es auch gab, zwischen dem Horror, weil selbst der Horror Pause macht, beziehungsweise weil der Mensch in seinem Dauerzustand nicht überlebt. Anders gesagt: Für die, die überlebt haben, muss der Horror in entscheidenden Momenten ausgesetzt haben.

Aber zweitens widersetzt sich ja dieser ganze Roman, widersetzt sich der Autor Imre Kertész mit seinem gesamten Werk genau dieser – auch so wunderbar entlastenden – Behauptung, dass für den, der nicht drin war, vom Lager nichts zu begreifen sei. Dabei noch Pietät vortäuschend, macht diese Behauptung jene, die im Lager waren, zum zweiten Mal zu Parias, die, da sie ja angeblich in der Hölle waren, den Anschluss auf Erden nicht mehr finden können.

Nein, es verhält sich ganz anders. Imre Kertész' Romane und nicht nur sie allein exerzieren ewiggültig, wozu, wie ich es sehe, nur die Literatur fähig ist: nämlich über den Umweg von Fiktion und Sprache komplexe, unverständliche, ambivalente Wirklichkeit zu transportieren, aufzubewahren, lebendig zu erhalten. Räume des Verstehens zu schaffen, gerade unter Verzicht auf griffige, zitable Antworten.

Beim Lesen des »Roman eines Schicksallosen« kann man, wenn man es denn will, verstehen, wie der Gefangene im Lager funktioniert, wie er depriviert, ja man wird selbst, als Leser, mit Fortschreiten des Romans gefühlloser, tauber, man lässt den Fortgang der Zeit über sich ergehen, man trottet im Rhythmus des Textes und merkt nur auf, wenn sich etwas ändert, wenn der Junge in eine andere Krankenbaracke kommt, von der man sich fragt, ob sie wirklich der Pflege oder nicht im Gegenteil der Vernichtung dient.

Imre Kertész' literarisches Verfahren in diesem Roman ist überdies so wirksam, weil es demütig ist. Es ist das sture, mühevolle Erzählen »in der Abfolge der Zeit, Stufe um Stufe«. Das, was im Nachhinein tragisch oder bedeutsam sein wird, ist aus der unbefangenen Sicht des Jungen meist völlig unverständlich, manchmal sogar komisch. Das

Banale steht gleichbedeutend neben dem Ungeheuerlichen, weil ja erst die Rückschau werten kann. Kertész erzählt uns diese Geschichte eben nicht mit der Stimme dessen, der das Ende schon kennt. Und das, was nun die gewaltige Wirkung dieses Textes ausmacht, war – psychisch genauso wie banal technisch gesehen – wahrscheinlich die größte Zumutung beim Schreiben: sich wieder in den Jungen hineinzumeditieren, der über jeden weiteren Schritt hinunter erst einmal kindlich staunt und der keine Ahnung hat, wie tief es noch gehen wird.

Sie alle kennen das Werk von Imre Kertész, ich könnte mich also auch kürzer fassen. Aber mir geht es ganz eminent um die Mühe, die Kertész sich und uns macht. Er hat viele einsame Jahre an diesem Roman gearbeitet, weil ohne harte Arbeit keine Erkenntnis, keine Transzendenz zu gewinnen ist. Und das gilt umso mehr für uns. Wenn wir wirklich etwas wissen wollen, müssen wir uns einlassen, zum Beispiel auf die Literatur, anstatt eitel über den inflationären Gebrauch von Schlagworten, über die Oberflächlichkeit der öffentlichen Debatten zu klagen. Und schließlich besticht und verstört das Werk von Imre Kertész gerade durch die völlige Abwesenheit eines privilegierten Standpunktes. Er leitet für sich selbst keine moralische Überlegenheit daraus ab, das KZ erlitten zu haben, so wenig, wie er für sich in Anspruch nimmt, mit irgendetwas recht zu haben. Im Gegenteil, er stellt in seinen Texten seine Haltung immer wieder subtil zur Diskussion.

Sprache und Erinnerung – das ist es, was den Menschen vom Tier unterscheidet. Sprache macht alles aus, was wir sind. Zu unserem Glück können wir nicht alles erleben, aber es wird immer Menschen geben, die alles für uns in Sprache fassen können.

Imre Kertész' ganzes Werk ist für mich die Entwirrung, die Entknotung der manchmal stumm und schal und grau gewordenen Chiffre »Auschwitz«. Er und mit ihm die anderen, Aleksandar Tišma, Tadeusz Borowski, Primo Levi, Jean Améry, holen mit dem einzig geeigneten Werkzeug, das wir dafür haben, mit der literarischen Sprache, das angeblich Unvorstellbare heraus und stellen es vor uns hin, sie öffnen die vermeintliche Hölle und zeigen: Sie ist von Menschen gemacht. Von Menschen, nicht von Teufeln oder Psychopathen. Das ist unser Unglück und unsere Lektion. Deshalb lesen und denken wir über Auschwitz: Weil es das Äußerste ist, zu dem Menschen fähig sind. Und weil darüber doch jeder Bescheid wissen will, der es ernstmeint mit sich und der Welt.

Zugegeben, der Gebrauch der Literatur ist mühsam. Sie stellt mehr Fragen, als sie Antworten gibt. Wenn sie antwortet, dann nicht auf die Fragen, die wir gestellt haben. Sie hat dunkle Falten und trübe Winkel, nur deshalb leuchtet sie und deshalb klärt sie auf. Aber im Gegensatz zu all den Filmen und Fernsehserien, den Leitartikeln und Debatten, die das Thema bei den Ungeduldigen in Verruf gebracht haben, ist es an der Hand der Literatur ganz und gar unmöglich, eine Wahrheit über Auschwitz zu vergessen: dass Überleben die Ausnahme war. Das Kind Marion Samuel wurde wie eine Million anderer jüdischer Kinder ermordet, der Jugendliche Imre Kertész hat überlebt. Der letzte Satz seiner Dankesrede zum Literatur-Nobelpreis lautete: »Über Auschwitz nachdenkend, denke ich vielleicht paradoxerweise eher über die Zukunft als über die Vergangenheit nach.« Das ist gar nicht so paradox. Denn auf seine Weise ist das Werk von Imre Kertész, sind Bücher wie seine die einzige Zukunft der Marion Samuel und der Million Kinder. Sie sind da und sie bleiben, um uns beim

Verstehen zu helfen. Und wir können verstehen, wenn wir es nur wollen, mit den Mitteln und in den Grenzen des eigenen Verstandes. Mehr geht nicht, aber weniger dürfen wir uns nicht erlauben.

Wer den Mund aufmacht, macht sich angreifbar

Günter Grass zum 85. Geburtstag

Ich stehe hier trotz des Israel-Gedichts von Günter Grass, das den Titel trägt »Was gesagt werden muss«. Diesen Titel nehme ich nun für mich selbst in Anspruch, wenn ich sage: Ich halte dieses Gedicht für eine Torheit, und es hat mich bei seinem Erscheinen auf diese resigniert-verzweifelte Weise wütend gemacht, mit der man sonst auf Naturkatastrophen reagiert. Eben noch ein hoher, kantiger, im äußersten Gipfelbereich etwas unzugänglicher, aber irgendwie vertraut-verlässlicher Berg – da kommt plötzlich eine Schlammlawine herunter. Und alles ist hin, die ganze Aussicht und das eigene Haus.

Schockiert und verletzt will man aufgeben, man will alles hinter sich lassen und woanders neu anfangen. Tabula rasa. Als wäre das möglich. Es ist nicht möglich. Deshalb ist es typisch für den Menschen, dass er irgendwann mit dem Aufräumen beginnt. Er geht nicht weg, er bleibt und gräbt aus, was er behalten will. Das andere lässt er liegen.

Und deshalb bin ich da, trotz, aber genauso sehr wegen dieses Gedichts. Das »trotz« und das »wegen« sind nämlich Geschwister, und wenn sie es nirgends mehr sein können, dann bleiben sie es zumindest in der Sprache.

Wenn ich also zutiefst davon überzeugt bin, dass dieses Gedicht eine Torheit ist, dann muss der Geschwister-Satz lauten: Menschen machen Fehler.

Auch Günter Grass macht Fehler. Was für eine banale Aussage. Trotzdem scheint es mir, die ich seine Tochter sein könnte, beinahe wie Majestätsbeleidigung, das zu sagen. Aber eben nur beinahe. Ich kann es sagen, ich habe es gerade gesagt, denn ich kenne Günter Grass, den Menschen, nicht nur das Monument.

Zugegeben, es ist nicht leicht, sich zwischen den dreien nicht zu verlaufen, zwischen dem Menschen, dem Autor und der Autorität.

Die Autorität Günter Grass hat von seinem Deutschland vor langer Zeit das *epitheton ornans* »moralisch« erhalten: die moralische Autorität.

Heute wird das gern mit von Ekel geschürztem Mund ausgesprochen, aber damals hat man es so gewollt, man hat ihn gebraucht, so dringend wie den sprichwörtlichen Bissen Brot. Damals hat ein schuldstarres, halbiertes, ein intellektuell gelähmtes und politisch sicherheitshalber verzopftes Land aufgeschaut zu Künstlern wie ihm, die mit ebenjenem Furor, mit dem sie ihrem Volk die Leviten lasen, etwas Neues, Unerhörtes schufen, das als deutsche Kultur ganz anders hinausgehen konnte in die Welt. Später, als man sich nach Jahrzehnten des bescheidenen Stillhaltens wieder ein Stückchen geläutertes Selbstbewusstsein verdient hatte, wurde es zur natürlichen Aufgabe der Jüngeren, die in seinem Windschatten denken gelernt haben, die Nachkriegs-Autoritäten vom Sockel zu stoßen. So ist das gedacht, im Rhythmus der Geschichte, ein paar müssen auf den Sockel, und dann müssen sie irgendwann eben wieder herunter. Weil sich die Zeiten und die Bedürfnisse ändern, mal hierhin, mal dorthin, obwohl wir das optimistisch »Fortschritt« nennen wollen und hoffen, es ginge immer nur in eine Richtung, nämlich aufwärts.

Natürlich gerät man nicht zufällig da hinauf, auf das nationale Rednerpult. Es hat mit Günter Grass schon den

Richtigen getroffen, und er hat sich nicht nur schieben lassen, er ist auch aktiv gestiegen. Nicht nur seine immense künstlerische Potenz, sondern auch sein Temperament, sein politischer Kopf und der Wille, mitzugestalten, haben ihm den Weg gewiesen. Ja, das hat auch etwas mit Macht zu tun. Nicht jeder hat sie, und nicht jeder, der sie hat, will sie.

Günter Grass hatte sie, und er will sie bis heute. Die Aussicht dort oben ist gut, die Luft frisch und prickelnd, man wird gehört und gesehen, und das, was man sagt, gewinnt durch die Fallhöhe an Gewicht. Das Publikum applaudiert eine Weile, manchmal buht es; falls es aber Lust bekommen sollte, mit Gegenständen zu werfen, bietet der, der oben steht, ein logisches Ziel. Immer sind im Publikum solche, die allein die Tatsache, dass einer sich aktiv zu Wort meldet, für verwerflich halten. Das sind die Gelbgesichtigen, die sich selbst nichts trauen, schon gar nicht, eine Meinung zu haben, aber die anderen schon allein wegen der angeblichen Anmaßung, sich zu äußern, ablehnen.

Wer den Mund aufmacht, macht sich angreifbar. Das ist eine Tatsache. Wir als Gesellschaft sind aber vital darauf angewiesen, dass Menschen diesen Mut haben, dass sie frei denken und sprechen, dass sie auch das Unmoderne, das Unangenehme, meinetwegen auch das Törichte formulieren, dass sie sich jedenfalls gegen den Mainstream stellen, der so mitreißend doch nur unsere Faulheit bedient. Der Spaß am Risiko ist so viel kreativer als die betuliche Sorge, einen Fehler zu machen.

Ebenso ist es eine Tatsache, dass es auch beim Mutigsein zu Routinen kommen kann. Wenn einer sich lange genug da oben hält, in der dünnen Luft mit der spektakulären Aussicht, dann kann es passieren, dass er die eigene Bedeutung auch an der Stärke des Gegenwindes zu messen beginnt. Das ist kein Drama, nur ein Mechanismus, den man sich gelegentlich in Erinnerung rufen sollte, wenn man sich in derart exponierter Lage befindet. Natürlich braucht man eine dicke Haut. Vielleicht ist das das Schwierigste: die dicke Haut gegen die Kälte und die Gelbgesichtigen, aber die dünne, durchlässige Haut für die ernstgemeinten und ernsthaften Einwände und auch dafür, um gelegentlich, zur Lockerung der geistigen Muskulatur, in die Schuhe des Gegenübers steigen zu können.

Man könnte meinen, dass Günter Grass diese Rolle längst verflucht, die ihm in den letzten Jahren so viele zusätzliche Beschwerden macht, den Mühen des Alters quasi aufgedoppelt. Ihn ein bisschen kennend, bezweifle ich das. Ich vermute vielmehr, dass er weiterhin alles Unangenehme unmittelbar in Energie umwandelt, auf geheime, kaschubische Weise.

Fest steht: Weder er noch Deutschland hatten die Wahl.

Für mich, die ich Ausländerin bin, ähneln sich die beiden nämlich in vielerlei Hinsicht, Günter Grass und Deutschland. Sie ähneln sich im Besten wie im Schlechten. Ohne einander sind sie kaum denkbar. Beide sind Riesen mit Sprüngen. Und der Clinch, in den sie miteinander verstrickt sind, ist ein eminent deutscher Clinch.

Das hohe, höchste Gut, um das hierzulande immerzu gestritten wird, ist das Rechte. Das Rechte denken, das Rechte tun, ein Rechtsstaat sein. Rechtssicherheit wird gefordert. Man will recht haben und behalten, alle sollen rechtgläubig sein, und das können die deutschen Linken natürlich mindestens ebenso gut wie die Rechten. Ich kenne kein anderes Land, in dem so angestrengt, verzweifelt, ja fanatisch nach dem moralisch Richtigen gestrebt wird. Fünfe dürfen niemals grade sein – um das zu beweisen, geht man jederzeit bis Karlsruhe.

An dieses Richtige knüpfen sich geradezu messianische Erlösungsphantasien. Als wäre das Land gerettet, sobald es gefunden und ins Grundgesetz geschrieben wäre. Leider hat jeder eine andere Vorstellung davon, was es ist, dieses Richtige, dieser Leitkultur- oder Post-Auschwitz-Ethik-Gral. Hans-Ulrich Gumbrecht hat einmal so treffend bemerkt, dass in den Vereinigten Staaten ein Mormone, ein Sikh, ein Jude, ein Presbyterianer und ein Muslim zwar friedlich-freundschaftlich miteinander in einem Unternehmen arbeiten können, deshalb aber noch lange nicht davon ausgehen, dass sie automatisch dieselben Werte teilen. Sie gehen davon nicht aus, und das beunruhigt sie auch nicht. Genau das ist in Deutschland anders. Jede Differenz schafft Unbehagen, aber anstatt das Unbehagen als das Problem zu begreifen, soll die Differenz verschwinden.

Das scheint mir ein Grund, warum die Deutschen, die ihrer moralischen Fackelträger manchmal so kindlich bedürfen, diese wiederum so hart bestrafen, sobald sie Fehler machen. Sobald sie vom »rechten Weg« abweichen. Warum es im deutschen Diskurs tatsächlich Versuche gibt, den anderen intellektuell zu exkommunizieren, ihn mit einem exklusiv deutschen Wort »mundtot« zu machen. Die Versuche gibt es vereinzelt wirklich, aber genauso hat sich längst die bedenkliche Gegenstrategie etabliert, die darin besteht, jedwede Kritik an der eigenen Meinung als Mundtotschlag zu entwerten.

In diesem Netz sind wir alle gefangen, die wir uns – wozu auch immer, besonders aber zum Nazi-Juden-Israel-Komplex – äußern. Wir entkommen diesen eingeübten Spielregeln nicht.

Bei einem Riesen wie Günter Grass vergrößern und vergröbern sich diese Effekte ins Monströse. Auch deshalb sage ich: Trotz allem inhaltlichen Widerspruch weigere ich mich, das irregegangene Israel-Gedicht als Summe und Bilanz eines fünfundachtzigjährigen Künstlerlebens zu begreifen, wie es manchen nun so herrlich in den Kram zu passen scheint. Das ist es nicht. Das Gedicht nicht, nicht die paar Monate in der Waffen-SS und nicht das merkwürdig späte Geständnis. Diese Dinge fügen dem, was wir über Günter Grass wissen, was Günter Grass und sein Lebenswerk für Deutschland bedeuten, in Wahrheit nichts Neues hinzu. Höchstens etwas Menschliches.

Günter Grass hat ein großes, spektakuläres, ungezügeltes literarisches Werk geschaffen, vor dem die meisten von uns – damit meine ich uns Schriftsteller, seine Kollegen – blass und winzig aussehen. Er hat dieses Werk uns allen als seinen Lesern, er hat es nicht zuletzt diesem Land geschenkt.

Aber die zweite große Lebensleistung des Günter Grass ist die Selbstverständlichkeit, mit er sich immer eingemischt hat, lieber würde ich ja sagen: mit der er das Maul aufgemacht hat. Er hat seine Meinung gesagt, wann immer es ihm nötig schien. Er nimmt bis heute keine Rücksicht darauf, ob es gerade modern ist, sich als Schriftsteller zur Weltlage zu äußern, oder ob, wie seit etlichen Jahren, gepflegtes Elfenbeinturmsitzen für einzig standesgemäß gehalten wird. Wie oft wurde allen Ernstes behauptet, dass politisches Engagement der Literatur schade? Dass Grass' Bücher messbar schlechter würden, seitdem er Wahlkampf macht? Das war ihm alles immer wurscht. Er hat sich nicht beirren lassen, er hat sich nicht auf die Rolle festlegen lassen, dass der glückliche Künstler seinen Erfolg genießt und maximal Sonntagsreden hält, er hat sein Maul aufgemacht und sich selbiges oft genug verbrannt. Er hat andere gemaßregelt und vermutlich beleidigt, man hat ihm mit gleicher Münze zurückgezahlt. Aber ohne das geht es eben nicht.

Günter Grass hat gezeigt, dass man den Profis das Feld streitig machen kann, den Politikern und Medien, die gemeinsam und gegeneinander den Diskurs steuern.

Das ist eine große, eine vorbildliche Leistung, die uns noch spektakulärer vorkommen wird in einer Zukunft, in der uns blitzschnelle, anonyme, virtuelle Mobs bedrohlicher erscheinen könnten als noch so wütender, aber wenigstens namentlich gezeichneter Widerspruch.

Günter Grass konnte noch gut auf den »Reputationsmanager« verzichten, ohne den, wie man hört, unsere Kinder nicht mehr auskommen werden. Er hat nicht aufgegeben, daran zu glauben, dass Worte etwas ändern können. Selbst in den letzten Jahren, als seine alten Mitstreiter schwächer wurden und starben und ihm von den Jüngeren kaum einer mehr folgen wollte, als die Kommentatoren theatralisch aufstöhnten, weil er als Einziger schon wieder, noch immer Wahlkampf machte, als die Kollegen theatralisch aufstöhnten, weil er wieder irgendwelche Petitionen herumschickte: Da hat er trotzdem nicht resigniert. Er macht weiter, er wird weitermachen und sich einmischen, solange er kann. Und so ist dieses Gedicht eben auch Ausdruck seiner ungebrochenen Auseinandersetzung mit der Welt, in der er lebt, solange er lebt. Günter Grass hat gewiss noch ein bisschen Tinte übrig. Und wir alle können ihm, genau wie uns selbst, nur wünschen, dass es nicht vergeblich war, dass ihm nicht nur Feigheit und Schweigen folgen, sondern dass Künstler nachkommen, die nicht nur sein Talent, sondern auch seine Neugier und seine Unverfrorenheit haben, seine kämpferische Lust, sich täglich aufs Neue zu verwickeln – koste es, was es wolle, vielleicht sogar ein paar sogenannte Freunde. Gewiss und glücklicherweise kostet es den geistigen Ruhestand.

Dünne Haut und Konsensschrott

Schriftsteller und ihre Kritiker

Spott und Hohn wurde vor einigen Jahren in den Zeitungen vergossen, nachdem sich Martin Walser und Günter Grass in einem großen Doppelinterview[11] kritisch über ebendiese Zeitungen geäußert hatten. Ausgerechnet die zwei berühmtesten deutschen Dichter jammern über die mangelnde Qualität der Presse, johlte die Presse! Das Gejohle impliziert natürlich die dreiste Unterstellung, dass Walser und Grass ohne die Medien gar nicht Walser und Grass geworden wären. Eher stimmt noch das Gegenteil: Man hat Günter Grass nach seinem SS-Geständnis, man hat Martin Walser nach seiner Friedenspreis-Rede und nach seinem Kritikerbuch öffentlich in großem Stil hinzurichten versucht. Und dennoch leben sie, ja vielmehr: schreiben sie noch und werden weiter gelesen.

Ich war Walser und Grass damals dankbar für ihre angeblich »eitle«, in Wahrheit ganz selbstlose Schelte. Wer anders als sie könnte sie äußern? Denn jeder, der »über die Presse jammert«, oder, positiver gesagt, mit stichhaltigen oder weniger stichhaltigen Argumenten allgemeine Tendenzen oder konkrete Artikel kritisiert, wird von derselben, ja – Macht –, im Handumdrehen lächerlich gemacht: Wie wehleidig! Wie dünnhäutig! Wie unsouverän! Es ist dabei kein ungeschriebenes, sondern ein von den Medien durchaus unterschwellig formuliertes Gesetz, dass der Schriftsteller sich über seine Kritiken nicht zu beklagen habe. Er habe sich über gar keine Erwähnung in den Medien, möge sie noch so dumm, lügenhaft, aggressiv, kunst- oder menschenverachtend sein, zu beklagen, sondern im Gegenteil still und dankbar zu sein. Jede Erwähnung ist doch Werbung für den Schriftsteller! Ob es eventuell Gründe gäbe, gewisse Entwicklungen, etwa in der Literaturkritik, kritisch zu hinterfragen, wird daher für immer ein Geheimnis bleiben. Denn wer sonst könnte die Medien kritisieren? Politiker? Sind wehleidige Betroffene! Andere Menschen, die Erfahrung mit den Medien haben, weil sie in ihnen vorkommen? Wehleidige Betroffene! Medienjournalisten? Die interessieren sich gemeinhin für andere Dinge, für Aufsichtsräte, Aktienmehrheiten, Chefredakteurswechsel. Wenn sie sich aber ausnahmsweise einer »Evaluation« der eigenen Branche zuwenden und auch andere anstatt bloß das eigene Medium kritisieren, stehen sie sofort im Geruch der Eigenwerbung, des platten Distinktionsgewinns.

Einen sehr kurzen Moment gab es, als zumindest die ernstzunehmenden Journalisten innehielten und erschrocken Selbstzweifel äußerten. Das war nach der Bundestagswahl 2005, als sich das Volk erlaubte, in kleinen, aber entscheidenden Details anders zu wählen, als die Medien ihm vorher in ungekannter Einigkeit eingehämmert hatten. Hätten sich nicht mindestens Spiegel, FAZ und der ganze Springer-Konzern monatelang frenetisch auf die schwarz-gelbe Siegerkoalition vorgefreut, dann wäre sie wahrscheinlich damals gleich ins Amt gekommen und nicht erst vier Jahre später.

Ich möchte mich hier aber nur der speziellen Interaktion zwischen Schriftstellern und Kulturjournalisten zuwenden, denn sie stellt einen Sonderfall dar. Die Kunstkritiker malen oder bildhauern im Normalfall nicht, und die Musikkritiker spielen manchmal passabel Klavier – aber alle Feuilletonisten benutzen mit der Sprache täglich das scheinbar selbe Instrument wie die Schriftsteller.

Das führt zu oft beschriebenen, aber offenbar durch nichts aus der Welt zu schaffenden Aggressionen. Nichts wird etwa von gewissen Kritikern so sehr verachtet wie der Kollege, der plötzlich einen Roman schreibt und also die Seite wechselt. Und nichts wird von etlichen Autoren so scheel betrachtet wie der Kollege, der gelegentlich Bücher rezensiert.

Der Schriftsteller hat, im Idealfall, dem Kritiker den Nachruhm voraus, die süße, in den meisten Fällen aber höchst unsichere Verheißung auf ein Weiterleben seiner Bücher nach dem physischen Tod. Der Kritiker aber hat dem Schriftsteller voraus, dass er ihm antun kann, was er will, ohne jede Gegenwehr. Das erscheint mir, da der Schriftsteller ja nur schreiben kann, solange er lebt, ein Ungleichgewicht zugunsten der Kritiker. Tatsächlich, ich kenne viele, gerade auch jüngere Kollegen, die fast gar keine Kritiken ihrer Bücher lesen, aber ich kenne genauso viele Schriftsteller, die wegen bestimmter Kritiker oder der schlechten Aufnahme mancher ihrer Bücher unsicher, misstrauisch und misanthropisch geworden sind.

Fest steht: Die Journalisten sind die einzige Berufsgruppe, die keiner öffentlichen Kritik, keiner Evaluation, keiner Überprüfung unterliegt. Dafür bezahlen sie zwar traditionell mit einem wirklich miesen Prestige (das der Schriftsteller ist übrigens nur unwesentlich besser), doch ist das, angesichts ihrer luxuriösen und zum Hochmut verführenden Unangreifbarkeit, wohl eine erträgliche Strafe.

Um davon abzulenken, hat man den deutschen Schriftsteller als Reibebaum installiert. Der Schriftsteller, da er ja selbst schreibt und also eventuell vom geschriebenen Wort auch etwas versteht, soll quasi als Gastjournalist den Feuilletons zur Verfügung stehen, natürlich zu ihren Bedingungen, und keinesfalls, siehe Walser und Grass, als

Medienkritiker. Es lassen sich hier zwei Hauptverwendungen unterscheiden: der Schriftsteller als »politischer Kopf« und der Schriftsteller als allgemeines Auskunftsbüro.

Die Debatten über das Für und Wider öffentlichen Engagements von Schriftstellern sind ja Legion. Der Schiedsspruch der Journalisten ist dabei immer gleich: Die Altvorderen waren sehr engagiert, was man heute aus verschiedenen Gründen verurteilt oder nicht mehr zeitgemäß, ja peinlich findet. Die Jungen dagegen sind gar nicht engagiert, was man ebenfalls verurteilt, sie scheinen faul, feige oder übermäßig introspektiv zu sein. Wenn doch ein paar Junge mal ein zaghaftes Pfötchen heben, wie 2005 mit einer Unterstützungsliste für die damals amtierende rotgrüne Bundesregierung, dann sind sie entweder im Kopf steinalt oder noch so grün hinter den Ohren, dass sie sich zu Wort melden, »ohne ein Rentenkonzept in der Schublade zu haben«, wie ein vorlauter Gesellschaftsjournalist über mich schrieb, dessen eigenes Rentenkonzept mich brennend interessiert hätte, nur hat er es leider geheim gehalten.

Alle paar Wochen haben Schriftsteller das zweifelhafte Vergnügen, zu »Kurzstatements« eingeladen zu werden, wenn nämlich die Zeitungen ihre beliebten »Schriftstellerumfragen« durchführen. Zu allem und jedem könnte man da, auf dreißig bis hundert Zeilen, und bitte bis morgen Vormittag, Stellung nehmen: Von Afghanistan zum Kindesmissbrauch, von der Gleichberechtigung zur Klimakatastrophe, auch Themen wie »mein schönstes Weihnachtsgeschenk« und »mein Lieblingsrezept« waren schon dabei. Jungen Schriftstellern wird gemeinhin zu strategischer Behutsamkeit geraten: Auf keinen Fall alles hochnäsig ablehnen und wenigstens den großen Zeitungen gelegentlich willfahren, sonst wird man irgendwann nicht mehr gefragt, und was das für die eigene Zukunft bedeutet, ist ja klar. Andererseits auch nicht zu oft mitmachen, denn sonst hat man blitzschnell den ruinösen Ruf als Medienhure weg. Doch auch dieser Rat ist nicht gut. Der einzig mögliche Rat ist: Macht, wie es euch gefällt, es wird schon falsch sein. Einen zweiten Thomas Pynchon kann es leider nicht geben.

Und da wundern sich die Literaturkritiker immer wieder mit gespieltem Erstaunen darüber, dass die jungen Autoren von heute die Privatheit suchen! Dass kaum einer wünscht, wie einst zu seligen Zeiten der Gruppe 47, die eigene Arbeit in Anwesenheit von Literaturkritikern zu diskutieren! Wenn ich irgendetwas davon begriffen habe, so hat die Gruppe 47 jene kritische Öffentlichkeit erst hergestellt, die so kurz nach dem Krieg schmerzlich fehlte. Heute wollen viele von uns vor einer überkritischen Öffentlichkeit fliehen, die uns trotzdem, selbst wenn wir schweigen, als Schweigende an den Pranger stellt.

Nun wäre noch die Frage zu stellen, was die wahre Öffentlichkeit, also das Volk und nicht seine Journalisten, vom Schriftsteller eigentlich will. Verlangt es nach »moralischen Instanzen«, die, wenn man ihnen den Instanzen-TÜV nach einer Weile wieder aberkennt, mit den Medien darüber zu streiten beginnen, ob sie sich die Instanz selbst angemaßt haben oder ob sie ihnen wider Willen angeheftet wurde? Ist es im Gegenteil wirklich die Pflicht jedes Schriftstellers, rein wie ein Mönch allein durch »gute Bücher« gesellschaftliche Teilhabe und/oder politisches Engagement zu zeigen? Verdirbt er gar durch außerliterarische Bekenntnisse jeglicher Art seine Literatur? Diese Fragen sind viel einfacher zu beantworten, als es scheint. Denn ja, die Menschen, die lesenden jedenfalls, brauchen und wünschen zwar nicht bewusst moralische Instanzen, erwählen aber trotzdem bestimmte Autoren aus bestimmten Gründen gelegentlich dazu. Es ist ja wirklich kein Wunder, dass Günter Grass, der Autor der monströsen, wild-expressiven, furios mit der Nazizeit ins Gericht gehenden »Blechtrommel«, zu einer solchen werden konnte, und nicht Walser, der leise, böse, hochironische Chronist des verklemmten deutschen Nachkriegsspießbürgertums. Dass es ausgerechnet die Sechziger- und Siebzigerjahre waren, in denen man nach solchen Instanzen verlangt hat. Und dass sie heute mit theatralischer Gewalt entsorgt werden sollen, wo sie doch längst unwirksam geworden sind.

Was also brauchen wir, um solche Phänomene zu verstehen? Wir brauchen Zeit und den langen Blick. Über beides müssen gute Schriftsteller verfügen, beides fehlt den Medien. Deshalb klingt es immer so schrill und falsch, wenn sie zu kommunizieren versuchen. Deshalb schreiben Schriftsteller immer zu lang und verfehlen so oft »das Thema«, wenn sie für die Medien schreiben. Deshalb irren sich die Kritiker so oft, wenn sie Werke »gültig« einordnen wollen in ihrem hektischen und vergesslichen Geschäft. Jene Kritiker jedenfalls, die so schnell mit dem Vorwurf der »Dünnhäutigkeit« zur Hand sind, wenn Schriftsteller sich über ihre Bewertungen kränken, reagieren meist äußerst gereizt, wenn man die Instrumente ihrer Kritik kritisiert. Und die allerwenigsten haben, wie Marcel Reich-Ranicki in Bezug auf »Die Blechtrommel«, die Größe, einzugestehen, dass sie sich geirrt haben.

Ein angesehener und seriöser Kritiker zitierte einmal vor geselliger Runde aus Kollegen und Schriftstellern schenkelklopfend das Totschlagwort »Konsensschrott«, das einem gerade preisgekrönten Roman von einem anderen Kritiker angehängt worden war. Darauf hingewiesen, dass solche Worte einer ernstzunehmenden Literaturkritik nicht würdig seien, schien er recht eingeschnappt. Nicht er habe dieses Wort geprägt, verteidigte er sich. Dann möge er es nicht so begeistert weiterverbreiten! Doch der Kritiker musste das letzte Wort haben: Der betreffende Autor brauche einem wirklich nicht leidzutun, der verdiene jetzt, nach diesem großen Preis, doch genug Geld.

So kann wirklich nur einer reden, der seine letzte harsche Textkritik zu Studienzeiten hat hinnehmen müssen und seither, im Redaktionsstübchen vor jeder öffentlichen Kränkung (intern machen die Redakteure einander fast überall das Leben zur Hölle) geschützt, jeden Leserbriefschreiber, der ihm auf diese armselige Weise widerspricht, als »professionellen Leserbriefschreiber« abtut.

Ich war viele Jahre lang Journalistin und schreibe noch heute gelegentlich Buchkritiken. Ich habe gewiss oft Menschen, die in meinen Artikeln vorkamen, verletzt, je jünger und unbedarfter ich war, desto mehr. Aber ich bin immer sehr erschrocken, wenn ich einen wütenden oder gekränkten Brief erhielt, und habe solche Briefe fast immer mit großem Zeit- und Gefühlsaufwand beantwortet. Die amtierenden Literaturkritiker sind keineswegs anders, im Gegenteil sind sie naturgemäß viel dünnhäutiger als alle Autoren, denen ja nichts übrigbleibt, als das Gekränktwerden ständig zu üben. Ich habe es mir also, meinen entsetzten Freunden und sich die Haare raufenden Beratern zum Trotz, in letzter Zeit zur Gewohnheit gemacht, Leserbriefe zu schreiben, wenn mir etwas partout gegen den Strich geht. Ich habe mich, so das Dogma unter den von ihren Kritikern frustrierten Autoren, »entblößt« und »verletzlich gezeigt«.

Es ist aber richtig. Denn ich bekomme immer Antwort, oft ein seufzendes, etwas irritierendes »Sie haben ja ganz recht«, manchmal eine Widerrede, die aber plötzlich ganz sachlich und unpolemisch ist. Diese Erfahrung hat in mir einen großen Wunsch entfacht: Ich wünsche mir einen Sponsor, der mir ein bisschen Geld gibt, damit ich, zusammen mit, sagen wir, zwanzig Schriftstellerkollegen, zehn als besonders wichtig oder besonders böse erachtete Literaturkritiker zu einem Kongress einladen kann. Ich brauche Geld für die »kritische Gruppe 2011«. Die Einladung allein sollte die Kritiker ehren, damit wäre der Ehre aber auch genug. Sie dürften jeweils zehn ihrer Texte einreichen, aus denen von einem Schriftstellerkomitee einer für die öffentliche Diskussion ausgewählt würde. Und dann säßen endlich einmal die Kritiker vorne am Tisch und läsen zitternd aus ihren Texten, und sie würden weinen vor Erleichterung, wie sanft und liebevoll die Schriftsteller mit ihnen umgingen. Daraus entstünde anschließend, bei viel Wein und Gesang, das, was wir wirklich brauchen könnten in diesem Land: keine neue Gruppe 47, sondern ein anderes Klima zwischen denen, die für die und mit der Literatur arbeiten. Es entstünde eine neue Basis für künftige Feuilletondebatten in diesem Land. Oh Gott, heulen meine sich die Haare raufenden Freunde und entsetzten Berater, was ist sie für eine peinliche Träumerin!

Unter Piefkes

Als Österreicherin in Deutschland

Ich weiß nicht mehr, wie oft ich das in den letzten Jahren gehört habe, im Taxi und beim Kinderarzt, am Telefon und beim Einkaufen: »Sie sind aus Österreich? Wie schööön! Ich höre das so gern!«

Die Deutschen nämlich lieben uns. Das ist für den frisch eingewanderten Österreicher die erschütterndste Erkenntnis. Mit allem hat er gerechnet, mit der (daheim sprichwörtlichen) deutschen Arroganz, mit Herablassung, Kälte und Unnahbarkeit, mit schnarrenden Konsonanten und damit, dass er gar nicht recht verstanden wird, denn während wir, dem deutschen Fernsehen sei Dank, längst zweideutschsprachig sind, versteht der bornierte Deutsche noch immer weder »Fisole« noch »Eierschwammerl«. So hat man es uns beigebracht: Kochen können sie nicht, lachen können sie nicht, wie zum Ausgleich trinken sie lieblichen Wein, sie sind ein Volk von uncharmant kantigen Perfektionisten (Schumacher! Kahn! Peymann! Steinbrück!), das uns gefühligen Österreichern auf Schritt und Tritt seelisch auf die Zehen steigt und es nicht einmal merkt.

Und dann das. Diese Begeisterungsstürme, sobald man den Mund öffnet. Sie überschütten uns mit Komplimenten zu unserem weichen, gemütlichen Akzent, sie zählen begeistert an den Fingern beider Hände all ihre unvergesslichen Urlaube bei uns auf, Skifahren und Schwimmen, Berge und Seen, und bitten in der Folge dringend um Geheimtipps. »Gesäuse? Wie ulkig! Südsteiermark? Das klingt doch prima, Klaus-Jürgen, lass uns gleich nächsten Sommer …«, und so weiter. Sie halten uns für geborene Experten in Bezug auf Karl Kraus und Schnitzler, auf Mozart, Freud und Wittgenstein. Sobald aber wir auf das zu sprechen kommen, was uns an Österreich beschäftigt, die politische Unkultur, die Medienkonzentration, der latente Rassismus, die Erfolge der Rechten bei den Wahlen, dann verziehen sie das Gesicht, schütteln abwehrend Kopf und Körper und wollen nichts mehr hören. »Nobody is perfect«, scheinen sie sagen zu wollen, »was sollen wir sagen«, scheinen sie zu denken und vermitteln uns dabei das vollends schockierende Gefühl, überkritisch zu sein mit unserem Land. Wo wir doch aus dem Paradies kommen: weniger Schulden, weniger Kriminalität, weniger Arbeitslose, weniger Ausländer, kaum Neonazis. Denn das ist die einzige kritische Einschränkung, die all die austrophilen Deutschen, von denen es wimmelt, machen: dass die Österreicher selbst immer so schlecht gelaunt und ungnädig sind, mit sich und ihrem Land. Denn den negativen Patriotismus (»kein Land ist so schlecht wie wir«), den wollen sie seit 1945 doch ganz allein gepachtet haben, die Deutschen.

Das bestimmende Element der nachbarlichen Beziehungen ist zweifellos die Spannung zwischen deutscher Arroganz und österreichischem Minderwertigkeitsgefühl. Nach bald zehn Jahren in Berlin wage ich zu behaupten: Erstere existiert nicht, Zweiteres dagegen sehr wohl. Und beides beschäftigt natürlich nur die Österreicher.

Stellen wir uns eine Schulklasse vor, in der die Körpergröße der einzelnen Kinder der Größe und politischen Bedeutung ihrer jeweiligen Nation entspricht. Der großgewachsene Deutsche blickt sich um, sieht einen Briten, einen Franzosen, einen Spanier, und wenn er sich ein bisschen reckt, dann nickt ihm vielleicht sogar der lange Lulatsch von Amerikaner zu. Dass er mit den unter ihm wuselnden kleinen Österreichern, Belgiern, Schweizern oder Tschechen spielt, kommt ihm gar nicht in den Sinn. Gedankenverloren streicht er ihnen über den Kopf, den süßen Zwergen, sobald ihm einer gegen den Oberschenkel prallt. Das sind die natürlichen deutschen Perspektiven, da steckt kein Arg dahinter. Die Österreicher beschäftigen sich ja auch nicht extensiv mit den Verhältnissen in Andorra oder Luxemburg, was die Luxemburger und Andorraner, jede Wette, ebenfalls tief kränkt.

Der Österreicher jedoch, und hier spielt nun die gemeinsame Sprache eine unselige Rolle, fühlt sich, frisch in Deutschland, wie ein Kuhhirt in der Oper. Wenn er nicht gerade in Bayern, Sachsen oder Schwaben gelandet ist, kommt ihm die eigene Sprache plump und peinlich vor gegenüber den klaren harten Konsonanten und den schwingenden Diphtongen der deutschen Hochsprache – und gegenüber »Mülleimer« (statt Mistkübel) und »Reinigung« (statt Putzerei) sowieso.

In einem fremden Land springen jedem zuerst die Unterschiede ins Auge. Die Menschen sind anders gekleidet, sie haben andere Gewohnheiten, in Deutschland spricht man zudem gern in Abkürzungen. So sagen sie hier »Jott-WeDee« (für »Janz weit draußen«) zu Hintertupfing, »EC-Karte« zur Bankomat-Karte, sie sagen »Meck-Pomm«, »Hartz IV« und »Uhsa« zu Amerika, ich kenne Kollegen, die ihren Verlag salopp »Hoca« (für Hoffmann & Campe) nennen, und während ich dies schreibe, sitze ich in der »Stabi«, der Staatsbibliothek zu Berlin.

In jedem anderen Ausland wären die Unterschiede erträglich, erwartbar, ja geradezu exotisch-sympathisch, doch im gleichsprachigen, dabei aber viel größeren Land überkommt einen automatisch das Gefühl, das, was hier gilt, sei das Feinere, Bessere. Und alles zu Hause furchtbar provinziell. Was haben mich meine Berliner Freunde ausgelacht, als ich darum bat, »zum Flughafen geführt« zu werden: »Zum Flughafen führt man bei uns Blinde!« Was haben mich die Korrektoren meiner Zeitung geneckt, als ich »kontroversiell« schrieb statt »kontrovers«: »Diese Ösis, nech wahr, immer ein bisschen mehr von allem.« Und schon Dreijährige hielten mich für jemanden mit schwerem Sprachfehler, weil ich »Schiraffe« sagte.

In anderen Ländern rufen wir begeistert »Yamas«, »Nastrovje«, »Cin-Cin«, doch in Deutschland unser Lieblingsgetränk als »Weißweinschorle« zu bestellen, ist eine fast unüberwindliche Hürde. Dazu kommt, dass wir (Ost-)Österreicher das »or« in Schorle gar nicht richtig aussprechen können. Bei uns gibt es ja kaum ein gesprochenes »r«, nur eine Art »a« an seiner statt, und »Schoale« klingt, kaum zu glauben, noch unterirdischer. Umgekehrt werde ich nie den Blick des knackigen, braungebrannten Schönlings von Kellner in einer Kreuzberger Szenekneipe vergessen, als eine Grazer Bekannte, mit mir ins (österreichische) Gespräch vertieft, bei ihm gedankenlos einen »weißen Spritzer« bestellte. In seinem Ohr klang das wohl wie eine massive sexuelle Belästigung.

Wir erinnern uns an den zwar fälschlich Karl Kraus zugeschriebenen, dennoch genialen Satz: Der Österreicher unterscheidet sich vom Deutschen durch die gemeinsame Sprache. Gerade auf dem Gebiet des Obszönen gibt es erhebliche sprachliche Unterschiede, die zu ebenso erheblichem Befremden führen können. Erstens: Österreicher fluchen und schimpfen öfter und ungehobelter. Für mich ist es relativ normal, »Scheiße!« zu sagen, auch wenn mir nur der Schlüsselbund aus der Hand gefallen ist. Die Deutschen zucken da schon zusammen. Wenn es gar nicht anders geht, flüstern sie höchstens geziert »Schiete« oder geben bekannt, ihr Arbeitstag sei bisher »eher besch...eiden« gewesen. Umgekehrt traf mich fast der Schlag, als ein hoher deutscher Politiker im Fernsehen sagte: »Da wäre ich doch mit dem Klammerbeutel gepudert!« Ich hatte keine Ahnung, was ein Klammerbeutel ist (der Beutel für die Wäscheklammern, den man in diesem Sprachbild anstelle der weichen Puderquaste benutzt), deshalb klang das in meinem Ösi-Ohr (pudern = ficken) wie eine sadistische sexuelle Praxis. Und so weiter. In Deutschland könnte niemand »Votzi« heißen, in Österreich niemand »Fut«. Beide Nachnamen sind im jeweils anderen Land gebräuchlich.

Warum wirkt der (West-)Deutsche arrogant? Denn nicht nur wir Österreicher sind davon zutiefst überzeugt, sondern die Schweizer und die Ossis ebenso. Ich glaube, er ist bloß auf eine hocheffiziente, aber beängstigende Weise schnörkellos. Er spricht nicht in Mäandern, Ellipsen oder Gewölk, sondern er lernt schon in der Schule, sich so kurz und prägnant wie möglich zu halten. Er tastet sich nicht heran, er schlägt sich durch. Deshalb neigt er auch übermäßig der Floskel zu. Gerhard Schröder zum Beispiel regierte im Grunde mit drei Sätzen: »Ich will hier rein!«, »Das ist Fakt!«, »Und damit basta!«.

Dagegen fällt es uns Österreichern seit jeher schwer, zum Punkt zu kommen. Wir scheuen die Eindeutigkeit wie die Motten das Licht. Wir verirren uns tief in höflichen Nebensatzgestrüppen. Als mir letztens im Stiegenhaus, das hier Treppenhaus heißt, ein Klaviertransport entgegenkam, rief der vordere Träger: »Zur Seite, Frau!« In Wien wäre das wohl mindestens ein »Gnädigste, wenn Sie höflichst gestatten« gewesen, egal, wie verschwitzt und außer Atem der Sprecher gewesen wäre.

»Ja und nein«, begleitet von einem bedächtigen Hin- und Herwiegen des Kopfes, ist unsere Lieblingsantwort. Wenn es sich irgendwie vermeiden lässt, wollen wir uns nicht festlegen. Wir wollen niemanden kränken, wir wollen »ja nichts gesagt haben, aber ...«. Die sprachliche Mehrdeutigkeit vor allem des hinterfotzigen Wieners ist sprichwörtlich. Im Blödeln und Witzeln, im Kalauern und dialektischen Relativieren sind wir Weltmeister, und wenn wir damit anfangen, schaut der Deutsche verständnislos aus der Wäsche. Wahrscheinlich bringen wir deshalb unverhältnismäßig viele gute Schriftsteller hervor.

Diese sprachlichen Unterschiede sind natürlich Abbild des Charakters. Und solange keine extremen politischen Bedingungen herrschen, gereichen ihre Eigenschaften den Deutschen eher zum Vorteil. Sie sind ein halbwegs transparentes Volk. Sie fragen, wenn sie etwas wissen wollen, sie sagen, was sie denken, und sie nehmen keine übertriebenen Rücksichten darauf, wie das beim anderen ankommen könnte. Eben weil es der andere gewöhnt ist und Direktheit keineswegs übelnimmt – so er kein Österreicher, Schweizer oder Ossi ist. Wahrscheinlich fällt es mir deshalb inzwischen leichter, in Deutschland zu leben als in Österreich. Das, was man sieht und hört, ist meistens das, was ist. Kein Hintergedanke, keine versteckte Bedeutung, keine Codes und viel weniger zur Schau getragene Neurosen. Jedenfalls grosso modo.

Natürlich gibt es auch Exemplare mit ins Kraut geschossenem Nationalcharakter. Es gibt den Deutschen wirklich, der in aller Früh am Pool ein wahrscheinlich extra dafür angefertigtes, fahnenlanges Handtuch über drei Sonnenliegen legt, der sich im Restaurant, den Langenscheidt-

Schnellkurs Portugiesisch in der Hand, stammelnd, aber dennoch herrisch das Beschwerdebuch kommen lässt. Es hat hier in letzter Zeit mehrmals Schaffner gegeben, die zwölfjährige Kinder bei Nacht und Nebel des Zuges verwiesen haben, weil denen ein bisschen Kleingeld oder ihr Schülerausweis fehlte. Das ist sehr deutsch. Vorschrift ist Vorschrift, da werden aus Gesichtern blitzschnell Stahlmasken.

In Wien und Berlin brauchte ich einmal dringend einen Telefonanschluss, den man mir verwehren wollte. Eine halbstündige Brüllerei mit der deutschen Telekom blieb völlig ergebnislos und ließ mich zerschmettert vor so viel Stahlmaskentum zurück. In Wien dagegen drohte ich und schmeichelte, wurde mehrmals verbunden und am Ende zur Priorität erklärt: »Aber sehr gern, liebe Frau Doktor, wir schicken den Techniker gleich morgen, wenn's recht ist.« Ich bin natürlich gar kein Doktor, aber was soll's.

Deutschland ist ein großes Land, und anders als in Österreich kennt man auch nach etlichen Jahren nicht jeden persönlich, der im weitesten Sinne etwas mit dem eigenen Beruf zu tun hat. Die Deutschen, und gerade die Gebildeten, sind ungeheuer flexibel, sie studieren in München, machen ein Praktikum in Köln, ziehen nach Frankfurt, verbringen ein paar Jahre in Hamburg, nehmen einen Lehrauftrag in Potsdam oder Bielefeld an, da kann man wenigstens von Berlin aus pendeln. Die Fernbeziehung ist normal, die Arbeit, die es bedeutet, den übers Land verstreuten Freundeskreis zu pflegen, auch. Dagegen regiert in Österreich ungebrochen der Wiener Wasserkopf. Man geht nach Wien oder man ist schon dort, weiter geht oder denkt man nicht. Wenn sich einer für zwei Jahre in die Filiale nach Graz oder Amstetten versetzen lässt, gilt er schon als berechnend:

Denn von diesem großen Opfer erwartet er sich gewiss anschließend maximale Beförderung.

»Haben Sie nicht schrecklich Heimweh?«, fragen mich die austrophilen Deutschen mitleidig, die nicht fassen können, dass jemand freiwillig aus dem objektiv prachtvollen Wien in das objektiv potthässliche Berlin zieht (potthässlich: wieder so ein passgenaues deutsch-deutsches Wort – »urschiarch« wäre etwas ganz anderes!). Ich gebe zu, ich sehne mich nach meinen Freunden. Ich sehne mich auch nach bodenständigen Wirtshäusern an jedem Eck, in denen man gefahrlos essen kann, auch wenn man sie nicht kennt (unmöglich in Berlin! Lebensmittelvergiftung!). Überhaupt sehne ich mich nach dem guten Essen, für dessen Zubereitung man wahrscheinlich genau die Umstände machen muss, die sich der Norddeutsche in Jahrhunderten abtrainiert hat. Kochen ist österreichisch, ein bisschen hiervon, ein bisschen davon und am Schluss noch einen Schuss vom Gegenteil, kein Entweder-oder, kein Ganz-oder-gar-nicht wie bei den Preußen. Das Problem mit lieblich und halbtrocken hat sich im Internetzeitalter erledigt, denn man kann den Wein aus Österreich liefern lassen.

Ich gebe auch zu, ich freue mich über die zwei, drei österreichischen Mütter, die ich auf Berliner Spielplätzen kennengelernt habe. Obwohl wir sonst wenig gemeinsam haben, plaudern wir schon deshalb gern, weil das Zurückschlüpfen ins Österreichische so ist, als lege man kurz ein Korsett ab und atme durch. Denn auch wenn mich die Deutschen immer nach wenigen Worten enttarnen (»Sie sind aus Österreich?!«), nehme ich beim Sprechen trotzdem irgendwie Haltung an, um auf Anhieb verstanden zu werden. Ich artikuliere bewusst, ich benutze sogar gelegentlich das Imperfekt. Ich sage auf dem Spielplatz »Eimerchen« statt »Küberl« und »Schippe« statt »Schauferl«. Das geschieht so automatisch, wie meine Mutter den Bauch einzieht, wenn sie fotografiert wird.

Was ich aber keinesfalls vermisse, worüber ich vielmehr täglich froh bin, es los zu sein, ist das Enge, Kleine, Neurotische, das Beleidigte und Verhaberte, das Österreich auf so vielen Ebenen durchzieht. Nur in Österreich werde ich dauernd gebeten, irgendetwas umsonst oder für ganz wenig Geld zu machen, man kennt sich doch, und es ist doch für einen guten Zweck. Und wenn das nicht zieht, dann kommen sie einem gleich damit, dass es schließlich auch Werbung für einen selbst sei, also schon fast wieder ein Gefallen, der einem getan werde.

Nur in Österreich ist es so schwierig, Nein zu sagen. Für fast alles scheint es eine moralische Verpflichtung zu geben. Nur in Österreich kann man mit den Leuten aus dem eigenen politischen oder weltanschaulichen Lager herzhafter verfeindet sein als mit den anderen. Nur in Österreich habe ich das Gefühl, dauernd alles falsch zu machen. Wer den Mund aufmacht, macht sich wichtig, aber wer sich zurückhält, ist feig. Wer kritisiert, ist ein Nestbeschmutzer, aber wer lobt, ein Langweiler. Wer zu Hause bleibt, ist wohl doch nicht so talentiert, wie er selbst immer meinte, wer ins Ausland geht, ist ein Verräter.

Das Halbdunkel und das Halblaute, die Zwischenreiche, das sind die österreichischen Arenen. Oben reden die Großkopferten, die so blöd waren, Politiker, Künstler, Manager oder vergleichbare Wichtigtuer zu werden, während unten im Parkett das Publikum respektlose Witze reißt. Wenn es zu laut wird und die von Oben irritiert wirken, dann hebt das Publikum die Hände, dreht die Handflächen nach außen und wiegelt ab. Sobald aber die Vorstellung weitergeht, grinsen sie sich verschwörerisch zu und beginnen leise zu buhen.

In Österreich weiß jeder über jeden Bescheid. Die Sozialkontrolle ist immens. Zweimal mit dem falschen Mann im Kaffeehaus, schon kriegt man ein Verhältnis angedichtet. Zweimal ungeschminkt in den Supermarkt, schon halten sie einen für sterbenskrank. Einmal mit dem Bruder im Beisl gestritten, schon spricht man von »Familienkrieg«.

In Berlin dagegen kann ich in Ruhe leben. Wenn es mir nach einer Weile doch zu ruhig und zu vernünftig, zu glatt und zu abgrundlos wird, dann fahre ich zwei Wochen nach Wien. Kaum bin ich da, lädt mich der »Club 2« zu einer Haider-Diskussion ein. Ich sage zu, obwohl meine Freundin C. meint, ich mache mich wichtig. Mein Cousin sagt, »geh hin, aber reg dich nicht auf«. Das gelingt mir leider nicht, ich rege mich auf und brülle herum. Nachher streite ich mit dem Redaktionsleiter um ein Honorar, starre fassungslos auf vier Dutzend teilweise rechtsradikale E-Mails, die noch während der Sendung eingelangt sind und die man mir pflichtschuldigst weitergeleitet hat, finde mich am nächsten Tag als Nestbeschmutzerin in der Kolumne eines senilen Journalisten (für Kolumnisten gibt es in Österreich kein Pensionsalter), schreibe mit Freunden einen offenen Brief gegen die Wahl eines Rechten zum dritten Parlamentspräsidenten, befetze mich mit der Innenpolitik-Leiterin einer großen Zeitung tagelang per E-Mail, die in dem offenen Brief nur »linkes Gutmenschentum« wittert, erkläre ihr, dass »links« und »Gutmensch« nicht automatisch Schimpfworte sind, und so weiter und so fort. Als die zwei Wochen um sind, habe ich keine Zeile an meinem Buch geschrieben. In Österreich könnte man hauptberuflich wehrhafter Staatsbürger sein, acht Stunden am Tag. Mit letzter Kraft erreiche ich das Flugzeug in das langweilige, vernünftige, in das psychodynamisch und geografisch so viel flachere Deutschland. Auf dem Rückflug stelle ich fest, dass mein Sohn inzwischen sein erstes österreichisches Wort gelernt hat, »pickert«. »Honig ist pickert«, sagt er stolz zu mir, »und Uhu ist pickert.« Und ich antworte: »Wien auch.«

Wasserkopf und Krone

Über Wien, die Heimatstadt

In meiner Kindheit litt ich unter dem Wort »Wasserkopf«. Ein Lehrer hatte es mir beigebracht, indem er meine Heimatstadt damit bezeichnete. Zwar sei sie eine Groß-, ja eine Millionenstadt, eine prächtige Kaiserstadt voller Geist, Kunst und Tradition, doch gäbe es leider kein Land mehr, das dazu passte. Das Land war verlorengegangen, über fünfzig Jahre vor meiner Geburt, über sechzig Jahre vor meinem Eintritt in jenes Wiener Gymnasium. Doch der Phantomschmerz scheint nicht und nicht zu vergehen. Ich sehe ihn immer noch da stehen, den Lehrer, einen kurzbeinigen, jovialen Menschen von niedriger Herkunft und mit kräftigem Dialekt. Sein Hauptfach war Turnen, damals hatten alle Turnlehrer im Zweitfach Geographie, wahrscheinlich weil es als leichtestes Studienfach galt. Auf seinen kurzen Beinen stand er vor der Europakarte und zeigte mit dem Stock anklagend auf Wien. Wien war ein relativ großer, knallrot gezackter Fleck, ein Fleck wie Rom, Paris, London. Doch um ihn herum gab es kein weites Land mit kleineren gezackten roten Flecken, denn die österreichischen Landeshauptstädte sind so klein, dass sie nur das Kreissymbol in der Größe »bis 300 000« bekommen. Wien liegt, unwürdig nach Nordosten verrutscht, auf einem unverhältnismäßig kleinen grünbraunen Fladen, der links, im Westen, noch ein langes, dünnes »Schwanzerl« hat oder einen Schweif, wie ein Hund oder der Stern von Bethlehem. Für mich sah Österreich aus wie ein Tennisschläger, und Wien, der

Wasserkopf, war der Ball, so weit am östlichen Rand, dass er herunterzufallen drohte.

Auch daher rührt vermutlich das Gefühl vieler, und nicht nur der Einheimischen, dass Wien eine Insel ist, eine räumliche und zeitliche Insel, ein Raumschiff konservierter Geschichte, eine überladene Krone auf schmächtigem Bauernkopf.

»Wien ist nicht Österreich«, sagt der Wiener abwehrend, wenn er dem Ausländer komplizierte Phänomene, etwa Haiders Aufstieg aus der Kärntner Provinz, erklären soll.

»Alles G'scherte und Urmugeln«, lästert mein Vater über Menschen, die zwar Österreicher, aber keine Wiener sind.

Wien ist ein hochmütiges Waisenkind, gebildet, charmant und gut gewachsen, aber oft genug auch traurig, aggressiv und böse. Nach dem Ersten Weltkrieg verlor es seinen Übervater, den Kaiser, das riesige Reich, die weltpolitische Bedeutung. Nach dem Zweiten Weltkrieg wurde es abgehängt von der glitzernden Entwicklung, die andere westliche Großstädte nahmen, weil es an drei Seiten und beinahe hautnah vom Eisernen Vorhang abgeschnürt war. Denn das macht sich heute ja keiner mehr klar, in Köln oder Hamburg, dass Wien über vier Jahrzehnte beinahe im selben Dornröschenschlaf lag wie Prag und Budapest, auch weil es von seinen schönen Schwestern luftdicht abgeschnitten war. Weil mit einem Schlag nicht nur das Habsburgerreich, sondern kurz darauf auch der gesamte kulturelle Rückraum verschwunden war, der Wien über Jahrhunderte zu dem gemacht hatte, was es einmal war. Was es definitiv bis 1918 war und dann noch ein paar triste, agoniehafte Jahre länger, bis 1941, als man die prozentuell größte jüdische Bevölkerung einer deutschsprachigen Stadt, die einmal fast elf

Prozent oder zweihunderttausend Menschen betragen hatte, endgültig vertrieb oder ermordete.

Wenn man sich Wien von dieser Seite, der geographischen und historischen, nähert, dann kann man die Scham und das ewige Schimpfen auf der Strecke lassen und ebenso das hochmütige Amüsement über die putzigen Rituale und Konventionen, derer sich die Wiener bis heute befleißigen. Denn es gibt sie immer noch, die Handküsse, das ganze »Gnä' Frau« und »Fräulein« und »zu Diensten, Herr Oberstudienrat«, auch wenn man nun die grashalmzarte Ironie vielleicht deutlicher hört, die dennoch schon immer darin steckte. Es gibt noch die prunkvollen, auch sozial durchchoreographierten Bälle in den unzähligen Sälen und Palais, die den Bürgerskindern als Heiratsmarkt dienen und ihren Eltern als Ränkeschmiede. Es gibt die Titelsucht, die allen anderen Deutschsprachigen den Mund offen stehen lässt. Rufen Sie einmal an einem mittleren Vormittag in einem Ministerium an und verlangen Sie den »Herrn Doktor XY«, auch wenn Sie gar nicht sicher sind, ob XY einen Doktortitel besitzt. Eine Sekretärin, ganz Indignation, wird Ihnen zur Antwort geben: »Der Herr *Sektionschef* ist zu Tisch!« Denn das Titelspiel hat einen einzigen Zweck: Dem Bittsteller seine Inferiorität deutlich zu machen. Als Ungeschulter wird man den richtigen Titel nie kennen, und selbst wenn man die Visitenkarte auswendig gelernt hat, kann er sich schon magisch geändert haben. Vielleicht muss XY im Amt mit »Sektionschef« angesprochen werden, weil das mehr wiegt. Es könnte aber ein Fehler sein, ihn im Golfklub damit zu titulieren. Dort will er lieber nur ein unauffälliger Doktor sein. Man macht es immer falsch, und darum geht es.

So haben alle ihre Rituale, auch jene, die früher die Arbeiter waren und immer noch stolz »die Roten« sind. Das sprichwörtliche »Rote Wien« ist bis heute in der prägenden Architektur der »Gemeindebauten« und einer auffallend fortschrittlichen, flexiblen Stadtverwaltung manifest. Wobei es natürlich auch eine Menge roter Hofräte und Sektionschefs gibt, das widerspricht sich hier keineswegs.

Ein erster Mai in Wien, mit Musik, den Fahnen auf der Ringstraße und den Aufmärschen der Sektionen bis hinunter zu den Abordnungen der Kinderorganisation »Rote Falken«, wäre jedenfalls geeignet, ehemaligen Ostdeutschen noch einmal eine, je nach Einstellung: eiskalte oder wohlige, Gänsehaut zu verschaffen. Und ihren Kindern mindestens einen Geschichtskurs.

Oh ja, die Wiener Sozialdemokraten grüßen einander bis heute mit »Freundschaft«, und sie verfügen noch immer über ein lebensumspannendes Netzwerk von den Kindergärten der »Kinderfreunde« über Sportverbände bis zum sozialdemokratischen Automobilclub. Sommers findet man sie im »Gänsehäufel«, einem Naturfreibad an der Alten Donau, verlässlich am Nacktbadestrand, wo sie, in der einen Hand eine Wurstsemmel, in der anderen ein Bier, erregt politisieren. Auch für die letzten Dinge ist gesorgt. Ein echter Wiener Roter zahlt sein Leben lang in den »Wiener Verein«, eine Art Beerdigungsversicherung ein, die nach dem Ableben diskret alle Kosten übernimmt. Unvergesslich meine Tante Gretl, die den »Wiener Verein«-Kassier einmal nicht einließ, weil sie gerade ausgehen wollte. »Aber Frau Menasse, ich habe heute ein einmaliges Angebot«, lockte er geschäftstüchtig durch den Türspalt: »Wenn Sie zehn Jahre verlängern, kriegen Sie zwanzig Prozent Rabatt!« Ich weiß nicht mehr, ob sie damals den Tumor im Kehlkopf schon hatte, der sie dann ziemlich schnell dahingerafft hat, aber in meiner Erinnerung höre ich sie so krebs-rostig lachen: »Zehn Jahre?«, fragte sie amüsiert zurück, »zwanzig Prozent? Mein Lieber, das ist keine Mezzie*, ich bin siebenundsiebzig!«

Dieses ganze Gesellschaftsgewese, das genaue Gespür für oben und unten, Herr und Knecht, dient natürlich der inneren Stabilität, dem Versuch, Ordnung zu schaffen in einer unordentlichen Welt. Denn Wien, das von oberflächlichen, nur an Bauten und Kunstgegenständen interessierten Besuchern so gern für ein kaiserliches Freilichtmuseum gehalten wird, ist doch seit jeher ein *melting pot* beinahe amerikanischen Ausmaßes. In Wien heißt es, »jenseits des Rennwegs beginnt der Balkan«. Warum ausgerechnet jenseits des Rennwegs, der, erst grau und vorstädtisch, schließlich auf das Belvedere zuführt und seinen Namen von obskuren mittelalterlichen Wettrennen haben soll, ist mir immer schleierhaft geblieben. Denn »der Balkan«, dieses ungenaue Sammelwort für alles Östliche, für alles Dreckige, Depressive, Leidenschaftliche und Übergeschnappte, steckt in Wien natürlich überall, in jedem Hinterhof, auf jeder Speisekarte und in den schönsten Redewendungen.

Die Serben und Kroaten, die Ungarn, Böhmen, Mährer und Slowaken sind jahrhundertelang in diese Stadt eingewandert und haben ihr den Stempel aufgedrückt. Und auch wenn sie alle sich innerhalb einer Generation dem Primat des Wienerischen scheinbar unterworfen haben, so erkennt man sie doch bis heute an ihren Nachnamen. Ganz Wien ist voller Milanovićs, Stoisits' und Hemeteks, voller Kovacs', Klimszas, Miklos' und Nagys, voller Smutnys, Bi-

* »Mezzie« (sprich: Mezziiii), jiddisch-wienerisch: Schnäppchen

leks, Svobodas und Prohaskas, und es gibt sogar solche, die übersetzt »Topfen« beziehungsweise »Quark« (Twaroch) heißen, auch wenn einem das die Tschechen vor lauter Lachen nie glauben wollen.

Ihre Vorfahren haben die Liwanzen und Powidltatschkerln, die Cevapcici und die Pleskavica, die Hortobágy-Palatschinken und Dobos-Torten völkerverbindend in das Wiener kulturelle Erbe eingespeist. Die Aufstrichbrötchen eines (ursprünglich polnischen) Stehimbisses am noblen Graben sind so berühmt wie dessen Werbespruch: »Trzesniewski – unaussprechlich gut«. Ihrer aller harmonisches Zusammenspiel hat für eine unvergleichliche Qualität des Kulinarischen gesorgt. Wien ist darin spitze, nicht an Hauben oder Sternen, sondern in der durchschnittlichen Güte des preiswerten Wirtshauses. Eine EU-Studie hat jüngst herausgefunden, dass kein Volk so oft auswärts isst wie die Österreicher – weil es sich auszahlt. Als Wiener Wirt schlecht oder auch nur mittelmäßig zu kochen, ist ungefähr so erfolgversprechend, wie sich als uncharmantes Dickerchen (wienerisch: »blade Blunz'n«) bei Heidi Klums Casting vorzustellen.

Das Unfreundlichste, was in diesem lukullischen Vielvölkerparadies je passiert ist, geschah aus Anlass der Balkankriege Anfang der Neunzehnneunzigerjahre. Mehrere Lokale und Cafés nahmen die »serbische Bohnensuppe« von der Speisekarte! In meinem damaligen Stammlokal blieb sie zwar auf der traditionellen schwarzen Tafel, erhielt dort jedoch ein paar Tage lang das höhnische Epitheton »exjugoslawisch«. Doch nachdem die Wirte des (natürlich serbisch geführten) »Beograd« und des (überraschenderweise kroatischen) »Anzengruber«, zweier unmittelbar benachbarter Kultlokale in der Nähe des Naschmarkts, in den Zeitungen die kollegiale Nachbarschaft beschworen und ihre

Gäste zur Friedfertigkeit aufgerufen hatten, beruhigten sich alle wieder, und die serbischen Speisen reihten sich ein wie zuvor. Wenn der Wiener »auf Lepschi«* geht, dann interessiert ihn keine Politik.

Wien ist wahrlich zum Platzen voll – mit Geschichten, Gerichten, Gerüchten. Aber es platzt eben nicht, als geübter Esser verleibt es sich ein, was geboten wird, in manchmal spukhaftem Ausmaß.

Von den Türkenbelagerungen etwa wurde diese Stadt viel nachhaltiger beeinflusst als nur je von der Reformation. »Kipferl und Kaffee« verdankten wir ihnen, lernten wir Kinder in der Volksschule und wurden dann vor das Schultor geführt, wo wir die Köpfe ganz weit in den Nacken legten und Mondsichel und Morgenstern betrachteten, welche die Türken auf der Kirchturmspitze von St. Othmar hinterlassen haben, das außerhalb der alten Stadtmauern lag. Bekanntlich gelang es den Türken nie, Wien einzunehmen, auch wenn sie sich zweimal heftig bemühten.

Sie haben ihr Symbol da raufgepflanzt und uns trotzdem nichts anhaben können, lautete die unmissverständliche Botschaft, *und aus sportlichem Respekt für den Versuch lassen wir das Klumpert*** *halt da oben.*

So steckt alles, was einmal war, immer noch in den Hautpartikeln der Stadt, die josephinischen Reformen, Metternichs Staatsterror, der Jugendstil, der Antisemitismus, von dem ein gewisser Hitler viel gelernt hat, die Brillanz der aus Böhmen und Mähren »zuag'rasten« Juden Mahler, Kraus, Freud, die trotzige Weltläufigkeit eines Bruno Kreisky. All die Brüche und Gegensätze haben die Atmo-

* »auf Lepschi gehen«, wiener. für ausgehen, feiern, einen draufmachen, auch verharmlosend für: außerehelichen Sex haben. Von tschech. lepší = besser

** »Klumpert«, wiener. für wertloses oder auch unordentliches Zeug

sphäre dieser Stadt aufgeladen, machen sie flirrend, vieldeutig, sarkastisch.

Manchmal stelle ich mir die Frage, ob die Schönheit einer Stadt zum Charakter ihrer Menschen in einem verkehrt proportionalen Verhältnis steht. Ob es nicht naheliegt, egozentrisch und herablassend zu werden, wenn man inmitten der Pracht lebt? Auf diese Idee komme ich nicht als Wienerin, sondern erst als Beutedeutsche, nachdem ich jahrelang diesen freundlichen, offenen, ideologisch und moralisch frisch gelüfteten Westdeutschen begegnet bin, in ihren unfassbar scheußlichen Wiederaufbausünden, in ihren *Mehrzwecksälen*, die in Sechzigerjahre-Fußgängerzonen stehen, begrenzt von kugelförmigen Betonpollern. Als Wienerin gehe ich durch intakte westdeutsche Städte und denke dauernd an den Krieg, weil das, was so eckig, funktional und bereits asbestsaniert dasteht, ganz gewiss nicht immer da gestanden haben kann. Die Scheußlichkeit als Mahnmal, die Freundlichkeit als Beweis der Buße. Im Osten Deutschlands sieht es anders aus, Wien ähnlicher, geheimnisvoll abblätternde alte Bausubstanz, darin und dazwischen grantige, griesgrämige Menschen.

Wien ist im Krieg weitgehend verschont geblieben; der Schock, den die Würzburger, die Darmstädter, die Dresdner erlitten haben, blieb den Wienern zufällig, ohne eigenes Verdienst, erspart. Doch auch in Wien erinnert an den Krieg vor allem das, was vorher nicht da war: die Bunker. An drei Stellen bauten die Nazis riesige, unzerstörbare Flaktürme und Luftschutzbunker, die aussehen, als hätten sich junge Elefanten in einer Spielzeuglandschaft schlafen gelegt. Das ist wahrlich eine geringe Strafe für eine Bevölkerung, die ab dem Mai 1945 von nichts gewusst, keinen einzigen Nazi unter sich gehabt haben und weinerlich das erste Opfer gewesen sein wollte: dass ihr keine Tabula rasa verordnet, stattdessen der Nazibeton bis in alle Ewigkeit eingeschrieben wurde.

Für Spaziergänger ist Wien praktischerweise wie ein Schneckenhaus angelegt, besser wie ein fossilierter Nautilus. Doch damit es nicht allzu einfach wird, liegt dieser Nautilus-Grundriss auf Hügeln. In Prag ist das steiler, in Rom ist das deutlicher, aber auch in Wien geht es dauernd bergauf und bergab. Man kann Wien in größer werdenden Kreisen erkunden oder sich eine der vielen Ausfalls-Achsen aussuchen. In beiden Fällen stößt man schnell und unsanft auf ein eklatantes Missverständnis, auf jenes nämlich von Wiens vielgerühmter Schönheit. Wäre ganz Wien so schön wie der Erste Bezirk, sähe es aus wie ein japanischer »Themenpark Mitteleuropa«. Also wie animiertes Plastik. Wahre Schönheit dagegen bedeutet vermutlich: ein Stückchen vom Göttlichen, umgeben von vielem, das gar nicht schlecht dazu passt. So gesehen ist Wien in der Hauptsache nicht schön, sondern stimmig.

Durch Wien zu wandern bedeutet, sich der Unendlichkeit der Häuserreihen auszusetzen. Im Vergleich mit den vielen Kleinstädten, die sich zu Berlin zusammengerottet haben und die, zusammen mit den Flächenbombenschäden, für ein sehr abwechslungsreiches, aber auch unklares Stadtbild sorgen, hat Wien ein würdevolles, undurchdringlich-steinernes Antlitz. So abweisend ist es vorne raus, dass eigene Hinterhof-Stadtrundgänge zu einem Hit für Touristen geworden sind, als einzige Möglichkeit, irgendwo einzudringen oder »dahinterzusteigen«, wie es auf Österreichisch für »kapieren« heißt. Wien hat kaum Stadtbrachen, wenige Parks, es gibt kein Atemholen, man könnte sich in den Häuserschluchten verlieren, die immerhin gnädig an

Höhe nachlassen, sobald die ehemalige Vorstadt erreicht ist. Die bauliche Unversehrtheit und die Enge der Straßen führen zu jener labyrinthischen Erfahrung, zu jener einschüchternden Machtdemonstration, die »Großstadt« eben auch sein kann.

Für Deutsche kann Wien vor allem dann gefährlich werden, wenn sie sich von der vermeintlich selben Sprache einen Startvorteil erhoffen. Solch freudiger Erwartung wird hier mit allen Mitteln der Garaus gemacht. Seit Jahren zirkuliert die Anekdote von der naiven deutschen Studentin, die sich von ihren Wiener Bekannten mit einem frohgemuten »Sakalaa« zu verabschieden begann. Sie soll die mürrische Abschlussfrage der Supermarkt-Kassiererinnen, »Sackerl aaa?« ('ne Tüte auch?), für eine Grußformel gehalten haben; in einer Stadt, in der man sich mit »Babaaa« verabschiedet, gar nicht so abwegig. Und was taten die Wiener, als sie dahintergekommen waren? Sie grüßten die Ahnungslose fortan feixend mit »Sakalaa«; eine Eigenschaft, die der Philosoph Rudolf Burger in anderem Zusammenhang »zähnefletschende Herzlichkeit« nannte.

Für das körperlose Quälen seiner Mitmenschen hat der Wiener übrigens annähernd so viele Worte wie der Eskimo für den Schnee: »sekkieren«, »häkeln«, »papierln«, »pflanzen«, »buserieren«, »tratzen«, »abschasseln« und so weiter. Und der Deutsche ist sein liebstes Versuchstier.

»Die Stadt ist wunderschön«, seufzen die Deutschen dann oft, die zum Glück das meiste, was ihnen angetan wird, gar nicht verstehen, »aber die Menschen, na ja …« Sie haben ganz recht, und doch ist das eine vom anderen nicht zu trennen: »Wie schön wäre Wien ohne Wiener – so schön wie a schlafende Frau«, sang Georg Kreisler, eines der typischen Wiener Genies, die ihre Verzweiflung über die Verhältnisse immer mit ihrer angeborenen Bösartigkeit zur höchsten Kunst verbanden.

Die Klischees, die über den Wiener in Umlauf sind, lauten: Er sei eine gemütliche Frohnatur, sämtlichen Genüssen zugeneigt, nach allzu reichhaltigem Konsum jedoch in bizarrer Todessehnsucht schwelgend. Aber ebenso sei er gereizt, böse, hinterfotzig, mit einer schwarzen Lust am Missgeschick anderer. Auch dafür, für das eigene Leiden und gleichzeitige Hoffen auf fremdes, hält das Wienerische ein besonderes Wort bereit: mieselsüchtig.

Und natürlich stimmt beides. Der Wiener ist wie seine Stadt, eine kompliziert geschichtete, temporär explosive Mischung mit einem Atem, beinahe so lang wie seine Erinnerung, und einer ökonomischen Beherrschung der eigenen Kräfte, die an Phlegma grenzt. Falls er ein Ziel hat, sitzt er es aus. Falls er eine Wut hat, quillt sie, lange unterdrückt, schließlich an einer Stelle hervor, die mit dem Anlass nicht mehr logisch in Verbindung zu bringen ist. Ansonsten beschäftigt er sich mit sich selbst, das ist ihm lebenslang Rätsel und schaurige Wonne genug.

Und so entstand der berüchtigte »Wiener Schmäh«*, der, so passend es wäre, nicht von »schmähen« kommt, sondern vom jiddischen Wort »schemá« für Erzählung. Seine Haupteigenschaften sind die kreative Sprachspielerei, bei der keine Silbe auf der anderen bleibt, und eine solche Verbal-Anarchie, dass man auf den Gedanken kommen könnte, er sei die Kehrseite des sozialen Friedens, der in Wien doch meistens herrscht. Dieser Humor tastet sich nicht nur an sämtliche Geschmacksgrenzen heran, er überschreitet sie ständig spielerisch. Wer in Deutschland so

* Besonders beim Schmäh auf die richtige Aussprache achten! Das »äh« wie in »Schnee« …

spräche, würde verprügelt; der ansonsten so grantige Wiener dagegen lacht, aber nur, wenn es wirklich gemein ist.

Unabdingbar verfügt dieser Schmäh jedenfalls über einen Rätselrest; in seinen besten Ausprägungen ist sein Witz immer weiter als man selbst. Oft versteht man nicht ganz genau, warum man lacht, ob man nicht auch weinen könnte oder vielmehr sollte – und lacht deshalb umso lauter. Angstlust: Das ist es, was mich in Wien immer wieder aufs Neue überfällt, hinterrücks und süchtig machend. Die Wiener Angstlust ist es, die ich in Deutschland, dem ich für seine demokratisch trittfesten Diskurse doch eigentlich so dankbar bin, paradoxerweise manchmal vermisse.

Nein, mein Wien hat keine helle, luftige Ausstrahlung, all seinen Kronleuchtern zum Trotz. Mein innerstes Wien ist wie eine süßlich riechende alte Tante, die sich im Keller versteckt hat und einen zum Spaß als Monster überfällt. Mein Wien ist der Moment, wo sie einen schon gepackt hat, noch ehe man sie erkennt.

Meister einer Klasse, die er selbst erfunden hat

Grabrede für Georg Kreisler

Georg Kreisler war ein Genie. Dieser Begriff, ich gebe es zu, ist in Verruf geraten, ist fast unbrauchbar geworden in einer Welt, in der das Sampling, das Regietheater und die Piratenpartei den Ton angeben. Außerdem sagen die Jüngeren nicht gern über die Alten, dass sie Genies sind oder waren, denn dann hätten die Jungen ja nichts mehr zu wollen.

Dennoch: Georg Kreisler war ein Genie, ein literarisch-musikalisches Genie, das es so nie wieder geben wird.

Das ist leicht zu begründen: Ich wette, dass es keinem Sänger und Pianisten gelingen wird, sich an ein Klavier zu setzen und ein Stück von Georg Kreisler zu singen. Es ist fast unmöglich, handwerklich so schwierige und disparate Stücke wie etwa den »Opernboogie« oder den »Musikkritiker« selbst zu spielen und dazu zu singen. Was heißt zu singen: mit Leichtigkeit und knisterndem Witz zu singen, und dabei noch zu variieren und auf sein Publikum direkt zu reagieren. Und selbst wenn sich irgendwo einer fände, der das könnte, wäre er nur ein reproduzierender Künstler. Denn diese unheimlichen, unnachahmlichen Stücke in die Welt gesetzt hat er, der große Georg Kreisler.

Georg Kreisler war der Meister einer Klasse, die er selbst erfunden hat und in der er ganz alleine saß. Dieses Alleinesitzen hat er, glaube ich, genauso gehasst wie gebraucht. Es hat ihn angestachelt. Es war seine Daseinsform, die Bedingung seiner künstlerischen Empfindlichkeit. Wo ihm,

Gott behüte, Zuspruch drohte, gar Erfolg, schlug er sofort einen anderen Weg ein. Alles, was er tat, war Totalopposition mit den Mitteln der Kunst, es war gereimter, gesungener Widerstand.

Deshalb wurde er so schlecht verstanden. Deshalb wurden seine Werke immer erst mit einer Verspätung von Jahrzehnten bekannt und beliebt. Ich weiß nicht, ob es viele Künstler gibt, denen es nicht nur ein-, zweimal, sondern regelmäßig gelungen ist, verboten zu werden, Rundfunkstationen und Theaterintendanzen in helle Aufregung zu versetzen, Würdenträger mit Liedern und Theaterstücken bis aufs Blut zu reizen. Georg Kreisler war ein solcher Künstler. Die Ablehnung und das Unverständnis hat er durchaus als Kompliment genommen.

Was Georg Kreisler machte, war kein Kabarett, es waren schon gar keine Chansons, und es war so viel mehr als Lyrik und Literatur. Es gibt keinen Begriff dafür, außer vielleicht den Titel einer seiner Schallplatten: »Kreisleriana«.

Er konnte mit Melodien und Musikstilen machen, was er wollte. Mit den Worten sowieso. Sie standen ihm biegsam und demütig zur Verfügung wie dem Wettermacher die Elemente. Er beherrschte alle Versmaße und die aberwitzigsten Methoden, zu reimen. Seine Lieder sind immer mehrdimensional; er paarte in der Sprache wie in der Musik gern die Gegensätze; er konnte grotesk kalauern und blödeln und dabei tieftraurig sein, er konnte scharf kritisieren und war dabei immer gewitzt. Er stellte schmelzende Klänge zu ätzenden Sätzen und umgekehrt, er ließ Klavierläufe verrücktspielen, während er mit harmloser Stimme hinterfotzige Geschichten zum Besten gab.

Aber eigentlich braucht man einem Meister der Worte keine anderen Worte anheften wie Auszeichnungen oder Orden – von denen er übrigens im Leben skandalös wenige bekommen hat. Wir sind heute schließlich nicht hier, um uns von Georg Kreislers Werk zu verabschieden. Denn dieses Werk bleibt uns, er hat es uns geschenkt und hinterlassen, in seiner ganzen Brillanz und Größe. Gestört, wie unsere Welt in diesen Dingen ist, werden wahrscheinlich gerade jetzt wieder ein paar mehr CDs und Bücher verkauft werden, denn wenn einer stirbt, wird er gleich tagesaktuell. Aber tröstlich ist es doch, dass wir alle nach Hause gehen können und Kreisler hören und lesen; ich habe das getan, seit mich am Mittwoch vor einer Woche die Nachricht erreichte.

Jetzt sind wir hier, um uns vom Menschen Georg Kreisler zu verabschieden. Er und ich, wir haben uns kaum gekannt, aber dieses kleine »kaum« war voller Herzlichkeit. Dass er kein »einfacher Mensch« war, gehört ja inzwischen zum Allgemeinwissen über ihn. Aber abgesehen davon, dass wohl niemand von sich selbst gern sagen würde, er sei ein »einfacher Mensch«, hatte Georg Kreisler ausreichend Gründe, um zwei bis drei nicht-einfache Menschen zu sein.

Als im März 1938 in Wien der Naziterror losbrach, war er noch keine sechzehn Jahre alt, kein Kind mehr, aber auch kein Erwachsener. Es scheint mir sehr wahrscheinlich, dass solche Demütigungen bei Jugendlichen tiefere Spuren hinterlassen als in allen anderen Lebensphasen. Unter den Vertriebenen, die in den mittleren Zwanzigerjahren geboren worden sind, kam der Kreisler'sche Typus nämlich öfter vor, jener Typus, den man später gewagt hat, »nicht einfach« zu nennen oder gar »verbittert und unversöhnlich«.

Ihm eignete eine fast gesundheitsschädigende politische Wachheit, gepaart mit grellem Misstrauen und dem vitalen Instinkt, lieber einmal aus den falschen Gründen loszuschlagen als zu spät. Es wurden widerborstige Menschen daraus, die mit allen Mitteln zu verhindern wussten, dass jemand einen Blick auf ihre Verletzungen erhascht. Gleichzeitig waren sie mit sich selbst am unzufriedensten, konnten sich nicht verzeihen und wussten dabei nicht einmal, was. Georg Kreisler schrieb einmal: »Nur die Unzufriedenheit macht mich glücklich.«

Da das »offizielle Österreich« nach dem Krieg nicht das Mindeste getan hat, um auf die vertriebenen Mitbürger zuzugehen, geschweige denn sie zurückzuholen, weil es nämlich damit beschäftigt war, die eigene Rolle als »erstes Opfer Hitlers« gewohnt perfekt zu inszenieren, musste Georg Kreisler, mussten alle jene, die das Gleiche erlebt hatten wie er, sich bestätigt fühlen.

Dass sie nämlich so waren, die selbsternannten »echten Österreicher«: Wenn es etwas zu holen gab, waren sie die wildesten und phantasievollsten Arisierer, sobald die Treibjagd aber abgeblasen war, stellten sie schluchzend die eigenen Wunden aus. Für österreichische Juden gab es daher nach 1945 nur zwei mögliche psychische Zustände: Amnesie bis zur Selbstverleugnung oder eben die wütende, fassungslose Bitterkeit.

Georg Kreisler gehörte, wie viele seiner Generation, zur zweiten Kategorie. Anders als andere, die grimmig zu Hause saßen, hatte er die Möglichkeit, sich zu artikulieren. Dass es jetzt in manchen Nachrufen hieß, er habe zu Wien »Hassliebe« empfunden, er habe ein schwieriges Verhältnis zu seinem Heimatland gehabt, ist eine dreiste Verkehrung der Tatsachen.

Georg Kreisler gab doch nur die Antwort auf die Nazis

und die unmittelbare Nachkriegszeit, als man, wie mein Onkel, ein Alters- und Schicksalsgenosse Georg Kreislers, immer sagte, in ganz Österreich plötzlich keinen einzigen Nazi mehr finden konnte, nicht einmal mit der Lupe.

Mit seiner immensen Begabung machte Georg Kreisler etwas daraus. Er machte diese Erfahrungen nicht zum Zentrum, aber zum Treibstoff seiner Kunst. Auf einzigartige Weise verband er Charme und Witz mit seiner intimen Kenntnis menschlicher Bösartigkeit. Sofort schlugen ihm – und da war er immer noch jung – aufs Neue Ablehnung und Empörung entgegen. Das hat den Künstler, wie gesagt, befördert, den Menschen aber umso tiefer verletzt. Und so sind seelische Versehrtheiten entstanden, die gewiss nicht nur seine Beziehung zu Österreich, sondern auch sein Grundverhältnis zu anderen Menschen, bis hin zu seinen Kindern, schwierig gemacht haben.

Gegen eine große Wahrscheinlichkeit hat er aber doch sein eigenes Stück vom Glück gefunden: Seine Frau Barbara war Georg Kreislers Lebensmensch. Fünfunddreißig Jahre lang waren die beiden Tag und Nacht unzertrennlich. Es mag ja einigen nicht gepasst haben, dass er nur noch mit ihr aufgetreten ist, dass er sie seine Lieder singen und seine Texte rezitieren ließ. Die Fans wünschten sich Kreisler pur, nichts anderes, aber sie haben dabei nicht darüber nachgedacht, wieviel Kreisler sie ohne Barbara überhaupt noch bekommen hätten. Unser aller Mitgefühl gilt heute Barbara Kreisler, der gerade erst langsam bewusst wird, dass diese Symbiose aus Arbeit, Leben und Liebe nun zu Ende ist.

Der Tod von Georg Kreisler markiert auch das endgültige Verschwinden einer besonderen Generation. Es ist die letzte Generation österreichischer Juden, die ihren eigenen Erinnerungen trauen konnte. In ihrer Kindheit waren sie eine vollkommen integrierte, eine säkular aufgewachsene Generation, die vor allem durch die Nazis zu Juden gemacht wurde. Das Wort Jude ist letztlich beliebig; sie haben die schockierende und unvergessliche Erfahrung gemacht, im Zufallsverfahren zu Parias zu werden. Ihre Eltern dagegen waren noch Untertanen des Kaisers Franz Joseph, K.-u.-k.-Bürger durch und durch; das bedenkend erkennt man, welch scharfe Splitter diese Generation in sich getragen haben muss. Mit ihnen geht auch eine bestimmte Sprachfärbung unter, das, was vielleicht das echte jüdische Wienerisch war. Wenn Georg Kreisler seine »Nichtarischen Arien« singt, dann höre ich sie noch einmal, die Stimmen aus meiner Kindheit. Wahrscheinlich ist das, neben seiner inhärenten Widerborstigkeit, der Grund, warum mir Georg Kreisler, den ich so spät und nur kurz kennengelernt habe, sofort vertraut war, ganz abseits aller Bewunderung für seine Kunst. Und warum ich jetzt so traurig bin.

Seit einiger Zeit treibt mich die Frage um, wie sehr das Beste und das Schlechteste, was mir zu Österreich einfällt, vielleicht doch zusammengehören wie Geschwister. Wie sehr die eingewurzelte österreichische Gemeinheit, das Talent zu Hinterfotzigkeit und ziselierter Intrige gleichzeitig die Bedingung sind für die hohe, die schneidende Qualität einiger weniger Ausnahmekünstler wie Georg Kreisler. Wo es von Geburt an so sehr auf die Zwischen- und Untertöne ankommt, hat sich offenbar bei einigen ein besonderes Talent herausgebildet, ein ganzer hochempfindlicher, überreicher Sprachapparat. Zugespitzt gefragt: Wäre das, was Georg Kreisler war, überhaupt möglich gewesen mit einer Herkunft aus Hintertupfing oder Bielefeld? Müssen wir dem klebrig-charmanten Wiener Sumpf am Ende noch dankbar sein, weil wir in ihm so gut schwimmen, spucken und Wasser treten gelernt haben?

Lieber, sehr verehrter Georg Kreisler, wie gerne hätte ich Sie das noch gefragt.

Tanz vor dem Orkan

Auf dem Wiener Philharmonikerball

Am Abend des 18. Januar riecht Wien gefährlich nach Frühling. Es hat fast achtzehn Grad, und das österreichische Fernsehen zeigt in den Abendnachrichten, dass der Orkan Kyrill bereits den deutschen Zug- und Flugverkehr lahmgelegt und in der Nordsee Inseln überschwemmt hat. Es zeigt Passanten, die sich in London an Laternenpfähle klammern. In München wurde ein Kleinkind von einer Tür erschlagen. Der Katastrophenschutz berichtet von umfassenden Vorbereitungen, alle Feuerwehren in Alarmbereitschaft. Kyrill rast unaufhaltsam auf Österreich zu.

Draußen ist es fast gespenstisch still. Könnte man auf das bauchig-barocke Dach der Karlskirche steigen, würde man von allen Seiten Paare heranrascheln sehen. Lackschuhe, Frackschöße, Schleppen und goldene Sandalen en masse auf dem Weg in den Musikverein. Denn heute Abend ist Philharmonikerball, der Ball der Bälle, wenn es nach den Wienern geht. Und davon hält einen auch kein Orkan ab. Als Golfkrieg war, 1991, da hat man den Philharmonikerball und den Opernball abgesagt. Das hat sich aber nicht bewährt, denn da gäbe es ja bald jedes Jahr einen Grund. Das Schönste ist, an diesem Abend muss keine in ihrem Ballkleid frieren. Keine Überschuhe, keine Nerzstolen, keine Regenschirme über Ballfrisuren wie sonst. Frühlingsluft. Ein festlicher Ball, im Zentrum von Wien. Und außerdem eine neue Regierung.

Der Ballkalender 2007, den die Stadt Wien auf ihrer Webseite bereitstellt, enthält einhundertundneun Einträge. Wer glaubt, dass Bälle die eingezäunte Spielwiese der herrschenden Klassen sind, irrt. Das war einmal. Aber weil an einer übermächtigen Leitkultur irgendwann alle teilhaben wollen, gibt es längst nicht nur die Bälle der verschiedenen Handwerkszünfte und Innungen, sondern auch den Ball der Wiener Hausbesorger, den Ball der Gewichtheber, den Flüchtlingsball und sogar den Opferball, zu dem Obdachlose freien Eintritt haben. Eine interessante soziologische Lösung: keine Revolution von unten, die das dekadente Gehopse der Reichen und Schönen abgeschafft hätte, nein, lieber einen Ball für jeden. Das macht die Menschen zufrieden. Auch das macht Österreich aus.

»Jeder, der einmal eine Grippe hatte, weiß: Die Krise ist notwendig für die Genesung.« Das sagte Burgtheaterdirektor Klaus Bachler in einem großen, bitteren Interview anlässlich des Antritts der neuen Regierung. Es ist in Österreich ganz normal, dass die Stimmen der Theaterdirektoren schwer wiegen, wenn es um Politik geht. Umgekehrt äußern sich auch Politiker unerschrocken zur Qualität der Bühnen. Seit der Kaiserzeit, seit der unglücklichen Sissi und ihrem Franz Joseph mit dem unverwechselbaren Backenbart, hat die Politik stark theatralische Elemente, während Bühnenstücke jederzeit das halbe Land in Aufruhr stürzen können. Die Österreicher leben in einem Spannungsfeld von Harmonie und Hysterie. Alles Handeln zielt auf Harmonie ab, aller Kommentar dazu ist gleichbleibend hysterisch. Das lässt sich auf einem Ball ebenso beobachten wie bei einer Regierungsbildung.

1. Oktober 2006, Nationalratswahl. Alfred Gusenbauers Sozialdemokraten erringen mit 35,3 Prozent genau ein Prozent mehr Stimmen als Kanzler Schüssels konservative Volkspartei. Das gilt schon als rauschender Sieg, je-

der hatte Schüssel für unschlagbar gehalten. Die SPÖ ist selbst am meisten überrascht, im Wahlkampf war ihr nicht mehr eingefallen, als platt gegen alles zu wettern, was dem sprichwörtlichen kleinen Mann an der Regierungspolitik missfiel. Das waren vor allem die neu eingeführten Studiengebühren (dreihundertdreiundsechzig Euro pro Semester) und die von Schüssels Regierung bestellten Eurofighter, zwei Milliarden Euro teure Flugzeuge zur lückenlosen Überwachung des winzigen österreichischen Luftraums.

Nach diesem Wahlergebnis gestaltet sich die Regierungsbildung schwierig. Alles scheint auf eine große Koalition hinauszulaufen, doch Wolfgang Schüssel, der als gewiefter Verhandler gilt, ziert sich bis zum Abbruch der Gespräche. Als Drohung steht eine Einigung zwischen Schüssel und den beiden rechtsextremen Parteien FPÖ und BZÖ im Raum. Das wäre das dritte Mal. Im Jahr 2000 wurde Schüssel bekanntlich mit monatelangen EU-Sanktionen dafür bestraft, Haiders FPÖ mit Regierungsämtern geadelt zu haben. Laut Verfassung möglich wäre außerdem eine Minderheitsregierung der SPÖ, die sich dann im Parlament wechselnde Mehrheiten suchen müsste. So hat es Bruno Kreisky 1970 vorgemacht, daraus wurde die Ära Kreisky, dreizehn lange Jahre lang.

Aber ebendas ist es, was Burgtheaterchef Bachler so harsch kritisiert: dass eine Minderheitsregierung, dass jedes Abweichen vom Gewohnten ein Sakrileg ist. Dass der faule Kompromiss einer von beiden Seiten bis zur Abscheu ungeliebten Koalition trotzdem mehr gilt als das Wagnis einer Minderheitsregierung. Die parlamentarischen Abgeordneten stimmen eben nicht frei ab; sie halten sich gegen besseres Wissen an die Vorgaben ihrer Parteiführung. Die letzte Möglichkeit, Neuwahlen, würde das Bild, das Österreich von sich hat, genauso beleidigen: Auch das wäre zur

Schau gestellter Dissens. Also muss man sich irgendwie einigen, irgendwie, man muss, es geht nicht anders, der Bundespräsident wünscht es so. Und plötzlich hat der relative Verlierer Schüssel wieder alle Trümpfe in der Hand. Man muss ihm geben, was er verlangt, sonst gibt es keine Regierung. Wolfgang Schüssel ist, von den Radikalen abgesehen, der einzige österreichische Politiker, der unösterreichisch denkt und handelt.

Heimat ist, wo die Rituale so unverwüstlich sind wie einst die Bescherung in der Kindheit. Man muss kein Ballgänger sein, kein Tänzer und kein Konservativer, es reicht, Österreicher zu sein, um eine kleine Ergriffenheit aufflackern zu lassen, wenn der Ball beginnt. Der festliche, goldene Saal. Der Blumenschmuck. Die strahlenden Menschen in ihrer pompösen Kleidung. Sie sind nicht alle schön, aber alle fühlen sich so. Die Richard-Strauss-Fanfare, wenn die Ehrengäste einziehen, komponiert 1924 für den ersten Philharmonikerball. Die Gesichter der Debütanten, überglückliche Schäfchen, die Mädchen in den weißen Kleidern sehen immer viel älter aus als die Milchgesichter in den Fräcken dazu. Eine Menge scheußlicher Ballkleider, in Summe dennoch ein Ausdruck überbordender Pracht. Schließlich die Philharmoniker selbst. Der Lette Mariss Jansons dirigiert »Ballsirenen« von Franz Lehár. Und als er das dirigiert in diesem herrlichen Saal, und als dieses vielleicht beste Orchester der Welt spielt, zärtlich-schmeichelnd wie süßes Gift, dann wieder schmissig, dass man mitjubeln will, da könnte man für Sekunden an Gott glauben. Oder dass die Welt doch besser ist, als man dachte.

Der Ball der Wiener Philharmoniker ist der »eigentliche« Ball der Wiener Gesellschaft, die per definitionem eine konservative ist. Auf den Opernball gehen sie zwar auch, aber mit leiser Verachtung für die vielen TV-Kameras und die internationale Jetset-Prominenz. Am Philharmonikerball sind sie die Wichtigsten, die Industriekapitäne, die Bank- und Museumsdirektoren, die Musiker und Chefärzte mit ihren Gattinnen, die jedes Jahr mehrere Ballkleider brauchen, denn man kann sich ja nicht zweimal im selben sehen lassen.

Nicht zuletzt ist dieser Ball Aufmarschplatz der konservativen Politik. Unvergesslich die machtvolle Demonstration bürgerlicher Moral im Jahr 1994 für Edith Klestil. Der damalige Bundespräsident Thomas Klestil hatte eine Affäre, die er nicht aufgeben wollte, und so geschah das Undenkbare – Trennung im höchsten Haus der Republik. Am Philharmonikerball zeigte sich Edith Klestil zum ersten Mal wieder öffentlich. Als sie unter den üblichen Strauss-Klängen am Arm des Konzertmeisters in den großen Saal einzog, erhob sich donnernder Applaus. So etwas hatte es noch nie gegeben. Thomas Klestil, der Ehebrecher, aber ward bis zu seinem Tod zehn Jahre später nie wieder auf diesem Ball gesehen.

Noch im Vorjahr strahlte hier Wolfgang Schüssel in die Kameras, ein Lieblingstermin für einen bürgerlichen Kanzler, staatstragend im Frack, mit der rot-weiß-roten Schärpe über dem Bauch. Damals sprach der Hobbyfußballer den einprägsamen Satz: »Wien ohne Bälle wäre wie ein Ball ohne Luft.« Auch für dieses Jahr war er als Ehrengast angekündigt, samt seiner ganzen Regierung, inklusive der zu Silvester verstorbenen Innenministerin. Eine peinliche Panne, Drucklegungstermin der goldgeprägten Einladung war leider der 15. November. Damals hatte man allerdings getrost annehmen können, dass es bis Mitte Januar keine neue Regierung geben würde.

Nur ein paar Tage vorher wären sie wohl alle noch angetanzt, Schüssel und seine schwarzen Minister, vielleicht sogar der etwas anrüchige parteilose Sunnyboy, Finanzminister Karl-Heinz Grasser, der die wilde Fiona aus der Tiroler Kristalldynastie Swarowski geheiratet hat. Inzwischen sind die meisten »a. D.«. Beim Opernball, diesem Schaufenster in die Welt, wird man einige von ihnen gewiss wiedersehen. Aber zu den eigenen Stammwählern feiern gehen, das hätte sich nicht geschickt, so wenige Tage, nachdem man die Kanzlerschaft hat abgeben müssen.

Sieben Tage vor dem sechsundsechzigsten Ball der Wiener Philharmoniker, einhundertundzwei Tage nach der Wahl, ist das Kabinett Gusenbauer vereidigt worden. Schüssel hatte seinem roten Nachfolger alle Schlüsselressorts, das Finanz-, das Wirtschafts-, das Außen- und das Innenministerium, abgepresst, bevor er sich zurückzog und die Geschäfte an seinen Vertrauten Wilhelm Molterer übergab. Die Anhänger der Sozialdemokraten, die Anfang Oktober noch so frenetisch gefeiert hatten, konnten es nicht fassen. Als Gusenbauer mit seinem Vize Molterer zur Angelobung schritt, gab es Rauchbomben und Pfeifkonzerte, fast wie in den Jahren zuvor für die »Koalition mit den Nazis«, wie in Wien alle salopp sagen. Und was wurde aus Gusenbauers Wahlversprechen? Weg mit den Studiengebühren, Eurofighter abbestellen? Da ist der neue Kanzler in der Realität angekommen, wohin ihm Basis und Parteijugend vorerst nicht zu folgen vermögen. Die Studiengebühren gibt es weiter, außer man arbeitet sie mit sechzig Stunden Sozialdienst ab. Dafür haben sich die Roten das Verteidigungsministerium andrehen lassen. Zum großen Entsetzen der Bürgerlichen führt es ein ehemaliger Zivildiener. Tagelang musste er auf allen Kanälen beteuern, dass er den Dienst an der Waffe zwar »für sich persönlich« ausgeschlossen, aber nicht das geringste Problem damit habe, anderen den Schießbefehl zu geben. Er soll nun den Eurofighter-Kaufvertrag darauf prüfen, ob man das Fluggerät vielleicht doch billiger kriegen oder gar abbestellen könnte. Und überall demonstrierten empörte Studenten, es hagelte Parteiaustritte, mehrere SP-Vorsitzende aus den Bundesländern probten den offenen Aufstand. Gusenbauer, der sich seit Sandkastenzeiten wünschte, Bundeskanzler zu werden, versuchte alle Kritiker auszugrinsen, dass man um seine Gesichtsmuskulatur fürchten musste. Doch rund um ihn flatterte die ersten Tage alles wie im Hühnerstall. Wie immer folgt dem Rausch der Kater.

Es ist das alte Spiel von Harmonie und Hysterie. Vor vier Monaten wünschte sich eine Mehrheit in Österreich nichts sehnlicher, als dass »die Nazis« aus der Regierung verjagt würden. Nun sind sie alle weg, Schüssel, der den Sündenfall wagte, die flötenspielende Unterrichtsministerin, der halbseidene Finanzminister und auch Jörg Haiders Schwester, die Sozialministerin, die ausländischen Müttern von Neugeborenen die Kinderbeihilfe streichen ließ.

Sie alle sind weg, doch die Katharsis blieb aus. Die Erwartungen an die Zeit danach, an die »Wende nach der Wende«, waren so hoch, dass nichts und niemand sie erfüllen konnte, schon gar nicht eine Regierung, die aus einer Pattstellung entstand. Zweiundsechzig Prozent der Österreicher bescheinigen ihr bereits einen schlechten Start. Früher hat man das Land oft »Insel der Seligen« genannt, im In- und Ausland. Die aktuellen Aufregungen sind einer solchen Insel würdig: der Zivildiener als Verteidigungsminister. Eine unbekannte Bankmanagerin als Kultur- und Unterrichtsministerin. Eine Gesundheits- und Familienministerin, die den ungesunden Schweinsbraten »leidenschaftlich« liebt, gelegentlich raucht und, selbst kinderlos, gegen »die politische Verklärung der Mutterschaft« wetterte. Schlechtes Casting im großen Theater, und das machtlose Publikum, das so gern mitspielen will, schreit »buh«.

Der Tanzball hat etymologisch mit dem Spiel- und Sportgerät nicht das Geringste zu tun. Er kommt vom lateinischen Verb »ballare«, das »tanzen« und »hüpfen« bedeutet. Tanz ist ritualisierte Sexualwerbung; Bälle waren der Heiratsmarkt der besseren Kreise und stiften gewiss noch heute so manche Ehe.

Um Mitternacht und um zwei Uhr früh wird am Philharmonikerball traditionell die Quadrille getanzt, »unter der Leitung von Herrn Professor Diplomkaufmann Thomas Schäfer-Elmayer«, wie das Programmheft ankündigt. Das ist ein Spektakel wie aus einer anderen Zeit. Das große Ballorchester intoniert die ersten Takte der Fledermaus-Quadrille, worauf junge Menschen kreischend die Tanzfläche stürmen. Schäfer-Elmayer ist der Leiter der Tanzschule Elmayer, dem Rolls-Royce unter den Wiener Tanzschulen. Man war »beim Elmayer« oder man war woanders, dazwischen liegt ein Abgrund. Bei rund zwanzig Wiener Bällen pro Saison ist dieser Mann für den Eröffnungstanz der Debütanten und Lustbarkeiten wie die Quadrille zuständig. Und wo Schäfer-Elmayer die Quadrille ansagt, da sollte man als Teilnehmer wissen, was zu tun ist. Bei ihm werden auch beinhart alle sechs »Touren« getanzt, nicht wie anderswo nur die bekanntesten drei. »Tour des mains«, »Polonais«, »Damentausch« – die Jugend ist außer Rand und Band. Austoben im bürgerlichen Korsett. Die Mitternachts-Quadrille ist der letzte Beweis, dass diese Wiener Gesellschaftsschicht keine Nachwuchsprobleme hat. In Scharen wachsen sie nach, die »jungen Kavaliere«

und »gnädigen Fräulein«, deren höchstes Glück ein schönes Mädchen oder ein ebensolches Ballkleid ist, und eine durchwalzte Nacht. In dreißig Jahren werden sie mit ihren Kunden und Geschäftspartnern in den teuren Logen sitzen, beim Politisieren den Weltuntergang herbeireden und danach gerührt ihren Kindern zuschauen, die sich mit roten Bäckchen im Linkswalzer drehen.

An der Oberfläche – und sie ist wichtig in Wien! – ist also alles wie immer. Die aktuelle Lage schimmert zart hindurch. Nur drei aktive Regierungsmitglieder nebst der österreichischen EU-Kommissarin, das ist nicht viel. Die Kommissarin Ferrero-Waldner ist allerdings ein geradezu klassisches Geschöpf der Wiener Gesellschaft. Vor zwei Jahren wollte sie Bundespräsidentin werden. Sie wird bis ins hohe Alter aussehen wie ein kleines Mädchen, das Haarschleifen und Pferde liebt. Anwesend außerdem die Außenministerin, eine etwas ungeschlachte, große Frau, sie amtierte schon unter Schüssel. Sie hat sich den Knöchel verstaucht und gibt zu Protokoll, was man hier erwartet, nämlich dass dieser Ball einfach »einmalig« sei, »ohne den Opernball kränken zu wollen«. Am interessantesten für die Journalisten ist die neue Gesundheits- und Familienministerin Andrea Kdolsky. Sie stürzt sich beim traditionellen Befehl »Alles Walzer« ohne Aufschub auf die Tanzfläche, gemeinsam mit dem neuen Wirtschaftsminister, der, auch das nicht untypisch für diese Kreise, einen offiziellen Kosenamen hat, unter Anführungszeichen: Johannes »Gio« Hahn. Kdolsky, deren Silhouette den Kariatyden gleicht, auf deren goldenen Köpfen die Logen des zweiten Rangs ruhen, hat derzeit den meisten Ärger, also ist ihr Auftritt ein vitales Statement, betont noch durch ihr wogendes Dekolleté und ihre sprudelnd gute Laune. Ob sie sich die von Kanzler Gusenbauer abgeschaut hat? Der ist natürlich nicht hier, genauso wenig wie der Bundespräsident. Das ist kein Ball für Sozialdemokraten, nur der baumlange Wiener Kulturstadtrat ist da, weil er muss. Sozialdemokraten geben sich gern als Ballverächter, der mächtige Wiener Bürgermeister zum Beispiel. Denn politisch ist Wien eine uneinnehmbare rote Festung, an einem Abend wie diesem glaubt man es kaum. Auch so ließe sich also Österreich begreifen: Ballgänger und Ballverächter, beide zirka fünfunddreißig Prozent stark (und die Rechten fechten).

Bis in die frühen Morgenstunden wird in allen Sälen gefeiert, der Champagner fließt, zu essen gibt es Würstel. Was ist eine Regierung im Vergleich zu sechsundsechzig Jahren Philharmonikerball? Man verliert den Kanzler, man wird ihn wiedergewinnen, irgendwann. Das Gesicht verliert man nicht.

Um fünf Uhr früh ist Schluss. Ist der Orkan schon da? Nein, ja, ein bisschen, sagen die Garderobieren. Draußen regnet es in Strömen, und ein paar Böen fegen übers Trottoir. Kein Orkan, höchstens eine Ahnung davon. Nach Sonnenaufgang melden die Nachrichten, dass Kyrill nur die Bezirke Brigittenau, Floridsdorf und Donaustadt getroffen hat. Dort wohnen die Arbeiter und die ärmeren Leute. Das prächtige Wien wurde wieder von der Katastrophe verschont. Irgendwie ist das typisch.

Raus aus dem Quadrat

Deutschland, auf seinen Bahnsteigen und anderswo

Seit einiger Zeit darf man auch auf deutschen Bahnsteigen, also an der frischen Luft, nicht mehr rauchen. In großen Abständen gibt es kleine, signalgelb umrandete Vierecke, in denen, für die heillos Süchtigen, die Ausnahme von der Regel gemacht wird. Einmal habe ich ein ausgelassenes junges Paar gesehen. Sie stand brav innerhalb des Vierecks und rauchte, er aber sprang mit der Zigarette zwischen den Lippen neckisch über die gelbe Linie, hin und her, rein und raus. Sie gab sich entsetzt, so wie Frauen ja oft meinen, für das Benehmen ihrer Männer Sorge tragen zu müssen, doch da die beiden verliebt und vermutlich noch nicht lang zusammen waren, hatte ihr Tadel etwas Unernstes und Verspieltes. Abends, nach meiner Lesung, erwähnte ich diese Beobachtung, und ich fasste sie mit den etwas boshaften Worten zusammen: »Das sind heute die letzten Möglichkeiten für jugendliches Aufbegehren: einen Meter aus dem gesetzlich definierten Raucherquadrat herausspringen.«

Da wurde ich sehr nachdrücklich belehrt. Diese gelb umrahmten Raucherareale seien keineswegs ein auf die Spitze getriebener Schutz für Nichtraucher – der im Freien ja wahrlich etwas Schildbürgerhaftes hat –, sondern vielmehr da zum Schutze aller vor Kriminalität. Schließlich sei bekannt, dass gerade Bahnhöfe Anziehungspunkte für Taschendiebe, Hütchenspieler und Gelichter aller Art seien, und dieses Gelichter hat nun praktischerweise eine offenbar unüberwindbare Gemeinsamkeit: Es kann, auch und gerade in Ausübung seiner dunklen Geschäfte, nicht vom Glimmstengel lassen. Das Gebot, ausschließlich in den gelben Vierecken zu rauchen, sei demnach kein Nichtraucherschutz, sondern Kriminalitätsprävention.

Die Frau, die das behauptete, sah mich triumphierend an. Nein, wollte dieser Blick sagen, wir sind keine kleinlichen Schikanierer, bei uns hat alles einen raffinierten höheren Sinn.

Ich weiß bis heute nicht, ob die Frau verrückt war oder ob ihre Behauptung stimmt. Ob es sich um die Überzeugung einer einzelnen Person handelte oder ob dieser Gedankengang bereits Eingang in die bundesweiten Vorschriften der Bahnhofs-Raumgestaltung gefunden hat. Das aber ändert nichts an meinem Eindruck: So etwas findet man selten woanders. Nur in Deutschland kann man auf einen solch komplizierten und in seiner messerscharfen Konsequenz auch irgendwie beängstigenden Gedanken kommen.

Ebenso wird hierzulande, wie Sie es selbst jeden Sommer in den Speisewagen der Deutschen Bahn nachprüfen können, für einen Früchteeisbecher mit einer prächtigen Schlagsahne-, Papierschirmchen- und Schokoladensoße-verzierten Abbildung geworben, die aber ganz unten, sozusagen im Kleingedruckten, die urdeutsche, sprachlich an Angela Merkel gemahnende Einschränkung enthält: »Eiskreation ist nicht beispielhaft«. Das heißt im Klartext: Lieber Kunde, wenn dein Eisbecher zufällig nicht genauso aussehen sollte wie auf dem Foto, wenn er also mit Kiwi statt mit Ananas, mit dem blauen statt mit dem roten Schmuckschirmchen verziert wurde, dann lass dir bloß nicht einfallen, dich zu beschweren, und vor allem: Du kannst deswegen nicht vor Gericht ziehen. Dafür steht diese Warnung da. Sie schließt Gerichtsprozesse aus.

Ich bin mir nun nicht ganz sicher, welche Schlussfolgerung daraus zu ziehen ist: Verweist die Tatsache, dass die Produzenten der Eisbecherwerbung ohne Warnung nicht auszukommen meinen, zwangsläufig darauf, dass wirklich schon einmal jemand gegen das Aussehen des Eisbechers geklagt hat? Vielleicht nicht nur einer, sondern gar mehrere? Dass es wegen eines falsch dekorierten Eisbechers in deutschen Speisewagen Raufhändel gegeben hat? Oder handelt es sich bloß um den hochnervösen Versuch, sich gegen jedes Risiko abzusichern, indem man wie ein Versicherungsmathematiker sämtliche möglichen Ärgernisse und Gefahren vorauszuberechnen und ihnen vorzubeugen versucht?

Wenn ich es genau bedenke, ist das am Ende nur ein gradueller Unterschied: Sobald es einer für nötig hält, »Eiskreation ist nicht beispielhaft« auf die Eisbecherwerbung drucken zu lassen, oder, anderes Beispiel, auf wunderschönes, im teuren Hotelzimmer großzügig zur Verwendung bereitliegendes Briefpapier ein zartes, aber unverkennbares »Absender ist nicht das Hotel«, hat er eindeutig Angst. So opulent die Eisbecher, so handgeschöpft das Briefpapier, in Deutschland hat man Angst und will sich absichern. Vielleicht weiß der Gestalter der Eisbecherwerbung oder des Hotelbriefpapiers, dass es zwar nicht beim Eis oder beim Briefpapier, aber bei etwas Ähnlichem schon einmal großen Ärger gegeben hat, und wendet sein diesbezügliches Wissen wie jeder gute Schüler kreativ an. Vielleicht fragt er sich, was er selbst täte, wenn der Eisbecher nicht mit Ananas, sondern mit Kiwi serviert würde. Ob das ein Grund wäre, sich übervorteilt oder betrogen zu fühlen. Ob es ein Grund wäre, gleich zu Beginn des wohlverdienten Urlaubs auszuflippen. Schließlich sind die Tickets ja teuer genug. Da wird man von der Bahn doch wohl erwarten dürfen …

Wie gesagt, der Unterschied ist minimal beziehungsweise so unauflöslich verwickelt wie die Frage von Henne und Ei: ob eine Gesellschaft schon oft mit Eisbecher-Wüterichen zu tun gehabt oder vielmehr mit der Muttermilch aufgesogen hat, dass das Leben voller Risiken ist, weil eben jederzeit ein Eisbecher-Wüterich um die Ecke kommen könnte und nur der Schlaue, Gewitzte, der um jede Ecke Vorausdenkende, davonkommen wird.

An dieser Stelle müssen wir feststellen, dass der Topos der »German Angst« nicht gerade neu ist. Vielmehr gehört er zum internationalen Klischee über die Deutschen, egal, ob es um die Klimakatastrophe, Fukushima oder die Finanz- und Eurokrise geht. Mir scheint aber, dass, wie es für Klischees typisch ist, der entscheidende, wichtigere Teil fehlt. Klischees sind eben nur Splitter der Wahrheit, so exzentrisch von ihr abgebrochen, dass man auf das Ganze nicht mehr schließen kann. Denn, ja, Deutschland wird offenbar von mannigfaltigen Ängsten geplagt, aber ich behaupte, der ziemlich ehrenwerte Grund dafür ist, dass man hier über alle möglichen komplizierten Zusammenhänge so ernsthaft und konzentriert nachdenkt. Aber wer zu lange und schließlich krampfhaft über den Zustand der Welt nachdenkt, bekommt automatisch mehr und mehr Angst. Das kann einem jeder Therapeut bestätigen. Die These wäre also: Die German Angst ist eine Neben- oder Fehlentwicklung der hochentwickelten deutschen Vernunft und Voraussicht.

Denn auch für den Nationalcharakter der Völker gilt, was für den Charakter eines Menschen stimmt: dass man ihn am schnellsten und dabei immer noch sehr genau erfasst, wenn man nur seine beste und schlechteste Eigenschaft unter die Lupe nimmt. Diese beiden Eigenschaften hängen zusammen und bedingen einander. Sie sind die zwei Seiten der Medaille oder ein Januskopf. Das Faszinierende daran ist ja, dass jedem von uns sein zweites Gesicht auf ewig verborgen bleibt.

Was ich damit meine, möchte ich zuerst, der Übung halber, am Nationalcharakter der Österreicher beschreiben, die ich besser kenne und über die ich mir schon etwas länger Gedanken mache.

Das Beste an den Österreichern ist zweifellos ihr Humor, den sie auf vielen Gebieten beweisen, nicht nur in der Sprache. Humor ist das Benzin der Kreativität, denn Humor bedeutet, sozusagen, beim Denken zu schielen. Man denkt, aber gleichzeitig grimassiert man über das Denken hinweg. Das hält die Prozesse und die Synapsen offen.

Humor hilft, die Dinge nicht so eng zu sehen, sie probehalber verschwimmen zu lassen, er führt dazu, sich vor Fehltritten nicht zu scheuen, zu experimentieren um der knallenden, rauchenden Alchemie willen und nicht bloß, weil man scharf auf das Gold ist. Humor ist sinnlos, paradox und bringt nichts ein. Humor ist Verschwendung.

Deshalb können die Österreicher so gut kochen, keltern, essen, trinken, schreiben und Schmäh führen. Aber ebenso führt das dazu, dass sich die Österreicher oft nicht benehmen können. Sie machen gern rassistische, antisemitische, frauen-, schwulen- und deutschenfeindliche Witze, weil es ihrer Ansicht nach ein viel größeres Verbrechen ist, keinen Schmäh zu verstehen, als jemanden zu kränken. Versuchen Sie, liebe Deutsche, sich in Zukunft einfach alles, was Ihnen an Österreich merkwürdig vorkommt, mit einem der folgenden Mustersätze zu erklären: 1) Man wird doch noch einen Spaß machen dürfen! 2) Man muss doch nicht alles so eng sehen! 3) Wer wird denn da gleich beleidigt sein?

Sie werden sehen, einer der drei passt immer.

Natürlich sind die Österreicher trotzdem ununterbrochen beleidigt und einander gram. Um aber mit all ihren Mitmenschen, die sie verdächtigen, denen sie misstrauen, von denen sie sich hintergangen, nicht geschätzt, ja manchmal bloß nicht ausreichend gegrüßt fühlen, dennoch halbwegs reibungsfreien Umgang pflegen zu können, hilft wiederum ihr Humor. Der Österreicher hat ein hochkompliziertes System aus Wendungen, Andeutungen und Phrasen entwickelt, die die nötigen Grauzonen und Nebelfelder erzeugen.

Dem ungeschulten Deutschen, der ja nur vermeintlich dieselbe Muttersprache spricht, beschleicht meistens ein komisches Gefühl, wenn er die Österreicher so kunstvoll miteinander säuseln hört. Und das Gefühl täuscht nicht. Alles klingt freundlich und zuvorkommend, dennoch sind überall Giftpfeile versteckt. Das ist so unüberhörbar wie unbeweisbar. *Man wird doch noch ein bissl Schmäh führen dürfen …*

Ich habe an anderer Stelle schon angemerkt, dass der Österreicher für das Quälen seiner Mitmenschen verdächtig viele verschiedene Vokabeln kennt: sekkieren, buserieren, häkeln, papierln, tratzen, abschasseln und so weiter. Das alles muss man bloß mit einer Miene tun, die – ein anderes, sehr wichtiges Wort – »schaasfreundlich« ist. Vermutlich ist vieles in Österreich nur »schaasfreundlich« und weniges wirklich freundlich. Vielleicht leben dort sogar Menschen, die ihr ganzes Leben nicht eine Sekunde lang freundlich waren, sondern immer nur schaasfreundlich.

Was das genau heißt, wollen Sie wissen? Na ja: Ein »Schaas« ist ein Pups. Alles klar? Es handelt sich also um eine Freundlichkeit, die riecht und/oder mit einem Nebengeräusch herauskommt.

Dieser Exkurs schien mir notwendig, weil in meiner vermutlich unüberwindlich österreichischen Wahrnehmung der durchschnittliche Deutsche das komplette Gegenteil des eben Beschriebenen ist. Deshalb habe ich mich, erschöpft von dreißig Jahren Österreich, bei den Deutschen von Anfang an so wohl, im Sinne von befreit, gefühlt. Deshalb sage ich oft im Scherz, ich befände mich in Deutschland im politischen Asyl. Oder, mit den goldrichtigen Worten meines Kollegen Christian Ankowitsch: Nirgends kann man so von Herzen Österreicher sein wie in Deutschland.

Sie sind ein angenehm transparentes Volk, diese Deutschen. Wenn sie freundlich sind, meinen sie es so, wenn nicht, nicht. Wenn sie etwas zusichern, halten sie es ein, wenn sie etwas für unmöglich erklären, wird man es von ihnen nicht bekommen. Ich halte die Deutschen grosso modo für ernsthafter, gebildeter und seriöser als alle ihre Nachbarn, aber das sind sie vermutlich auch deshalb, weil sie es so schwer mit sich selbst haben und nehmen. Weil sie, siehe oben, so viel nachdenken, auch über sich selbst und um viele, auch die unwahrscheinlichsten Ecken herum.

Als Gott die Völker schuf, scheint er bei den Deutschen eine Zutat vergessen zu haben, die er den meisten ihrer Nachbarn mitgegeben hat, nämlich das Lebenskünstler-Talent. Ob die Südländer, die slawischen Völker, auch die Österreicher, die womöglich ein Gemisch aus beidem darstellen: Einer ihrer zutiefst menschlichen Hauptantriebe ist es, sich im Hier und Jetzt so bequem wie möglich einzurichten. Dazu ist es unerlässlich, manchmal fünfe grade sein zu lassen, sich durchzumogeln, sich bei Bedarf eine Siesta oder eine Notlüge oder beides zu gönnen. Es ist schon aus Selbstschutz und Faulheit nötig, dem anderen auch mal das letzte Wort zu lassen und nicht jeden Rechtsanspruch bis in die letzte Instanz durchzufechten.

Nicht so der Deutsche. Er gibt keine Ruhe, er arbeitet streng und unermüdlich an der Verbesserung der Welt. Er hat den Jüngsten Tag und seine persönliche Bilanz dafür fest im Blick. Wo andere Künstler oder eben bloß Lebenskünstler sind, ist er Ingenieur oder Zahlenprüfer. Wo andere pfuschen und sich in pittoresken Provisorien einrichten, reißt er das Haus ab und baut es neu auf, ohne Schnörkel und Firlefanz, aber mit viel energiesparendem Dämmmaterial.

Wo andere feiern, denkt und rechnet er nach. Da er aber theoretisch weiß, dass der Mensch auch feiern muss, hat er seine Ausgelassenheit als Karneval fest im Kalender eingetragen.

Das ist einerseits bewundernswert und ein echter Standortvorteil. So, wie sich die Engländer um die industrielle Revolution verdient gemacht haben, wird, wenn nicht alles täuscht, die ökologische Revolution von den Deutschen ausgehen. Während die US-Amerikaner die letzten Erdölreserven unseres Planeten bei den undichten Fenstern ihrer Holzhäuschen hinausheizen, schalten die Deutschen ihre Atomkraftwerke ab und tüfteln an Erdwärmeleitungen, Offshore-Windrädern und Heizungen aus Abwasser. Das ist ungeheuer verdienstvoll, aber andererseits ein Grund, warum der Deutsche ungeliebt bleibt. Respektiert, ja, geschätzt und manchmal gefürchtet, aber niemals geliebt. Er ist so vernünftig. Er ist das nationgewordene Über-Ich der Menschheit. Er macht den anderen schlechte Laune und ein schlechtes Gewissen. Nur weil er mit seinem scharfen Blick da ist, wollen die anderen wie Kinder sein, aufmucken, die Regeln ändern. Wäre er nicht da, müsste natürlich ein anderer seine Rolle übernehmen. Aber weil er da ist, ist es für den Rest sehr bequem, ihn nicht zu mögen.

Typisch war eine Umfrage zum 50. Jahrestag der deutsch-französischen Freundschaft: Während ein historisch einmalig hoher Prozentsatz der Deutschen angab, den ehemaligen Erzfeind zu lieben, sagte eine vergleichbare Menge der Franzosen, sie fände die Deutschen »interessant«.

Ja, so kann man das höflich sagen.

Dabei ist es nicht nur interessant, sondern herrlich, wie ordentlich und gut strukturiert die Deutschen sind, gerade auch in ihren Köpfen. Wer längere Zeit in Deutschland gelebt hat, dem wird es schwerfallen, sich wieder an das Organisations- und Logistikchaos in anderen Ländern zu gewöhnen. Mir jedenfalls geht es so. Ich unterbreche österreichische Anrufer manchmal schon nach wenigen, gewundenen Sätzen mit der sehr deutschen Zwischenfrage: »Können Sie bitte zum Punkt kommen?«

Der Punkt ist das Gegenteil des Nicht-so-eng-Sehens. Der Punkt ist die absolute Enge, das Schwarze in der Mitte der Zielscheibe, ein Ergebnis, ein Handschlag, eine unmissverständliche Regel wie die vom gelben Raucherviereck. Das Raucherviereck mag eine leicht nazihafte Idee sein, aber als physische Tatsache könnte es auch bekämpft und verändert werden. Das ist mit den ungeschriebenen Gesetzen, dem comme-il-faut und den Grauzonen anderswo schon schwieriger. Oder noch einmal mit einem Vergleich gesagt: Die Österreicher betonen gern, dass sie wenigstens keine kahlgeschorenen, stiefeltragenden, gewaltbereiten Neonazis haben. Gleichzeitig wählen immer wieder rund fünfundzwanzig Prozent unauffällig gekleideter und frisierter Bürger eine sehr rechte, rassistische, zutiefst unappetitliche Partei. Aber diese fünfundzwanzig Prozent sieht man im Alltag natürlich nicht, anders als die glatzköpfigen Nazis. Trotzdem müssen sie ja irgendwo sein und irgendetwas bewirken.

Ich muss gestehen, dass ich, ob aus charakterlicher Disposition oder aus langjähriger Anpassungsleistung, inzwischen sehr viel Deutsches in mir finde. Ich mag es, wenn Dinge funktionieren, wenn man ohne Geheimcodes kommunizieren kann, wenn das Hässliche sichtbar ist und nicht im Verborgenen fault, wenn erkennbar ist, dass jemand sich über die Folgen seines Handelns vorher Gedanken macht und, wenn nötig, nachher Verantwortung übernimmt. Ich glaube sogar, dass die Welt ein besserer Ort wäre, wenn sie in vielen Bereichen eine Spur deutscher wäre.

Trotzdem beschleicht mich in letzter Zeit ein Unbehagen. Seit mehr als zehn Jahren bin ich hier, seit mehr als zehn Jahren lobe ich mein Gastland über den grünen Klee und beleidige im vergleichenden Umkehrschluss mein armes kleines neurotisches Heimatland. Aber etwas wird anders. Ich weiß nicht, ob es daran liegt, dass Deutschland und ich nun in die Langzeitbeziehung eintreten. Bekanntlich weicht die erste Verliebtheit irgendwann dem Alltag, und man beginnt, in aller Vertrautheit aneinander herumzunörgeln. Aber vielleicht verändert sich auch gerade etwas schleichend in diesem Land. Etwas, das mir überhaupt nicht gefällt.

Ein wichtiger Autor der letzten Jahre war für mich der österreichische Philosoph Robert Pfaller. Sein Kernthese lautet: Man muss auch beim Maßhalten Maß halten. Das Maßhalten muss sich mit dem Feiern, dem Lautsein, dem Unvernünftigsein in einem bestimmten Verhältnis mischen und abwechseln, damit das Leben menschenwürdig ist. Wer arbeitet, muss auch feiern. Wer fastet, muss auch völlern. Pfaller konstatiert, dass sich unsere westliche Gesellschaft die Genussfähigkeit zwanghaft abtrainiert. Wir leben nur noch gesund, vernünftig und ethisch bewusst, aber übertriebenes Asketentum wird irgendwann selbst ungesund. Oder, wie Pfaller einmal listig fragte: Wollen wir unversehrt sterben?

Robert Pfaller wendet seine Thesen beileibe nicht nur auf die Frage des Zigarettenrauchens oder des Alkoholtrinkens an, sondern weitet sie politisch und soziologisch in alle Richtungen aus. Ich aber kann Pfallers Thesen gerade dann besonders gut nachvollziehen, wenn ich an deutsche Debatten denke. Denn da rächt es sich oft, der Hang, Unangenehmes und Störendes so schnell wie möglich aus der Welt schaffen zu wollen, der Drang, auf den Punkt kommen zu wollen, der Wunsch, einen Schlussstrich zu ziehen. Für eine Debattenkultur im Wortsinn ist deutsche Effizienz unproduktiv.

Mit einem abgewandelten Pfaller-Satz könnte man vielleicht sagen: In Deutschland müsste man beginnen, beim Rechthaben Maß zu halten.

Das geht inzwischen weit über das intellektuell sehr schlichte »Du Antisemit« – »nein, du!«-Geblöke hinaus, das seit Jahren alle einschlägigen Diskussionen um Israel, Juden und den Nahostkonflikt begleitet.

Oder vielleicht ist es vielmehr so: Die auf dem Antisemitismus-Feld lange eingeübte Unkultur der gegenseitigen Exkommunikation vom Diskurs, also des versuchten Mundtotschlags, beginnt sich epidemisch auf andere Diskurse auszubreiten.

Dazu nur ein paar kleine Beispiele: In den Facebook-Diskussionen rhetorisch gebildeter und politisch engagierter Menschen ist es im Komplex um problematische Begriffe in Kinderbüchern inzwischen bereits zur Zumutung geworden, das Wort »Neger« grundsätzlich zu benutzen. Man spricht jetzt vom »N-Wort«. Sobald einer dort, in einer Diskussion über die Verwendung des Wortes Neger, das Wort selbst hinschreibt, kriegt er massiven Ärger. Man darf also nicht einmal mehr aussprechen, was einen stört. Man könnte von quasireligiöser Tabuisierung sprechen. Der, der »N-Wort« sagt, fühlt sich moralisch höherstehend und verbietet dem, der »Neger« vielleicht nur ausspricht, um sich davon zu distanzieren, den Mund.

Zweites Beispiel: Wenn ein Politiker einen anderen »Clown« nennt, beschwert sich allen Ernstes eine Interessenvertretung deutscher Clowns über die Herabwürdigung ihres Berufsstandes. So eine Geschichte hätte ich noch vor fünf Jahren als Extremsatire begriffen, als geniale Erfindung der Titanic-Redaktion. Inzwischen ist sie Wirklichkeit.

Drittens: Als der Bundespräsident in einem Interview vor Tugendfuror in der Sexismusdebatte warnte, gab es Frauen, die darüber so empört waren, dass sie Gauck in einem offenen Brief der »Respektlosigkeit gegenüber Opfern von Sexismus« bezichtigten, weil doch »Furor« mit »Furie« semantisch verwandt sei.

Da werde ich, höchst unerwartet für mich selbst, plötzlich wieder ganz österreichisch. Ich beginne, dem Alles-nicht-so-eng-Sehen wieder einiges abzugewinnen. Mich beschleicht das Gefühl, dass die gelben Raucherquadrate in das Denken der Menschen eingedrungen sind. Dass sie ein Sinnbild sind für deutsche Angst und deutsche Rechthaberei. Wer im Quadrat bleibt, macht es richtig, wer sich hinausstiehlt, muss ein Verbrecher sein. Einmal zu viel um die Ecke gedacht, und das Streben nach dem Guten, Schönen und Wahren kann sehr ungemütlich werden.

Ich habe am Anfang von den besten und schlechtesten Eigenschaften gesprochen und davon, wie unabdingbar sie zusammengehören. Das unaufhörliche Nachsinnen über die Verbesserung der Welt ist die beste deutsche Eigenschaft, ich hoffe, ich habe das hinreichend betont. Es ist ganz ehrlich das, was ich an Deutschland am meisten schätze.

Aber jede gute Eigenschaft wird monströs, sobald man sie forciert. Und das Forcieren ist eben auch ein deutsches Talent. Forcieren heißt, den Faktor Zeit hinzutreten zu lassen. Es bedeutet Ungeduld mit den verbesserungswürdigen Verhältnissen.

Aber so wie es beim Reisen mit dem Flugzeug manchmal dauert, bis die Seele hinterherkommt, ist die Verbesserung der Welt ein langwieriger und umständlicher Prozess, der auch in der Lebenszeit unserer Kinder und Enkel nicht zum Ende gebracht werden wird. Das ist natürlich für jenen schwer zu ertragen, der die Lösung schon gefunden zu haben meint.

Es ist auch schwer zu ertragen, wenn eine als falsch erkannte Entwicklung ungebremst weitergeht und damit weiteren Schaden anrichtet. Unterschiede und Ambivalenzen sind schwer zu ertragen, und besonders schwer zu ertragen sind Menschen mit anderen, vielleicht sogar entgegengesetzten, vielleicht sogar für gefährlich gehaltenen Meinungen. Trotzdem ist das eine der wichtigsten Anforderungen an Demokraten: Geduld zu haben und auszuhalten, dass die Welt nicht perfekt, sondern fehlerhaft, ambivalent und unübersichtlich ist. Dass ein Mitmensch nicht nur anders aussieht und fremde Traditionen und Gewohnheiten hat (was wir gelernt haben zu akzeptieren), sondern auch eine vollkommen entgegengesetzte Meinung zum Nahostkonflikt, zur Beschneidung seiner Söhne, zum Pippi-Langstrumpf-Neger und zur Sexismusdebatte haben kann (was wir derzeit ganz schlecht akzeptieren).

Ich habe hier nur ein paar Beobachtungen zu formulieren versucht und bin weit von einer Handlungsanleitung entfernt. Aber vielleicht sollten wir nicht bei den Vorhäuten anderer Religionsgemeinschaften, sondern bei den gelben Raucherquadraten in unseren Köpfen anfangen. Und vielleicht sollten wir einen Wettbewerb ausschreiben, einen großen Preis für jenen Lebenskünstler, der für die Deutsche Bahn eine Eisbecher-Anzeige entwirft, die zur Bestellung verführt, ohne dass man den Eisbecher darauf überhaupt sieht.

Welcher Preis passt zu mir?

Dankesrede zum Gerty-Spies-Preis

Für jemanden, der eines Tages die Laufbahn eines Schriftstellers einschlägt, was man für eine größenwahnsinnige, eine mutige, obsessive, oder, wie meine armen Eltern, erst einmal für eine brotlose und besorgniserregende Entscheidung halten kann, kommen die Preise automatisch zuletzt. Zuerst braucht man ja viele Jahre lang so vieles andere: eine Idee, einen Stoff, eine Sprache dafür, dann einen Verlag und einen Vertrag, und man ist auch gut bedient, wenn man, sobald das erste Buch geboren ist, ein paar Kritiken bekommt, gerne gute, aber schnell lernt man, dass auch eine ganz bestimmte Sorte von aufgebrachten, grünlich schäumenden Kritiken auf merkwürdige Art für Werbung sorgen. Doch selbst die Kritiken braucht man nicht unbedingt, es gibt viele Bücher, die problemlos ohne auskommen, allen voran jene der sogenannten Unterhaltungsliteratur.

Was man vor allem anderen braucht, sind Leser.

Ich bin eine glückliche Schriftstellerin insofern, als es bei mir mit all dem Beschriebenen von Anfang an ganz gut gelaufen ist. Einen engagierten Verlag, gute ebenso wie vereinzelt aufsehenerregend boshafte Kritiken, dazu eine hinreißende Menge geneigter, liebenswürdiger, enthusiastischer und anspornender Leser – meine Bücher haben das alles bisher in sehr zufriedenstellendem Maße bekommen.

Wofür braucht man dann noch einen Preis? Es bietet sich an zu sagen, man braucht den Preis für gar nichts, außer für das Ego und die Geldbörse. Aber zum einen sind diese beiden, Ego und Geldbörse, bei Künstlern oft ganz besonders bedürftig, und dann sind sie beide unabdingbar für die Entstehung weiterer Werke. Über das Geld sagt etwa mein Kollege und Ehemann, der Schriftsteller Michael Kumpfmüller, immer so schön: Mit Geld kauft sich unsereiner ja nur Zeit.

Und was das Ego betrifft: Schon an der Adjektivgruppe »preisverdächtig« – »preiswürdig« – »preisgekrönt«, die so sprechend vom Schummrig-Fragwürdigen ins Hochadelige aufsteigt, lässt es sich sehr schön ablesen. Ein Preis ist ein höherrangiger Erfolg und mit dem Kritiker- oder dem Verkaufserfolg eben nicht deckungsgleich. Für den Künstler ist ein Preis der Meisterbrief und der Doktorhut. Er ist das, was einen erst so richtig und endgültig zum Schriftsteller macht – vielleicht am meisten vor sich selbst. Zwar wird jeder Preis von Institutionen ausgelobt und von Jurys vergeben, und jeder, der schon einmal selbst an einer Jurysitzung teilgenommen hat, weiß genau, wie irrational dort oft Entscheidungen getroffen werden. Trotzdem fällt ein Preis irgendwie vom Himmel. Sobald man ihn hat, sobald man als Preisträgerin oder Preisträger gekürt ist, scheint er aus einer überirdischen Sphäre von Neutralität und Wahrheit gekommen zu sein. Dann spielen die vorher vielleicht nur sehr knapp überstimmten Konkurrenten und die fragwürdigen Deals keine Rolle mehr.

Ein Preis ist also, seiner Natur gemäß, in der das Geschenk und das Verdienst auf wundersame Weise zusammenfinden, eine große, ungetrübte und untrübbare Freude. Über wie viele Dinge im Leben kann man das schon sagen? Das hat der Preis auch dem Lottogewinn voraus, dessen soziale und psychische Nachteile deshalb so groß sind, weil er das menschliche Maß so immens überschreitet.

Und deshalb bedanke ich mich von Herzen, voller Stolz und Demut bei der Jury für ihre Entscheidung.

Doch gibt es noch einen weiteren Aspekt, für mich, in Zusammenhang mit ebendiesem, dem Gerty-Spies-Preis.

Bekanntlich gibt es in Deutschland viele und viele verschiedenartige literarische Preise. Sie richten sich an Debütanten oder Autoren unter dreißig, sie werden von einzelnen Regionen oder Bundesländern nur für Schriftsteller vergeben, die entweder dort geboren sind oder dort leben. Um überhaupt die Chance auf bestimmte Preise zu bekommen, sind manchmal sogar unangenehme Bedingungen daran geknüpft:

Man muss ein öffentliches Wettlesen überstehen, man muss irgendwo den sogenannten Stadtschreiber geben, oder man muss sich wie ein Zirkuspferd durch verschiedene Wettbewerbsstufen, das heißt, durch sich bedrohlich verkürzende Listen treiben lassen, um dann im schlimmsten Fall als Verlierer trotzdem mitten im Blitzlichtgewitter zu stehen.

Aus der Vielfältigkeit der Preise ergibt sich deshalb automatisch, dass nicht immer die Preise perfekt zu den Preisträgern passen. Sie kennen die Feuilletonschlachten, die gelegentlich ausbrechen, wenn ein als ungenügend oder unpassend empfundener Preisträger unter dem Namen eines ideologisch besonders aufgeladenen Preis-Paten wie Heine oder Büchner geehrt werden soll.

Aber es ist wahrscheinlich auch umgekehrt der Fall, bloß dass man nie davon erfährt: Es muss immer wieder Autoren gegeben haben, die sich über die Ehre und das Geld gefreut, insgeheim aber das Gesicht verzogen haben, weil sie viel lieber einen Schiller- als einen Goethe-, lieber einen Karl-Valentin-Preis als einen Thomas-Mann-, lieber einen Jandl- als einen Rilke-Preis bekommen hätten.

Sie haben mir nun freundlicherweise den Gerty-Spies-Preis zugesprochen, und ich gebe freimütig zu, dass ich erst nachschauen musste, wer Gerty Spies war. Schon das unterscheidet diesen Preis auf überraschende Weise von vielen anderen, abgesehen davon, dass der Gerty-Spies-Preis auch keine der vorher erwähnten Unannehmlichkeiten mit sich bringt. Inzwischen habe ich nachgelernt, ich habe einiges von Gerty Spies gelesen, und ich kann nur sagen, ich freue mich seither nicht einfach über einen Preis, sondern über diesen Preis. Gerty Spies hat, wie Sie alle wissen, den Holocaust überlebt und im KZ Theresienstadt zu dichten begonnen. Das eine ist mit dem anderen untrennbar verbunden. Denn dieser Preis erinnert eben nicht nur an die Frau und Autorin Gerty Spies, sondern an den universalen Zusammenhang von Schreiben und Überleben.

Seit Jahrzehnten hat es in Deutschland immer wieder heftige Debatten über die sogenannte Vergangenheitsbewältigung gegeben. Nicht einmal über das Wort hat man dabei einig werden können, denn manche sagen, die Vergangenheit kann gar nicht bewältigt werden, und sie haben vielleicht recht.

Diese Debatten drehten sich meistens um das *Zuviel*, um das *Genug*, manchmal, wenn die Debatten ausnahmsweise ein bisschen gnädiger mit uns waren, drehten sie sich nur um das *Richtig*, um das *Besser* oder *Schlechter*.

Es gibt ein paar Zauberworte, oder besser: psycho-politische Gemengelagen, die heute, morgen oder in zwei Jahren dafür sorgen werden, dass sich eine dieser Debatten aufs Neue heftig zu drehen beginnt. Wir können das so genau vorhersagen wie das Wetter des nächsten Jahres. So sicher, wie es irgendwann wieder schneien wird, kommt eine solche Debatte.

Ich will damit gar nichts gegen die Debatten sagen: Ebenso wie das Wetter sind sie manchmal erfrischend, manchmal bedrückend. Manchmal sind sie gemäßigt und machen den Boden fruchtbar, manchmal sind und machen sie das Gegenteil. Vielleicht hängt das ja auch von unserer eigenen Verfassung ab, wie wir die Debatte und das Wetter gerade so finden.

Aber deshalb freue ich mich über den Gerty-Spies-Preis: Weil mir dieser Preis und seine Namensgeberin zuzuflüstern scheinen, was ich zwar weiß, was den Debattenlärm aber noch nie übertönt hat: dass man gar keine Debatten dafür braucht. Alles ist ja immer da, das Wissen über die Naziverbrechen, aufbewahrt auch in den Büchern der Überlebenden, in der Literatur, die den Toten ihre einzig möglichen Gedenksteine gesetzt hat. Die uns erzählt, dass Überleben im KZ die Ausnahme war.

Dieses Wissen ist der Grund, auf dem wir seither leben. Man trägt das, was den Juden, den Homosexuellen, den Roma und Sinti, den psychisch Kranken zwischen 1933 und 1945 in Europa angetan worden ist, mit sich herum. Dass Zehntausende Nazimörder über viele Jahre ihre Bildung und Kreativität, ihren Ehrgeiz und ihr technisches Geschick darauf verwandt haben, um Millionen umzubringen. Darunter eine Million Kinder, eine ganze Million.

Natürlich ist einem das nicht jederzeit bewusst. Manchmal scheint sich das Bewusstsein dafür fast verflüchtigt zu haben, manchmal lebt man wie unbedarft vor sich hin, ärgert sich über den Benzinpreis oder die Regierungspolitik, doch dann biegt man um eine Ecke, manchmal nur um eine Ecke im Kopf, und da ist sie wieder, diese Geschichte, mit aller Wucht. Erst ist sie schwarz, wie ein Abgrund, der sich auftut und zu befehlen scheint, dass es verboten ist, glücklich und friedlich weiterzuleben. Dann packt man die

Haltegriffe, die zu ergreifen man gelernt hat. Die Haltegriffe, die sich zwar heiß und scharf in die Handflächen bohren, die einen aber trotzdem halten müssen, heißen: Alles war von Menschen gemacht, nichts davon war Naturkatastrophe, Hölle oder Wahnsinn. Bei Imre Kertész heißt es einmal sinngemäß: Über die Hölle kann ich nichts erzählen, denn dort war ich nicht, sondern in Auschwitz.

Es war eine Fülle von Entscheidungen, und jede einzelne Entscheidung wurde von jemandem getroffen: Wenn er einen anderen versteckt hat, wenn er einen anderen verraten hat. Oder wenn er einen Verbrennungsofen entworfen hat anstatt, wie bisher, einen für Kremationen. Alles Entscheidungen, getroffen von Menschen.

Was vom Menschen gemacht ist, können Menschen verhindern. In Zukunft. Mit diesem kleinen, schwachen Satz holt man sich den Dorn des Haltegriffs wieder aus der Hand, zögernd, unüberzeugt. Aber trotzdem. Man muss ja weiterleben und die Verzweiflung in Schach halten.

Das muss man wirklich. Der Sinn des Lebens besteht ja nur darin, klüger zu werden. Von der Shoah her gedacht, von den großen und kleineren Büchern, den Romanen, Erzählungen und Essays, die uns Gerty Spies, Primo Levi, Jean Améry und die vielen anderen hinterlassen haben, bedeutet das: Es ist unsere moralische Pflicht, weiterzuleben, um weiterzudenken. Als absoluten Tiefpunkt der Menschheitsgeschichte werden wir die Shoah nicht mehr los.

Wer sich als fühlender und denkender Mensch auch nur einmal mit der Shoah beschäftigt hat bis hin zu dem Punkt, wo es wirklich wehgetan hat, der kann dahinter nicht mehr zurück. Auch wenn immer wieder einige, in vielleicht sogar nachvollziehbarer Abwehraggression, über die vermeintliche Auschwitzkeule oder das Holocaust-Business toben. Aber ab einem bestimmten Punkt kann man sich nie mehr unwissend oder unbeschädigt stellen, jedenfalls nicht vor sich selbst. Da macht es auch keinen großen Unterschied, welchem Geburtsjahrgang man angehört und ob man aus einer Familie von Tätern oder Opfern stammt.

Diese Geschichte bleibt uns, denn es ist unsere Geschichte. Wir entkommen ihr nicht, auch wenn sie im Alltag und mit dem Voranschreiten der Zeit immer wieder in den Hintergrund tritt.

Und deshalb drücke ich den Gerty-Spies-Preis so fest an mein Herz, deshalb freue ich mich so besonders über ihn und fühle mich ganz eins mit diesem ersten richtigen Preis, den ich nach inzwischen etlichen Jahren als Schriftstellerin heute bekomme: weil ich ihn auch als Symbol für das Erinnern verstehe. Weil er eines dieser kleinen ewigen Lichter ist, die es überall gibt, wenn man nur genau aufpasst. Sie sind einfach da, ruhig, unbeirrt und bescheiden, unbeeinflusst von der Großdebattenlage.

II. Literarisches

So lacht die Hölle

Über Ulrich Becher

Man fragt sich ja immer bedrückt, wie viele es von ihnen eigentlich gibt, von den großartigen, aber völlig vergessenen Büchern und von den Schriftstellern, die entweder nur kurz reüssieren konnten oder, noch schlimmer, ein Leben lang erfolglos blieben. Und dann noch von Glück sagen müssten, wenn sie wenigstens Jahrzehnte nach ihrem Tod (wieder-)entdeckt werden.

Ulrich Becher, 1910 in Berlin als Sohn eines Rechtsanwalts und einer Schweizer Pianistin geboren, war zu Lebzeiten nicht ganz unbekannt und erfolglos. Er konnte etwa für sich beanspruchen, der jüngste Autor gewesen zu sein, dessen Bücher die Nazis verbrannten. Keine geringe Ehre, das musste einer erst schaffen: knapp über zwanzig, ein erster schmaler Band (mit dem schönen Titel »Männer machen Fehler«) und schon ein entarteter Staatsfeind. Becher war, als bildender Künstler, als der er begann, Schüler von George Grosz, fing an zu schreiben, floh aus den genannten Gründen über Österreich und die Schweiz schließlich nach Brasilien, schrieb eine ganze Reihe Romane, Erzählungen und Theaterstücke und starb, relativ vergessen, 1990 in Basel. Sein Theaterstück »Der Bockerer«, das er gemeinsam mit Peter Preses verfasste, ist seit der Verfilmung mit dem Volksschauspieler Karl Merkatz immerhin in Österreich nationales Kulturgut, wenngleich dort kaum ein Mensch weiß, wer es eigentlich geschrieben hat. Und Bechers großes, schwarzes, infernalisches Hauptwerk schließlich, der Roman »Murmeljagd«, der 1969 erstmals erschien, war seit Jahrzehnten eine Art Geheimcode zwischen Eingeweihten – wo man es, vom Donner gerührt, im Regal stehen sah, fühlte man sich sofort wie zu Hause. Und das konnte einem gleichermaßen in der Schweiz, in Österreich und in Deutschland passieren.

Denn Ulrich Becher ist einer der wenigen Autoren, der allen drei Ländern gehört (oder gehören die Länder ihm?), der jedenfalls die drei deutschsprachigen Nationalliteraturen leichtfüßig vereint hat. In der »Murmeljagd« ist es zu bewundern, sein perfektes Spiel mit den Sprachmasken: »Jib man nich so an mit dein großen Jott, Jenosse Austromarxiste«, meckert da der Berliner, »jetzt, wo Der Führer kommt, wolln'S Ihren Führerschein? An und für sich stehn'S ja noch unter Polizeiaufsicht«, witzelt der Wiener, und der Schweizer knarzt: »Abr in letzter Zeit isch ar auf dr Hund kho«[12] – Becher ist ein Schriftsteller, der Stimmen hörbar schreiben kann.

Jetzt, kurz vor Bechers 100. Geburtstag im kommenden Januar, hat Schöffling diesen unvergleichlichen Roman wieder aufgelegt, Lob und Preis gebührt dem kleinen Frankfurter Verlag dafür. In der Schweiz betreibt der Becher-Aficionado Dieter Häner, von Beruf eigentlich Programmierer, seit Jahren eine Webseite zu Becher, und es geht auf seine Initiative zurück, dass im Oktober nun das Hörbuch zur »Murmeljagd« erscheinen wird, ungekürzt, über dreißig Stunden lang, gesprochen wiederum vom österreichischen Schauspieler Wolfram Berger, der sich schon mit Musils »Mann ohne Eigenschaften« für solche Gewaltmärsche qualifiziert hat.

Wie aber nun die »Murmeljagd« beschreiben, das ein Buch mit Ecken, Kanten, auch mit Schwächen ist, aber eine lebenslange Droge für den, der ihm einmal verfallen ist? Dieses Buch wie ein Raumschiff, in dem man aufbrechen kann in wahnwitzige, urkomische und höchst bedrohliche Welten?

Albert, verkehrt herum Trebla genannt, ist die empfindsam-ironische Hauptfigur, ein Grazer Sozialdemokrat, Jagdflieger im Ersten Weltkrieg, dort verwundet durch einen Kopfschuss, von dem ihm mitten auf der Stirn eine tickende Narbe geblieben ist. Mit Xane, seiner jungen Frau, flieht er nach dem Anschluss Österreichs über die Berge ins Engadin. Und dort sitzt er dann im malerischen Pontresina, eingemietet in zwei enge Privatzimmer, bedrängt von den schweizerischen Behörden, die diesen österreichischen Antifaschisten ohne gültigen Pass nur allzu gern loswerden möchten.

Seine enorme, fast körperlich quälende Spannung bezieht der Roman aus diesem Gegensatz von Ruhe und Sturm, von dörflichen Konflikten in der urigen Schweiz und der vor ihren Grenzen lostobenden Weltgeschichte. Schreckliche Nachrichten aus dem Spanischen Bürgerkrieg und dem Deutschen Reich dringen portionsweise in Treblas prekäre Idylle, der beste Freund im KZ ermordet, der Schwiegervater, ein europaweit berühmter Zirkusclown, verhaftet; Trebla hofft ebenso dringend auf neue Depeschen, wie er sie fürchten muss. Und vor allem verbirgt er, soviel er kann, vor seiner zurzeit seltsam abwesenden Xane.

In Xanes »Rosenvater«, dem politisch aufmüpfigen Publikumsliebling Giaxa, hat Becher unverkennbar seinen Schwiegervater, den Schriftsteller und Satiriker Alexander Roda Roda (dessen Geburtsname Rosenfeld lautete), porträtiert, auch wenn Roda Roda, im Gegensatz zur Romanfigur, den Nazis in letzter Minute entkam. Und dieser so plastisch beschriebene Giaxa mit dem gewaltigen Kopf und den kurzen Reiterbeinchen ist nur eine der vielen unvergesslichen Figuren dieses Romans. Da gibt es eine Kellnerin von römischer Schönheit, in die sich der verwirrte Trebla ein paar Nächte lang verliebt, und einen unheimlichen rothaarigen Schmuggler, der auf der Alm eine meistens leere Wirtschaft betreibt.

Bei den Übungen des Schweizer Militärs in den Bergen fallen tödliche Schüsse, Trebla gerät beinahe in einen Ehrenhandel, und ein auffallend behaarter Druckereibesitzer radelt mit einem Rucksack voller Steine in den See, nachdem seine Firma aufgrund eines Druckfehlers, der verdächtig nach Sabotage klingt (»glückliches Neues Haar«), pleiteging. Der liebenswerte, aber oft bis ins Koma versoffene Exanwalt De Colana, auch »l'Avvocato Wauwau« genannt, da er immer von einer Schar ungepflegter Spaniels begleitet wird, scheint zu viel zu wissen und befindet sich in Gefahr.

So erreicht Becher spielend sein Ziel: Alle Sicherheiten sind aufgelöst, und Treblas Tage im Exil werden zu einer Geisterbahnfahrt, bei der man nie weiß, was hinter der nächsten Kurve lauert: nur ein weiterer makabrer Scherz des Schicksals oder wahres Verderben. Trebla, aufgrund seines Heuschnupfens immer leicht mit Ephedrin bedröhnt, scheint irgendwann seinen Einbildungen ausgeliefert; zwei strohblonde, pickelige Österreicher, die plötzlich allzu oft seinen Weg kreuzen, könnten ebenso gut auf ihn angesetzte Mörder sein, auch wenn sie – daher kommt der Titel – behaupten, bloß Murmeltiere zu jagen. Doch Trebla ist in jedem Fall ein Gejagter. Er hat zwar vorläufig seine Haut gerettet, sitzt aber dennoch in der Falle, er muss tatenlos zusehen, wie Familie, Freunde und politische Weggefährten von den Nazis zur Strecke gebracht werden.

Als Erzähler gibt Ulrich Becher in diesem Buch den Wüstling, den wilden, ungezügelten Expressionisten, der weder Kitsch noch Kalauer scheut. Seine Sprache, assoziativ, sprunghaft, brachial komisch, durchsetzt von Fremdsprachen, Dialekten, Redensarten und Liedtexten und dazu extrem dialogisch (der Theaterautor!), ist nur auf den ersten paar Seiten gewöhnungsbedürftig, dann trägt sie den, der sich ihr überlässt, organisch weiter, plappernd, krächzend, zärtlich flüsternd, ein vielstimmiges Höllengelächter.

Mag sein, dass einige dramaturgische Volten zu gewagt sind, mag sein, dass in diesem Buch zu viel und zu aufsehenerregend gestorben wird, mag sogar sein, dass der Schluss des Romans gegen den Rest etwas abfällt – dies ist dennoch eines der ganz seltenen Bücher, die einen mit physischer Gewalt ergreifen, die einen ihre Geschichte hören, riechen, schmecken, erleiden lassen. Und schließlich beweist dieses Hauptwerk eines fast vergessenen Teufelskerls wieder einen Hauptsatz der Literatur: Nur wer, wie Ulrich Becher, der Katastrophe auch ihre Grotesken abzulauschen versteht, vermag seinen Leser wahrhaft zu erschüttern. Denn das tiefste Erschrecken liegt direkt neben dem brüllenden Lachen, nirgendwo sonst.

Zart, klar und unbarmherzig

Über Richard Yates

Ganz am Ende nannten ihn seine Studenten die »Bombe auf Rädern«. Richard Yates, lebenslang ein fanatischer Kettenraucher, konnte sich auch angesichts des drohenden Erstickungstodes sein Laster nicht abgewöhnen, und so kurvte er mit einem schäbigen Mazda über den Campus von Tuscaloosa/Alabama, wo er damals unterrichtete, in der einen Hand die unvermeidliche Zigarette, in der anderen einen Schlauch, aus dem er nach jedem Zug Sauerstoff aus einem Tank inhalierte. Den Mazda lenkte er mit dem Knie. Die Schelte seiner Tochter Monica, dass man in der Nähe von Sauerstoffflaschen nicht rauchen dürfe, wies er mit zwei trockenen Worten von sich: »Media Hype«.

Die rollende Bombe am Campus von Tuscaloosa ist eine beinahe komische Anekdote einer ansonsten weithin tragischen Biographie. Denn der Autor Richard Yates hat in den sechsundsechzig Jahren seines Lebens ein solches Übermaß an Unglück, Krankheit, Selbstzerstörung, Sucht und Misserfolg angehäuft, dass ums Haar auch sein schmales Werk darunter und dahinter verschwunden wäre. Zwar braucht den Leser der Autor als Mensch nicht zu interessieren – »der Schriftsteller ist ein Herr unbestimmbaren Alters, der einem ab und zu im Stiegenhaus begegnet«, murrte Heimito von Doderer, wenn er sich von Fragen zu seiner Person belästigt fühlte –, doch im Falle Yates sind Leben und Werk so ineinander verstrickt und voneinander abhängig, dass die Versuchung groß ist, das Leben des Richard Yates auch als Exempel maximalen schriftstellerischen Scheiterns zu begreifen. Kein Wunder, dass Blake Bailey, dessen bewundernswert detaillierter Yates-Biographie »A Tragic Honesty«[13] dieser Aufsatz viel verdankt, gleich im Klappentext zu einem faustischen, also metaphysischen Vergleich greift. Richard Yates' Lebensgeschichte stehe als Mahnung dafür, was ein Schriftsteller opfern müsse, weil der Teufel es ihm abverlange in seinem gnadenlosen Handel: privates Glück für das künstlerische Talent, körperliche und geistige Gesundheit für den Ruhm.

Richard Walden Yates wurde am 3. Februar 1926 in Yonkers, im Bundesstaat New York geboren. Die Ehe seiner Eltern lag damals in den letzten Zügen, sie hatten kaum mehr gemein als ihren Hang zu Alkohol und Zigaretten. Sie trennten sich, als Yates drei war. Während seine um fünf Jahre ältere Schwester den Kontakt zum Vater aufrechterhielt, lernte der kleine Richard ihn nie richtig kennen. In »A Good School«, der wie die meisten seiner Romane unverkennbar autobiographisch geprägt ist, schreibt Yates von einem »unspoken agreement« der Eltern – der Sohn sei der Mutter überlassen worden, die er, trotz aller ihrer Fehler und Schwächen, dem Vater vorgezogen habe.

Nach der Scheidung versank das Leben der beiden Kinder im Chaos. Fluchtartige Wohnungswechsel, gewaltsame Delogierungen wegen monatelanger Mietschulden waren die Regel. Als Junge musste Richard Yates viele Male die Schule wechseln, denn die Mutter floh nach jedem unrühmlichen Hinauswurf, nach jedem hoffnungslos angehäuften Schuldenberg an einen möglichst weit entfernten Ort, wo niemand sie kannte und sie neue Schulden machen konnte. So vagabundierte die kleine Familie jahrelang durch Kleinstädte an der Ostküste. Schon wegen ihrer ärmlichen Kleidung waren die Kinder, wohin immer sie kamen, stigmatisiert, »the only new boy and the only poor boy«, wie es an einer Stelle in Yates' Erzählung »Regards at Home« heißt.

Dabei hielt sich Ruth Yates, geborene Maurer, für das schiere Gegenteil eines Sozialfalles, nämlich für eine extravagante Bohemienne. Sie, die von allen, auch ihren Kindern, ein Leben lang nur »Dookie« genannt wurde, hatte, wie sie selbst vermeinte, »unter Stand« geheiratet. Das bezog sich weniger auf die – solide bürgerliche – Herkunft ihres Mannes, Vincent Yates, als auf die bescheidene Anspruchslosigkeit des regionalen Verkaufsleiters bei General Electric, die ihren hochfliegenden Plänen und ihrem überspannten Selbstbild offenbar unerträglich widersprach.

Dookie wollte Künstlerin werden, und tatsächlich war sie eine der allerersten Studentinnen an der »Cincinnati Art Academy«. Sie belegte dort Kurse in »China Painting« und »Drawing from Life« und fühlte sich fortan als Bildhauerin, die turmhoch über den spießbürgerlichen Existenzen ihrer Nachbarn stand. Doch waren die meisten ihrer spärlichen Auftragsarbeiten Nymphen und Faune aus Gips, die ihre Kunden als Gartendekoration bestellten. Die Büste, die sie im Jahr 1936 in nur einer Sitzung nach Präsident Roosevelt modellieren durfte, blieb ihr einziger nennenswerter Erfolg. Yates' hinreißender, todtrauriger Erzählung »Oh, Joseph, I'm so tired« zufolge, die diese Episode offenbar sehr getreu wiedergibt, scheint das Ergebnis lächerlich missglückt zu sein, zu klein, nur sieben Inches hoch, und aus einem billigen Material, weil sie sich Bronze nicht leisten konnte.

Trotzdem drängte es Dookie weiterhin zu Künstlern und »besseren Leuten«, und ihre Kinder litten erheblich unter ihren Versuchen, sich solchen »interessanten« und ihrer Karriere vermeintlich nützlichen Menschen an den Hals zu werfen. Dabei wurden Dookies soziale Misserfolge automatisch zu den Misserfolgen ihrer Kinder, während andererseits jeder neue Umzug, jeder Bruch mit gerade erst gewonnenen Freunden und Schulkameraden Mutter und Kinder noch stärker aneinanderband als eine aufeinander angewiesene Schicksalsgemeinschaft. Das Porträt dieser himmelschreiend lebensuntüchtigen, dabei ungebrochen optimistischen und von sich selbst und ihrem künstlerischen Durchbruch überzeugten Mutter durchzieht die Literatur von Richard Yates als ein roter Faden. Er liebte und verabscheute diese Mutter. Sein Selbstwertgefühl hat gewiss früh daran Schaden genommen, dass er, der kleine Junge, völlig abhängig von ihr war, obwohl er ihre Unzulänglichkeiten klar erkannte.

Ihre Disposition zu psychischen Krisen und zum Alkoholismus hat Dookie tragischerweise an beide Kinder vererbt. Die hübsche Tochter, Yates' ältere Schwester, nach der Mutter ebenfalls Ruth genannt, ging zwar erst eine scheinbar erfolgreiche Ehe mit einem gutaussehenden und wohlbestallten Mann namens Fred Rodgers ein und wurde bald Mutter dreier Kinder. Doch starb Ruth Rodgers im Alter von nur siebenundvierzig Jahren an den Folgen ihrer jahrelangen, schweren Trunksucht – eine tragische Geschichte, die in Yates' Roman »The Easter Parade« aufbewahrt ist. Yates selbst hat seine Depressionen, seine wiederholten Nervenzusammenbrüche und seine wochenlangen Aufenthalte in Kliniken in seinen Büchern immer wieder verarbeitet, besonders in »Young Hearts Crying«, wo der Protagonist, ein erfolgloser, frisch geschiedener Schriftsteller, unverkennbar Züge des Autors trägt. Den Alkoholismus jedoch, den Yates in seinem eigenen Fall nie als Krankheit oder Sucht anerkennen wollte, verharmloste er auch in seinem Werk: als schlechte Gewohnheit, der man eben anhängt, nicht weniger, aber vor allem nicht mehr.

Der junge Yates diente über ein Jahr in Europa, erlebte dort Anfang 1945 noch die letzten schweren Gefechte mit und zog sich dabei einen unheilbaren Lungenschaden zu. Gerade erst der Kindheit, der Mutter und dem Tod auf dem Schlachtfeld entronnen, entwickelte er, literarisch gesehen, einen Hang zu den Frühvollendeten. Anfang zwanzig und zurück in New York, als er sich mit kleinen Schreibarbeiten für Fachmagazine über Wasser hielt, las er fanatisch und fand schnell zu seinen persönlichen Göttern, denen er, bis auf Hemingway, von dem er sich später abwandte, ein Leben lang treu blieb. So liebte er glühend F. Scott Fitzgerald, bei dessen »Gatsby« er am Ende meistens in Tränen ausbrach, und eines Tages entdeckte er im »New Yorker« eine Short Story, die ihn elektrisierte: »A Perfect Day for Banana-Fish« von Salinger – dieser Autor war gerade ein paar Jahre älter als er selbst. Es gehört zu den tragischen und bis heute unerklärlichen Aspekten von Richard Yates' Leben, dass der »New Yorker«, die erste Adresse für junge Autoren, zeitlebens nicht einen einzigen seiner Texte annahm, obwohl Yates' Agentin, Monica McCall, unzählige Versuche unternahm.

Yates scheint sehr früh gewusst zu haben, dass er Schriftsteller werden wollte. Nach seiner Rückkehr aus Europa schwankte er zwischen einer akademischen Weiterbildung am College, für die ihm, als Kriegsveteran, ein staatliches Vollstipendium zugestanden hätte, und der umweglosen Konzentration auf das Schreiben. Doch nach wenigen freischwebenden Monaten, die er mit Lesen und ersten Schreibversuchen verbracht hatte, holten ihn familiäre Verpflichtungen ein, die ihn sein Leben lang nicht mehr loslassen würden. Als Erstes forderte seine Schwester Ruth, dass er sie von der Mutter befreie, die sich bei ihr eingenistet hatte, solange Yates im Krieg war, und ihr auf der Tasche lag. Also zog der junge Richard wieder mit der theatralischen Dookie zusammen, die unfähig schien, für sich selbst zu sorgen, und nahm um ihretwillen die ersten Brotjobs an. Und schon bald handelte er sich, genau wie Frank Wheeler in »Zeiten des Aufruhrs«, mehr zufällig als geplant eine eigene Familie ein. 1947, kurz nach seiner Rückkehr aus Europa, hatte er Sheila Bryant kennengelernt, eine schmale Rothaarige mit einer noch unglücklicheren Kindheit. Sheila, eine Sekretärin mit schauspielerischem Talent, war kaum neunzehn, als sie Yates traf, und ihre Beziehung war vom Anfang bis zum bitteren Ende stürmisch, im negativen Sinn. Doch offenbar bildeten die beiden, wie Yates zuvor mit seiner Mutter, eine Not- und Schicksalsgemeinschaft, beide unsicher, beide einsam, beide hochempfindlich gegenüber den eigenen Unzulänglichkeiten. Beide hatten sie einen schweren Start gehabt, aber das Gefühl, dass sie zu Höherem geboren waren. Als sie sich nur drei Jahre später mit einem Kleinkind in einer beengten Wohnung wiederfanden, schienen alle Träume geplatzt. Da drängte Sheila massiv darauf, nach Europa zu gehen, wo ihr die Gedanken, die Gesellschaft und die Möglichkeiten freier erschienen – Yates, der gerade von seinem zweiten, monatelangen Aufenthalt in einer Tuberkuloseklinik genesen war, widersetzte sich, wenn überhaupt, nur schwach. Mit der knapp einjährigen Tochter Sharon gingen die beiden nach Frankreich. Das Arrangement scheint dabei dasselbe gewesen zu sein, wie es April Wheeler im Roman ersinnt: Sheila ging arbeiten, Richard sah nach dem Kind und schrieb.

Dieser zweite Aufenthalt in Europa, so schwierig und privat unglücklich er gewesen sein mag, gehört zu den produktivsten in Yates' Leben. Erst in Paris, dann an der Côte d'Azur und schließlich in London schrieb er an die zwanzig

Short Storys, darunter einen Großteil seiner besten: »Jody Rolled The Bones«, »The Best of Everything«, »A Really Good Jazz Piano«, »No Pain Whatsoever«, »A Glutton for Punishment«.

In den Vereinigten Staaten hatte inzwischen Charles Bryant, Sheilas begabter, doch zeitweise schwer verhaltensgestörter Bruder, der später das Vorbild für John Givings in »Zeiten des Aufruhrs« abgeben würde, einige von Yates' Texten an die legendäre Agentin Monica McCall gesandt, die sich sofort bereiterklärte, Yates unter Vertrag zu nehmen. Es entstand eine lebenslange Freundschaft und berufliche Partnerschaft, und man mag sich heute gar nicht vorstellen, was aus Yates geworden wäre, wenn nicht die unermüdliche McCall jahrelang an ihn geglaubt, ihn ermuntert und seine Texte landauf, landab angeboten hätte.

Denn trotz aller Qualitäten, die nicht nur Monica McCall, sondern auch einigen Verlegern und Kritikern ins Auge fielen, erwies sich Yates als schwer verkäuflicher Autor. Es ist heute kaum zu glauben, aber Richard Yates, den wir nun als einen Klassiker der US-amerikanischen Literatur entdecken, lebte als Autor in der falschen Zeit. Seine Zeitgenossen, jedenfalls die, die als Lektoren und Redakteure in den literarischen Zeitschriften das Sagen hatten, empfanden seine Texte als kalt und erbarmungslos oder als karikaturhaft überzeichnet, jedenfalls als moralisch fragwürdig. Sie konnten die negative Weltsicht und den Zweifel am »American Way of Life«, die ihnen dieser Autor auszudrücken schien, nicht ertragen und wollten sie daher ihren Lesern nicht zumuten. »Very well written, but ...«, so fasst Biograph Bailey den Tenor der Absagen zusammen, die Monica McCall stapelweise erhielt.

Nach über einem Jahr harter Arbeit und über einem Dutzend angebotener Texte konnte McCall endlich Erfolge melden: »Atlantic Monthly« kaufte »Jody Rolled the Bones« im Herbst 1952 für zweihundertfünfzig Dollar. Neun Monate später bezahlte »Cosmopolitan« für zwei weitere Short Storys jeweils achthundertfünfzig Dollar, und obwohl Yates Bedenken hatte, weil ihm diese Illustrierte für Literatur zu wenig ernsthaft schien, konnte er nicht ablehnen – für Sheila und ihn war es ein kleines Vermögen.

1953 war Richard Yates wieder in den Vereinigten Staaten. Ihm ging nun, zumindest in eingeweihten Kreisen, der Ruf eines kommenden Stars voran. Und wirklich gewann er sogleich den Preis für das beste Debüt im Bereich Kurzgeschichte, den »Atlantic Monthly« jährlich vergab. Mehrere Verleger bekundeten Interesse an einem Roman, und Monica McCall machte Druck. Amerikanische Verleger, so erklärte sie ihm, wollten als erstes Buch keinen Kurzgeschichtenband, es müsse also ein Roman her, dann erst könne man auch die Storys in Buchform verwerten. Yates hat das Romanprojekt lange vor sich hergeschoben, er glaubte, sich erst in der kurzen Form perfektionieren zu müssen. Doch Mitte der Fünfzigerjahre beginnt die Arbeit an »Revolutionary Road«, wie »Zeiten des Aufruhrs« im Original heißt.

Da Yates vom Schreiben nicht leben konnte – er würde es niemals können –, war der Entstehungsprozess einem prekären Arrangement unterworfen. Yates schrieb freiberuflich und unter Pseudonym für Fachzeitschriften der Computerfirma »Remington Rand« – die Vorlage für »Knox«. Da er das literarische Schreiben davon so weit wie möglich trennen wollte, widmete er die erste Hälfte jeden Monats »Remington Rand«, die zweite dem Roman. Das ging so über fünf Jahre. Die Familie Yates, mit der zweiten Tochter Monica inzwischen zu viert, lebte damals in verschiedenen Mietshäusern auf dem Land. Die Ehe zwischen

Yates und seiner ersten Frau war schon am Ende, auch wenn er das als Letzter begriffen haben mag. Yates rauchte, hustete und trank. Zum Schreiben wie zum Trinken zog er sich in eigene Behausungen zurück, in Schuppen oder Gartenhäuser auf den jeweiligen Grundstücken. Kurz vor der Vollendung von »Revolutionary Road«, kurz vor dem endgültigen Ende seiner Ehe, kündigten sich die ersten psychischen Ausfälle an. Er rief verwirrt aus New York zu Hause an, weil er nicht mehr heimfand, und die eher verärgerte als besorgte Sheila musste feststellen, dass er diesmal nicht getrunken hatte. Obwohl Yates später behauptet hat, sich an die genauen Umstände seiner von Paranoia und Halluzinationen bestimmten Nervenzusammenbrüche kaum erinnern zu können, hat er in »Young Hearts Crying« eine bedrückende Schilderung dieser Zustände gegeben.

Ein Ruf als kommendes Genie hält sich nicht, wenn die faktischen Ergebnisse zu lange auf sich warten lassen. Vielleicht hat sich Yates mit seinem ersten Roman zu lange Zeit gelassen, vielleicht kam dieser Roman in einem anderen Sinne wiederum zu früh. Denn im Amerika der frühen Sechzigerjahre hat man sich sehr an seinem drastischen Ende, Aprils Tod als Folge einer Abtreibung, gestört – als »Revolutionary Road« im März 1961 endlich erschien, erfüllten sich jedenfalls die großen Erwartungen nicht. Die Besprechungen des Buches waren bestenfalls gemischt, zu einigen hymnischen Kritiken gesellten sich bösartige Verrisse. Ein solcher fand sich in der täglichen Ausgabe der »New York Times«, deren Rezensent vermeinte, einen Roman gelesen zu haben, der die »unerfreuliche Hast zweier psychopathischer Charaktere, sich selbst zu zerstören«, zum Inhalt habe. Beide Wheelers, insbesondere aber Frank, seien »mentally ill« und »absolute psychotic«, schrieb der – männliche – Rezensent weiter, niemand könne zwar die beeindruckenden literarischen Fertigkeiten von Richard Yates in Zweifel ziehen, ob die geistesgestörten Wheelers indes fünf Jahre seiner Arbeit wert gewesen seien, sei die andere Frage.

Dieses eine Beispiel kann für viele andere stehen – es zeigt, wie sehr sich Amerikaner der frühen Sechzigerjahre von »Revolutionary Road« provoziert fühlen konnten, auch wenn andererseits die einflussreichere »Book Review« derselben »New York Times« das Buch »vortrefflich« nannte und die »Integrität« der Erzählweise rühmte: Yates vermeide die Fallen sowohl des Karikierens wie des Moralisierens, sondern lasse seine Figuren sich selbst entlarven – der weitaus schwierigere Weg.

Zwischen Karikatur und Moral: »Revolutionary Road« ist tatsächlich ein Buch wie ein Vexierbild. Seine Stärke, die es auch Jahrzehnte nach seinem ersten Erscheinen so glasklar und zeitlos macht, liegt gerade darin, dass man die Handlung wie ihre Protagonisten von vielen verschiedenen Seiten betrachten kann. Yates' Biograph Bailey macht auf die Rolle aufmerksam, die Spiegel und Fenster spielen, vor allem das unselige Panoramafenster, über dessen voyeuristisch-bedrohliche Symbolik allein man ganze Abhandlungen schreiben könnte. Die Wheelers sind einerseits ganz die verwöhnten, quengelnden Kinder ihrer Zeit, in der so vieles möglich wurde (man nehme nur den unaufhaltsamen Beginn der Computerisierung oder den amerikanischen Traum vom Eigenheim auf dem Land, den sie gerade verwirklicht hatten), andererseits sind sie klassische Metaphern für die jahrhundertealte Sinnsuche des Menschen. Ist April Wheeler, deren Vorname schon auf ihre Launenhaftigkeit verweist, nur eine Zicke mit Allüren oder eine unglückliche Frau im falschen Leben? Hat Frank

Wheeler, auch sein Name liebevoll-bösartig gewählt, wirklich Grund, sich für etwas Besonderes zu halten, obwohl er, trotz aller analytischen Schärfe, nicht einmal Frau und Kinder anständig zu behandeln weiß? Wer hat mehr Angst vor dem anderen, und wer hat mehr Macht? Und endet ihre Geschichte nur deshalb letal, weil diese beiden Charaktere einander so unheilvoll ergänzen?

Richard Yates' Sprache ist berückend klar, direkt, unverschnörkelt und scharf. In beinahe jedem Satz liegt der ätzende Witz direkt neben der Tragödie. Auch deshalb gilt er bis heute als »writer's writer«, als jemand, dessen Sätze andere Schriftsteller neidvoll anstarren, um ihnen das Geheimnis ihrer Machart abzulauschen.

Von seiner Struktur her ist »Revolutionary Road« wie der goldene Schnitt des modernen Romans. Hier ist kein Wort zu viel, jedes Adjektiv sitzt, jeder Handlungsbogen ist ausgewogen, im Großen wie im Kleinen. Yates nimmt sich Zeit, das Drama der Wheelers langsam, dabei von verschiedenen Richtungen her, zu entfalten, doch er lässt den Leser dabei keine Minute vom Haken. Der große Bogen der Wheeler'schen Tragödie ist gebaut wie eine römische Brücke, getragen von kleineren Bogen, von denen wiederum jeder aus perfekt ebenmäßigen Steinen gestaltet ist.

Und jede Nebenfigur, jede Nebenhandlung ist so bewusst eingesetzt wie ein Gewürz, ohne dass das ganze Gericht anders schmecken würde.

Man nehme nur Helen Givings, die Immobilienhändlerin und Nervensäge, die zu verabscheuen jedem Leser auf Anhieb leichtfällt. Doch sobald man nur tief genug in ihr Wohnzimmer geblickt hat, stößt man auch hier auf ein so alltägliches wie berührendes Drama, auf eine vollständige kleine Geschichte innerhalb der großen, die unseren Blick auf diese Figur sofort verändert.

»Sie weinte, weil sie an diesem Abend so große Hoffnungen in die Wheelers gesetzt hatte und nun so entsetzlich enttäuscht war. Sie weinte, weil sie fünfundsechzig Jahre alt war und hässliche, geschwollene, abscheuliche Füße hatte, sie weinte, weil keine ihrer Schulkameradinnen und später keiner der Jungen sie je gemocht hatte, sie weinte, weil Howard Givings der einzige Mann war, der ihr je einen Heiratsantrag gemacht hatte, weil sie darauf eingegangen und weil ihr einziges Kind geisteskrank war.«[14]

Diese plötzlichen Änderungen des Blickes, diese unerwarteten Crescendi im Handlungsfluss sind eines von Yates' beeindruckendsten Stilmitteln. Wie wenig andere kann er bloße Worte zum Klingen und zum Donnern bringen und mit einem Handstreich vom einlullend Plätschernden ins Überscharfe, Grelle wechseln. Da schlendert dieser junge Mann Frank Wheeler in sein Firmengebäude hinein, routiniert wie jeden Morgen, beobachtet mal dies, denkt mal an das, und der Leser wähnt sich und Frank in Sicherheit:

»›Hallo‹, sagte Maureen Grube, die auf diesem Stockwerk als Empfangsdame tätig war und zu Mrs. Jorgensens Stenotypistinnenstab zählte. Sie grüßte auf eine schmeichelnde, entschieden weibliche Art, und als sie zur Seite schwenkte, um ihn vorbeizulassen, hätte er am liebsten den Arm um sie gelegt und wäre mit ihr irgendwohin gegangen (in den Versandraum? In den Lastenaufzug?), wo er sich hinsetzen, sie auf den Schoß nehmen, ihr den königsblauen Pullover ausziehen und sich ihre Brüste nacheinander in den Mund hätte stopfen können.«[15]

So bringt man einen kleinen Absatz zur Detonation – der eben noch nichtsahnende Leser fährt zusammen. Und wir können den Absatz zerlegen und zerschneiden, um hinter das Geheimnis zu kommen, es gibt keines, nur das literarische Genie. »Schmeichelnd«, »entschieden weiblich«, »zur Seite schwenkt« – nichts als ein unauffälliges, angenehmes, vermeintlich unwichtiges Bild. Selbst nach »Arm um sie gelegt« wäre noch eine andere, besser zu den Fünfzigerjahren passende Wendung möglich gewesen, ein verschämter Kuss auf die Wange, das bloße Riechen ihres vermutlich blitzsauberen Duftes. Aber nein. Richard Yates ist nur ein paar Worte weiter bei »Brüste« angelangt, und bei »Mund«.

Das ist es, was die Wucht und Brillanz von »Revolutionary Road« ausmacht – eine fast unheimliche Perfektion im Großen wie im Kleinen. Der Roman ist wie eine geschliffene optische Linse, durch die man auf das Wheeler'sche Gekrabbel blickt, wobei mal Frank, mal April grotesk verzerrt aussehen, eine Linse, die blitzschnell zum Spiegel werden kann, in dem man zumindest die Umrisse der eigenen Welt erkennt. Der amerikanische Autor James Atlas schrieb, »Revolutionary Road« sei einer der ganz wenigen Romane, der absolut fehlerlos sei.

Doch die literarische Pracht zählte nicht viel in hochmoralischen Zeiten, so kurz nach McCarthys Inquisition. Hinter dem Kammerspiel der beiden Wheelers strahlt als Kulisse das bonbonfarbene Amerika der Fünfzigerjahre, und es strahlt wie Gift. Viele von Yates' Zeitgenossen konnten entweder den Autor nicht von seinen Figuren und deren Meinungen über das Land unterscheiden, oder sie hielten es prinzipiell für unstatthaft, Figuren mit solchen Meinungen auftreten zu lassen. Das Frühwerk von Richard Yates, das heißt also mindestens die Hälfte seiner besten Erzählungen, und sein erster Roman »Revolutionary Road« sind ohne Übertreibung einer Art Zensur zum Opfer gefallen, wiewohl einer demokratischen, einer Zensur des Zeitgeists. Es ist beinahe unheimlich, wie sehr die Absagen jener Zeitschriften und Magazine, denen seine Agentin in den fast zehn Jahren davor Dutzende Short Storys angeboten hatte, inhaltlich jenen negativen Kritiken gleichen, mit denen »Revolutionary Road« überzogen wurde: »unglaubhafte Charaktere«, »deprimierende Geschichten«, »meaningless characters leading meaningless lives« – ein solches Übergewicht an Ablehnung überleben wenige Werke.

Am 1. März 1961, dem Erscheinungstag, ging der frisch geschiedene Richard Yates mit einem Freund zur Feier des Tages kräftig trinken. Am Wochenende danach erschienen die Kritiken in den meisten wichtigen Zeitungen, Mitte März schaltete der Verlag noch eine große Anzeige für das Buch, es tröpfelten einige Besprechungen in Magazinen und Illustrierten nach. Vier Wochen später war alles vorbei. Der Verlag wollte keine weiteren Anzeigen schalten, man habe für einen Erstling ohnehin mehr getan als üblich, der Erfolg sei zufriedenstellend, dabei waren es am Ende nur achttausendneunhundert verkaufte Exemplare. Im folgenden Frühjahr gelangte »Revolutionary Road« immerhin in die Finalrunde des »National Book Award«, zusammen mit so bekannten und gutverkauften Büchern wie Joseph Hellers »Catch-22« und Salingers »Franny und Zooey«. Doch den Preis erhielt das Debüt des damals noch völlig unbekannten Walker Percy, »The Moviegoer«.

Nun war Richard Yates ein publizierter Romanautor. Er hatte für fünf Jahre Arbeit zweitausendfünfhundert Dollar Vorschuss bekommen. Er hätte sich sofort hinsetzen müssen und den nächsten Roman schreiben, mindestens in der Qualität seines Erstlings. Doch das gelang ihm nicht, tragischerweise. Er versank in einem Strudel aus Alkohol und Psychopharmaka, ökonomisch gefesselt von den Alimenten, voller Schuldgefühle wegen der Scheidung, die er, das Scheidungskind, seinen Töchtern nicht hatte zumuten wollen. Seine Karriere, die trotz allem so hoffnungsvoll begonnen hatte, hatte mit dem Erscheinen von »Revolutionary Road« bereits ihren Höhepunkt überschritten. Der lange Niedergang des Richard Yates begann. Er unterrichtete »Creative Writing« an diversen zweitklassigen Colleges, er erlebte ein wenig erfolgreiches Intermezzo als Drehbuchschreiber in Los Angeles, er arbeitete sogar einige Monate lang als Redenschreiber für Robert Kennedy, dem er liberale, für die USA fast unerhörte Worte in Sachen Rassen- und Sozialpolitik in den Mund legte. Nur ein paar Jahre lang, als er die blutjunge Martha Speer kennenlernte, die seine zweite Frau und Mutter seiner dritten Tochter Gina wurde, stabilisierte sich sein Leben vorübergehend. Martha und dem Kind zuliebe riss er sich zusammen, trank weniger, rang mit dem Schreiben. Doch als Martha ihn schlussendlich nach über sechs Jahren doch verließ, stürzte er umso tiefer.

Natürlich, Richard Yates schrieb sein Leben lang weiter. Kurz nach dem ersten Roman veröffentlichte er »Eleven Kinds of Loneliness«, eine Sammlung seiner besten Short Storys, und, fast zwanzig Jahre später, »Liars in Love«, einen weiteren Band mit Geschichten, die das hohe Niveau seiner frühen Arbeiten problemlos hielten. Zart, klar und unbarmherzig – diese drei Adjektive treffen auf seine besten Geschichten immer zu. Und ihre Struktur ist ebenso schwebend und perfekt wie jene in »Revolutionary Road«. War er also vor allem ein begnadeter Short-Story-Autor, dem »zufällig« einer der besten amerikanischen Romane des zwanzigsten Jahrhunderts geglückt ist?

Denn Richard Yates hat zwar, nach »Revolutionary

Road«, noch sechs weitere Romane geschrieben, »doch nur der erste taugt etwas«, wie er selbst, der gnadenlose Textkritiker, gegen Ende seines Lebens befand. In »Young Hearts Crying«, dem Roman des unglücklichen Schriftstellers Michael Davenport, gibt es eine Stelle, die so sehr die Krisen des Richard Yates abzubilden scheint, dass es wehtut: Da sitzt Davenport vor seinem halbfertigen Roman und erkennt, dass der Text nicht abhebt, dass er am Boden kleben bleibt. Und genauso verhält es sich mit Yates' späteren Romanen: Zwar »taugen« sie alle etwas, in dem Sinn, dass sie mit seiner unverwechselbaren Sprache und unbestechlichen Charakterzeichnung eindringliche Geschichten erzählen, sei es von Schule und Adoleszenz in »A Good School«, sei es die Geschichte zweier ungleicher, doch am Erbe ihrer gemeinsamen Kindheit gescheiterter Schwestern in »The Easter Parade«. Doch keiner dieser Romane leistet wie »Revolutionary Road«, was einem Roman erst die weltliterarische Geltung sichert: durch eine individuelle Geschichte eine höhere Wahrheit durchscheinen zu lassen und ein anhaltend gültiges Zeit-, Kultur- und Menschenporträt zu schaffen.

»To write so well and then to be forgotten is a terrifying legacy«, schrieb Stewart O'Nan 1999 in einem Essay mit dem Titel »The Lost World of Richard Yates«[16]. O'Nan drückte darin die Hoffnung aus, dass Yates' Bücher, die in den Jahren nach Yates' Tod 1992 nur mehr antiquarisch erhältlich waren, irgendwann wiederentdeckt würden, so wie es schon mit Faulkner und Fitzgerald geschehen war, und dass Yates endlich seinen verdienten Platz im Kanon der amerikanischen Literatur einnehmen würde.

Genau das geschah schon kurz darauf. Im Jahr 2000 erschien »Revolutionary Road«, das so viele Jahre vergriffen gewesen war, mit einer Einleitung von Richard Ford. Ein Jahr später erschienen zuerst Yates' »Collected Stories« in einer prachtvollen Ausgabe bei Holt. Und sie schafften es – der lebenslang erfolglose Yates hätte sich die Augen gerieben – in manchen amerikanischen Großstädten wie San Francisco, Washington und Boston sogar in die Bestsellerlisten. Dann wurden die Romane »The Easter Parade«, »A Good School« und »A Special Providence« neu aufgelegt. Und schließlich richtete Blake Bailey im Jahr 2003 mit seiner verdienstvollen, dickleibigen Biographie noch einmal einen kräftigen Spot auf Leben und Werk dieses Autors. Eine Reihe namhafter US-amerikanischer Autoren von Stewart O'Nan bis Richard Ford, von Richard Russo bis Kurt Vonnegut bezeugten, was sie Yates, seinen Erzählungen und vor allem »Revolutionary Road« künstlerisch verdanken – dem letztgenannten, Vonnegut, hatte Yates übrigens seinen letzten vollendeten Roman, »Cold Spring Harbor«, gewidmet.

Richard Yates war, neun Jahre nach seinem Tod, in seinem Heimatland endlich am Ziel angelangt. Im deutschsprachigen Raum dagegen war er bis vor Kurzem so gut wie unbekannt. Aus durchsichtigen ideologischen Gründen hatte einzig der DDR-Verlag »Volk und Welt« in den Siebzigerjahren unter dem Titel »Das Jahr der leeren Träume« eine Übersetzung von »Revolutionary Road« verlegt. Im Klappentext wurde behauptet, der Autor spreche »mit kritischer Konsequenz einem System das Urteil, das derartige Erscheinungen provoziert«.

Doch sechzehn Jahre nach dem Ende des Kalten Kriegs, nun, da »Zeiten des Aufruhrs« hochverdient und in Hans Wolfs meisterhafter Übersetzung Eingang in die »Bibliothek der Weltliteratur« gefunden hat, nun, da die hinreißenden Short Storys zum ersten Mal auf Deutsch erscheinen, erhält Yates' Werk endlich alle Voraussetzungen, auch hierzulande den Rang einzunehmen, der ihm gebührt. Denn mit »Revolutionary Road« wurde und bleibt Richard Yates, was er sich als junger Mann so demütig wie größenwahnsinnig gewünscht hat: der Fitzgerald seiner Zeit.

Die Unterschätzte

Über Alice Munro

Als ich zum ersten Mal ein Foto von Alice Munro sah, empfand ich eine Art Schock. Natürlich interessiert man sich für die Gesichter der Schriftsteller, die man bewundert und verehrt, aber im Falle Alice Munros kam mir aus unerfindlichen Gründen lange kein Bild unter. Ich war dieser Autorin bereits völlig verfallen, aber in den vielen Taschenbüchern, die ich gekauft oder geliehen hatte, gab es nie ein Foto von ihr. Und dann das. Erwartet hatte ich von ihrem Gesicht etwas Geheimnisvolles, etwas Verruchtes, etwas Intellektuelles, vielleicht sogar etwas Verlebtes oder Kaputtes, eine komplizierte, möglicherweise wenig sympathische Frau, jedenfalls eine, die zu ihren Geschichten passt, die oft abgründig und dunkel sind und die eine Weisheit über die Menschen erkennen lassen, so groß, dass sie die Grausamkeit immer knapp vermeidet.

Doch Alice Munro sieht aus wie eine sonnige Oma, die zwar ihren Chic bewahrt hat, der man aber trotzdem jederzeit selbstgebackenen Apfelkuchen abnehmen würde. Erst auf den zweiten Blick gleicht sie einer verschmitzten Miss Marple, und das kommt wahrscheinlich ihrer Strategie am nächsten. Denn Alice Munro ist zwar längst weltberühmt, aber gleichzeitig noch immer eine große Unterschätzte.

Für die bedeutungsschwangeren Mythen, die sich gern um Schriftstellerkarrieren ranken, gibt ihr Leben rein gar nichts her. Kein gleißender Frühstart als junges Mädchen, kein später Durchbruch kurz vor der Altersresignation. Ein geradliniges, fleißiges Leben oder auch: ein typisches Frauenleben, was man schon gar nicht mit der wahrscheinlich besten lebenden Schriftstellerin der Welt in Verbindung bringen würde. Die Niederungen des Haushalts scheinen zu großer literarischer Kunst nicht zu passen. Doch Alice Munro hat zu einer Zeit, als es weder Waschmaschinen noch Wegwerfwindeln, weder Trockner noch Babygläschen gab, drei Töchter großgezogen, Mann, Haus und Garten versorgt und trotzdem immer geschrieben, zwischen Waschzubern und Kochtöpfen, wenn das jüngste Kind endlich eingeschlafen oder die Nachbarin gerade gegangen war. Ihre älteste Tochter Sheila erinnert sich an die Schulhefte, die ihre Mutter jedes Mal zuklappte, wenn Kinder, Mann oder Besucher eintraten, sie muss buchstäblich in jeder freien Minute geschrieben haben. So entstand Geschichte um Geschichte, viele wurden abgelehnt, viele wurden in Zeitschriften abgedruckt, nach Jahren erschienen die ersten Kurzgeschichtenbände, die Kinder wurden groß, die ersten Enkel wurden geboren, und eines Tages war Alice Munro neben Margaret Atwood die berühmteste Autorin Kanadas. Was für eine unglaubliche Zähigkeit!

Dabei war Alice Munro keine Frühvollendete. Retrospektiv lässt sich an ihrem Werk gut ablesen, dass sie durch harte Arbeit immer besser wurde, ein Talent, das erst reifen und sich stählen musste.

Mit dem Rentenalter jedenfalls hat die inzwischen fünfundsiebzigjährige Munro eine Klasse erreicht, die ihren Namen regelmäßig in Spekulationsnähe für den Nobelpreis bringt. Und jedes neue Buch scheint noch besser zu sein als das vorige, falls sich zwischen »Der Traum meiner Mutter«, »Die Liebe einer Frau«, »Himmel und Hölle« und nun eben »Tricks« (auf Englisch 2004 als »Runaway«

erschienen) überhaupt noch handwerkliche Unterschiede feststellen lassen, die über persönliche Geschmacksvorlieben hinausgehen.

Was ihre Erzählungen so besonders macht, ist gar nicht leicht zu beschreiben. Munro pflegt die Kunst des Understatements, sie ist keine, die mit funkelnden Formulierungen oder rhythmisch hämmernden Sätzen prahlt. Ihre Sprache ist kühl, gut gezügelt und leicht lesbar, sie will scheinbar nichts anderes als einfache Geschichten über normale Menschen erzählen. Ihre Kunst entfaltet sich erst über die oft merkwürdige Dramaturgie, die sehr schrägen Ausschnitte, die sie wählt, und die unverhofften Wendungen, die ihre Geschichten fast immer nehmen. Lange Zeit wurde sie, eine groteske Fehleinschätzung, entweder als reine Frauen- oder als kanadische Regionalschriftstellerin in eine viel zu enge Schublade gesteckt. Das kommt wohl daher, dass ihre Geschichten immer in Kanada spielen, sehr oft in Ontario, nördlich des Lake Huron, einem kargen Landstrich voller Härten und Naturgewalten, und gelegentlich in einer fernen, primitiv anmutenden Vergangenheit, der Welt ihrer ärmlichen Kindheit. Und dass die Hauptpersonen eben meistens Frauen sind. Doch innerhalb dieser Settings, die sie klug wählt, weil sie sie am besten kennt, ist reichlich Platz für jedes menschliche Drama, für Täuschung und Betrug, Liebe, Lüge und subtile Machtausübung.

Es sind die besonderen Momente, die Alice Munro umkreist, jene Momente, die den Leser zum Nachdenken anregen, ob diese Figur sich auch anders hätte verhalten, ob da die Weichen eines ganzen Lebens anders hätten gestellt werden können. In Munros früheren Büchern waren es öfters Ehen, die auf der Kippe standen, Frauen, die plötzlich ausbrachen, dabei alles, und wenn es nicht anders ging, selbst die Kinder hinter sich zurücklassend. In ihren jüngeren Büchern sind diese grell beleuchteten Entscheidungsmomente mehrdeutiger geworden, und fast scheint die Autorin anzudeuten, dass es solche Augenblicke im Leben öfter, vielleicht jeden Tag gibt, und immer wieder werden wir uns so entscheiden, wie wir uns, je nach Charakter, eben entscheiden müssen.

Eine der neuen Erzählungen heißt »Verfehlungen«, aber so könnten viele von Alice Munros Geschichten heißen, allein in diesem Band. Eine junge, unbedarfte Krankenschwester, die daheim noch ihre missgünstige Schwester pflegt, verliebt sich eines unverhofften Nachmittags in einen Ausländer und verabredet sich mit ihm, der bald abreisen wird, genau ein Jahr später. Doch an dem herbeigesehnten Tag geschieht ein furchtbares Missverständnis, das sich erst Jahrzehnte später aufklären wird, und sie verfehlt, vielleicht, die große Liebe. Genauso die Frau namens Juliet, mit deren Leben sich gleich drei lose zusammenhängende Erzählungen in »Tricks« befassen – man könnte es ein Triptychon oder ein Romanfragment aus drei scharfen Splittern nennen: Eines Tages geht Juliets erwachsene Tochter ohne ein Wort davon, verschwindet aus dem Leben ihrer Mutter. Die Gründe dafür liegen, vielleicht, in dem sinnlosen, aufreibenden Streit, den Juliet viele Jahre davor mit ihrem Mann vom Zaun gebrochen hat, ganz kurz vor seinem Unfalltod. An irgendeinem Punkt hat sie offenbar ihre Tochter verfehlt, wie schon damals die Versöhnung mit dem Mann.

Und doch ist Alice Munros Ton nie pessimistisch. Oft gelingt ihren Figuren ja das unerwartete Herumreißen des Steuers, der Absprung aus dem bisherigen Leben. Und dort, wo er nicht gelingt, führt das eben zu einer anderen interessanten Konstellation. Aus Juliet, die in der ersten Geschichte nur ein begabter Blaustrumpf war, ist eine immens erfolgreiche, ja prominente Frau geworden. Und auch die Krankenschwester blickt im Alter auf ein Leben voller beruflichem Erfolg und frei gewählter Beziehungen zurück. Geheiratet hat sie zwar nie, doch liegt darin die Erfüllung?

Es ist, als würde Alice Munro bloß den Finger auf die Schnittstellen legen, ohne damit zu behaupten, dass ein anderes Ende besser gewesen wäre. Und das ist vielleicht das größte Faszinosum an dieser Autorin: dass sie einerseits die Charaktere ihrer Protagonisten und die Momente, da das Leben sie auf die Probe stellt, mit so wenigen scharfen Strichen ans Licht holt, dabei aber trotzdem so irritierend offenbleibt, offen für Interpretation und frei von Moral. Es ist, als lauschte sie dem Leben nur seine Geschichten ab, ohne eingreifen, gar werten zu wollen. Verschiedene Leser kommen bei ihren Erzählungen wohl zu völlig verschiedenen Schlüssen. Und merkwürdig offen ist auch die Machart dieser Texte. Man kann sie noch so genau untersuchen, ihr Aufbau, ihre Dramaturgie folgt keinem erkenn- oder nachahmbaren Konzept.

Alice Munro hat einmal über sich verraten, dass sie die Geschichten anderer Autoren selten von vorne bis hinten liest, sondern irgendwo anfängt und in verschiedene Richtungen weiterliest. Sie betrachte nämlich Erzählungen nicht als Straßen, die zwangsläufig zu etwas führten, sondern lieber als Häuser, in denen man herumschlendern und sich, je nach Neigung, in verschiedenen Räumen unterschiedlich lang aufhalten könne. Genauso scheint sie auch zu schreiben, zufälliges Schlendern als Konzept, und trotzdem flirren alle ihre Texte vor subtiler Spannung. Dies würde aber doch, laut Lehrbuch, eine genau kalkulierte Dramaturgie erfordern! Hilflos mythologisierend könnte man da mit Begriffen wie »intuitives weibliches Schreiben« um sich werfen. Aber richtiger ist wohl: Auch daran, an diesem sich der letzten Analyse entziehenden Rätsel, erkennt man Weltliteratur.

Jubeltag für Schriftsteller

Zum Literatur-Nobelpreis für Alice Munro

Hellmuth Karasek seien ihre Bücher oft empfohlen worden, doch habe er nie eins gelesen. Martin Walser, befragt, was ihm zur neuen Literatur-Nobelpreisträgerin einfalle, antwortet: null.

Das kann schnell nachgeholt werden und sagt gar nichts aus, auch nicht über Bildungslücken, die schließlich jeder hat, der Bildung hat (je mehr Bildung übrigens, desto auffälliger die Lücken – ein magisches Verhältnis). Alice Munro als »große Unbekannte der nordamerikanischen Literatur« zu bezeichnen, wie es nun gelegentlich geschieht, ist dagegen schon höherer, eurozentrischer Unsinn. Ebenso hätten Nordamerikaner im Jahr 2004 Elfriede Jelinek als große Unbekannte der deutschsprachigen Literatur bezeichnen müssen. Vielleicht haben sie es ja, zum Gaudium der Hiesigen, getan. Jedenfalls: Alice Munro ist seit Jahrzehnten eine der berühmtesten angloamerikanischen Autorinnen, ihre Erzählungen erscheinen regelmäßig in den literarischen Zeitschriften bis hin zum »New Yorker«, sie hatte jahrelang geradezu ein Abo auf die höchsten Literaturpreise ihrer Heimat Kanada, bekam den »International Man Booker Preis« für ihr Lebenswerk.

Über sie zu schreiben ist aber deshalb verflixt schwer, weil es hierzulande zwei scharf getrennte Gruppen gibt: die einen, die, wie der große, herrliche Martin Walser, »null« wissen und kennen, und die anderen, die dann meistens alles oder sehr, sehr viel kennen. Dazwischen gibt es nichts. Den Leser nämlich, der nur eine einzige ihrer

Erzählungen liest und mit einem Schulterzucken weglegt, den will ich mir nicht einmal vorstellen. Der verdient den Ehrentitel »Leser« gar nicht. Ein richtiger, anständiger Leser (in achtzig Prozent der Fälle sowieso: eine Leserin) entwickelt meistens eine schwere Munro-Sucht, die erst ein halbes Jahr und mehrere Bände später zu einem vorläufigen, erschöpft-glücklichen Zwischenhalt kommt. Ab dann lebt man mit ihr und an der Hand ihrer Geschichten weiter, beschützt und klüger.

Trotzdem wollen wir hier auch zu den Walsers unter den Leserinnen und Lesern sprechen. Versuchen wir es so: Von vielem, was nun über die Literatur der Alice Munro gesagt und geschrieben wird, stimmt ebenso das Gegenteil. Ja, ihre Geschichten handeln von Frauen und spielen immer in Kanada, und nein, sie schreibt nicht »immer dieselben Geschichten«, wie ein ahnungsloser Kritiker einmal sagte, dessen Name mir deshalb sofort entfallen ist. Sie schreibt mit den gleichen Gründen und mit dem gleichen Recht über Kanada, mit denen Proust über Frankreich oder Tschechow über die russische Gesellschaft geschrieben haben: weil sie Landschaft und Mentalität kennt, weil die Quelle ihrer Weltliteratur eben hier entspringt. Über Frauen (und Männer) wiederum schreibt sie so, wie Männer seit jeher über Männer (und Frauen) geschrieben haben: als Menschen mit hässlichen oder ergreifenden Eigenschaften, deren Geschlecht erst mal nicht mehr aussagt, als es das im Alltag tut. Frauen bei Alice Munro haben keine ideologische Funktion über ihr individuelles Menschsein hinaus, auch wenn die Welt aus weiblicher Sicht natürlich etwas anders aussieht.

Ja, Alice Munros Geschichten sind extrem anschaulich, geradezu filmisch, und kommen ganz leicht daher, als wären sie nichts. Dabei sind sie hochkomplex gebaut.

Und, Himmel, sie sind keine »Frauenliteratur«! Wenn aber doch, dann möchte man gar keine andere mehr lesen und schreiben. Alice Munro hat die klassische Gabe, mit ganz wenigen, scheinbar einfachen Sätzen eine Szene, eine Stimmung hinzutupfen: »Mein Vater kam übers Feld, in den Armen den Körper des Jungen, der ertrunken war. Es war eine Gruppe von mehreren Männern, die von der Suchaktion zurückkamen, aber er war es, der den Leichnam trug. Die Männer waren schlammbedeckt und erschöpft, und sie gingen mit gesenkten Köpfen, als ob sie sich schämten. Selbst die Hunde waren entmutigt, triefnass von dem kalten Fluss.«[17]

Und dennoch findet sich bei ihr keine Geschichte, von der man sagen kann, sie hätte das, was sie erzählt, *geklärt*. So, wie der glückliche Munro-Leser noch tagelang über die Rätsel, Leerstellen und Wendepunkte in ihren Büchern nachdenken kann (und welchen Sinn hätte das Lesen denn, wenn man das Buch nicht, ausgelesen, noch weiter in Gedanken herumtragen und benagen könnte?!), ist es fast unmöglich, eine ihrer Geschichten nachzuerzählen. Ja, da war diese Story mit der Tochter, der erst als Erwachsener, bei der Rückkehr ins Landarzt-Haus ihres Vaters, aufgeht, dass die vornehmen Damen, die immer zu ungewöhnlichen Zeiten kamen, illegale Abtreibungen machen ließen. Doch beim Wiederlesen scheint es, als ob es viel mehr um die peinvolle Vater-Tochter-Beziehung ginge. Oder um die unheimliche Haushälterin? Oder doch um das Drama der privat gescheiterten Tochter, die gerade ihr Kind zur Adoption freigegeben hat? Das ist ganz typisch: dass in allen Erzählungen mehrere Energieströme laufen, die einander umspielen und nähren.

Und noch so ein Gegensatzpaar: Obwohl sie sich so süffig, so rund und organisch lesen, stellt sich bei genauer Textanalyse heraus, dass Munro eher flächig schreibt als linear, mit schrägen Einstiegen und Schnitten, unauffällig wechselnden Perspektiven, heftigen Zeitsprüngen und Abbrüchen. Dadurch weitet sie ihr Erzählen ins Malerische, Musikalische, den Leseeindruck ins Sinnliche aus.

Und ja, Alice Munro hat, bis auf einen frühen und weniger gelungenen Roman, ausschließlich Erzählungen geschrieben. Jede davon, so redet man jetzt dem widerstrebenden, notorisch erzählungsphobischen deutschen Leser gut zu, sei »eigentlich ein kleiner Roman«. Falls das insinuieren soll, dass Romane per definitionem komplexer sind als Erzählungen (und nicht, wie oft, bloß bleich aufgedunsene Erzählungen), rauft man sich als Schriftsteller sowieso die Haare im Weltschmerz. Richtiger ist wohl, dass Munro die ihr gemäße Form einfach entwickelt hat, als sie sie im Sortiment nicht fand, Kurzromane, Langerzählungen, meist zwischen vierzig und sechzig Seiten.

Einen biographischen Vorteil hatte die heute zweiundachtzigjährige Alice Munro, der ein Nobelpreis ansonsten wahrlich nicht in die »bildungsferne« Wiege gelegt war: dass sie, wie sie einmal sagte, eigentlich noch »mitten im 19. Jahrhundert« aufwuchs – so primitiv und bitterarm waren die Verhältnisse auf der Farm ihres Vaters –, dann aber all die rasanten gesellschaftlichen Entwicklungen, sexuelle Revolution, Emanzipierung der Frau, im bewussten Erwachsenenalter erlebte. So scheint sie mehrere Leben in einem gelebt und für ihre Literatur fruchtbar gemacht zu haben.

Die Mutter litt an Parkinson, der Vater war erfolglos, die Geschwister waren klein: Der einzige Ausweg aus der Haushalts- und Pflegefalle war Bildung. Mit den besten Noten des ganzen Countys errang Alice Laidlaw ein Universitätsstipendium. Auf der Uni wurde sie von Jim Munro errungen. Mit zwanzig war sie verheiratet, mit fünfundzwanzig Mutter von zwei Töchtern, und kaum ein Text über sie kommt ohne Hinweis darauf aus, dass ihre Schreibmaschine damals in der Wäschekammer stand, zwischen Waschmaschine, Trockner und Bügelbrett. Die Vancouver Sun titelte 1961: »Housewife finds time to write short stories«.

Per Ehe also in die nächste Falle gegangen? Munros Tochter Sheila wies darauf hin, dass sich bis heute »häusliches Leben gut mit Schreiben kombinieren lässt«, worauf unsere Generation, fest durchemanzipiert (die Frau muss raus!), erst mal gar nicht gekommen wäre. Aber ja doch, gilt genau wie für Männer (denen halt das Kochen und Putzen erspart blieb): Konzentration durch Gleichförmigkeit und vertraute Umgebung, keine Extra-Aufregungen wie Mobbing oder Karrierestress. Alice Munro berichtete, dass das Problem nicht die Kinder – die schlafen viel oder gehen in die Bildungsanstalten – waren, sondern die tratschsüchtigen Nachbarinnen, die alle naslang hereinschneiten. Da zogen die Munros um.

Und so wurde aus dem Landmädchen, das den Schluss von Andersens »Kleiner Meerjungfrau« so unerträglich traurig fand, dass es sich einen neuen erfand, aus der halbverhungerten Studentin, deren Talent sofort erkannt wurde, aus der schreibenden (und das Familieneinkommen deutlich aufbessernden!) Hausfrau, die mit immenser Disziplin, gegen Wäscheberge und Verwandtenbesuche, ihre Kunst immer weiter vervollkommnete, eine der großartigsten Schriftstellerinnen unserer Zeit, handwerklich perfekt, psychologisch brillant, liebevoll ironisch, höchst lesbar und immer wieder überraschend. Dass Alice

Munro den Literatur-Nobelpreis 2013 bekommt, ist eine Nachricht, die mehr Schriftsteller auf der ganzen Welt mit tiefer, ehrlicher Freude und Zustimmung erfüllt als in den meisten Jahren zuvor. Jede Wette.

Mehr Herz als Verstand auf Papier

Die Briefe von Virginia Woolf

Es gibt kaum einen größeren Gegensatz: An Virginia Woolf zu denken, ruft Bilder pittoresker Düsternis auf – Depressionen, Schlaflosigkeit, der schaurige letzte Gang in den märzkalten Fluss Ouse, die Taschen voller Steine. Doch die ungebügelten Briefe der Virginia Woolf zu lesen, fegt diese Nachtschwärze nach wenigen Seiten hinweg. »Du möchtest etwas über Mrs. Clifford wissen«, schreibt sie am 2. April 1920 an ihre Schwester Vanessa Bell, » – die in der Tat alles war, was Du Dir je unter ihr vorgestellt hast – mit einem wabbeligen Hals, wie ein orientalischer Truthahn ihn hat, und einem Mund, der sich öffnete wie eine alte Ledertasche, oder die intimen Teile einer großen Kuh.«[18] Was für eine boshafte Klatschbase! Was für eine überschäumende Schreib- und Spottlust!

Am 25. Januar 2007 jährt sich Virginia Woolfs Geburtstag zum 125. Mal. Zu diesem Anlass veröffentlicht der Fischer Verlag ihre ausgewählten Briefe in zwei Bänden, über tausend Seiten dick. Sie sind eine fast unheimliche Ergänzung zu ihrem Werk, etwas Unerwartetes, Ungebärdiges, Blutvolles. Wenn Virginia Woolfs Romane kostbare höfische Gewänder sind, voll schimmernder Farben und filigranster Verzierungen, und ihre Tagebücher die eigenbrötlerischen Alltagskutten dazu, dann sind ihre Briefe knallbunte Accessoires, gestreift, kariert, kokett, zerfranst und manchmal bestürzend zärtlich: »Ich habe das Gefühl, gemütlich im Beutel von Mutter Wallaby, dem Känguruh, eingekuschelt zu sein. Meine kleinen Pfoten schmiegen sich an meine pelzigen Wangen. Ist Mutter Wallaby sanft und zärtlich zu ihrem Kleinen? Es wird kommen und ihr armes, mageres, räudiges Gesicht lecken«, schreibt die fast Fünfundzwanzigjährige, die als kleines Mädchen ihre Mutter verlor, an die viel ältere Jugendfreundin Violet Dickinson.

Briefe schrieb Virginia Woolf ohne Fesseln. Sie schrieb sie eilig, ohne zu korrigieren, in gestohlenen Minuten zwischen der literarischen Arbeit am Vormittag und dem Handwerk am Nachmittag in der Hogarth Press, dem ambitionierten Kleinverlag der Woolfs. Deshalb bilden sie Virginia Woolfs typischen schöpferischen Prozess so genau ab, dieses »hinter der eigenen Stimme herstolpern«, wie es in ihrem Tagebuch heißt. Leonard Woolf hat es ihr plötzliches »Abheben« genannt, wenn mitten im Gespräch die Inspiration über sie kam und sie »irgendeine verrückte, faszinierende, ergötzliche, traumhafte, fast lyrische Beschreibung eines Ereignisses, eines Ortes oder einer Person« gab. In den Briefen ist nichts zu spüren von ihren Qualen beim Schreiben der Romane, die oft Reisen an die Grenzen ihrer geistigen Gesundheit waren. Nichts zu spüren auch von ihrer lebenslangen Schüchternheit, ihrer pathologischen Verletzlichkeit, ihrer panischen Angst vor Kritik, die vor Erscheinen ihres ersten Romans zum Selbstmordversuch führte.

Von den oft introspektiven Tagebüchern unterscheidet die Briefe der explizite Wunsch, zu gefallen, zu amüsieren, zu unterhalten – besonders gerne mit Klatsch und Tratsch. Denn wem schrieb Virginia Woolf? Sie pflegte keine Korrespondenzen im herkömmlichen Sinn, indem sie sich etwa mit Kollegen gelehrt ausgetauscht hätte. Das eigene Schreiben spielt kaum eine Rolle. Nur Vita Sackville-West gegenüber äußert sie sich manchmal als behutsam kritisierende Lehrmeisterin: »Wir geborenen Schriftsteller neigen dazu, zu früh mit unseren silbernen Löffeln bereitzustehen: Ich meine, ich denke, dass es seltsamere, tiefere, kantigere Gedanken in Deinem Hirn gibt, als Du bislang hast herauskommen lassen.«

Nein, mit wenigen Ausnahmen sind diese Briefe das Gegenteil intellektueller Diskurse, obwohl sie so klug sind. Sie sind spontane Liebesbeweise, mehr Herz als Verstand auf Papier. Sie sind gerichtet an Familie und die besten Freunde, und sie haben meist keine Ordnung außer der zufälligen Folge ihrer Einfälle. Sie hüpfen von Alltagskram wie den ständigen Dienstbotenkriegen mit Lottie und Nelly zu Seitenhieben auf Dritte (»schließlich schlief er ein; wie ein preisgekröntes Schwein, das gut unterhalten wurde, schlafen dürfte«) und enden bei einer toten Maus (»wahrscheinlich verhungert«), die aus ihrem Schmutzwäschekorb gefallen ist.

Um Antwort zu erhalten, worum sie in vielen Briefen bettelt, versorgte Virginia Woolf ihre Briefpartner mit den hinreißendsten satirischen Miniaturen: »Das arme alte Ding wogte und lobte, bis man wirklich meinen konnte, man spräche mit einem Geflügel im Delirium – ihr Hals wurde länger und länger, und Du weißt, wie sie sich immer an ›wundervoll‹ hängt, als wäre es ein Seil, das in ihrem Vakuum baumelt«, lästerte sie über Ottoline Morell, und über Jack Hutchinson, er trage »pflaumenfarbenen Samt, wie ein Teewärmer«. Wenn sie, ernsthafter, von Leseerfahrungen berichtet, ist sie nicht weniger pointiert: »Ich lese Henry James … und komme mir vor wie jemand, der in einem Block aus glattem Bernstein einbalsamiert ist.«

Ironisch schrieb sie zwar einmal, »denn ich fürchte immer, Dir mit meiner losen Feder die Ohren aufzuschlitzen«, doch die lose Feder stach auch die Schreiberin selbst.

Mehr als einmal bekam sie Ärger, weil ihre Bösartigkeiten ausgeplaudert wurden oder weil sie falsche Gerüchte verbreitete. Ihre Bestürzung darüber klingt nie ganz ernst, und so fuhr sie fort, ihren Lieben von Skandalen zu berichten, in denen etwa die Monatsbinden der Frau von John Maynard Keynes eine Rolle spielten.

Doch das Briefeschreiben bedeutete für Virginia Woolf wohl mehr als sprachliche und intellektuelle Lockerungsübung. Es war ihr lebensnotwendiger Draht zur Außenwelt. Ihrer Nerven wegen lebte sie jahrelang in halbfreiwilliger Isolation, Leonard Woolf hielt sie ängstlich-besorgt von Partys und Aufregungen fern, phasenweise sogar von London. Ihre briefliche Nabelschnur jedoch pulsiert noch heute, da die Verfasserin seit über fünfundsechzig Jahren tot ist – beim Lesen ersteht ihre ganze Welt. »Briefe scheinen die Vergangenheit mehr als alles andere zu bewahren«, bemerkte sie selbst mit Mitte fünfzig beinahe schaudernd, als sie von Violet Dickinson, der ehemaligen Känguruh-Mutter, unerwartet eine gebundene Abschrift der eigenen Jugendbriefe erhielt.

In ihren Briefen erscheint eine Person so eingebettet und vernetzt, so eigentümlich komplett in Raum und Zeit. Briefe verdichten, betonen die bedeutsamen Abschnitte. So sind die Anfänge Bloomsburys hier aufbewahrt, dieses sich befreienden intellektuellen Milieus Londons in den Zehnerjahren. Kultivierte junge Damen wie Virginia Stephen begannen plötzlich über Sexualität, ja über »Arschficker« zu reden und gründeten etwas, was man heute WG nennen würde – horribile dictu mit jungen Herren! Für zwei ihrer später engsten Weggefährten und Briefpartner, Lytton Strachey und Saxon Sydney-Turner, hatte die junge Virginia beim ersten Kennenlernen nur Spott übriggehabt, »sie sitzen die ganze Zeit still da, absolut still; gelegentlich flüchten sie sich in eine Ecke und kichern über einen lateinischen Witz. Ich glaube nicht, dass sie robust genug sind, um sehr viel zu empfinden.«

So luftig und leicht, so klug und lustig sind diese Briefe, dass sich ein Gedankenspiel aufdrängt: Wären sie das einzige biographische Zeugnis Virginia Woolfs, wir hätten ein vollkommen anderes Bild von ihr. Daran zeigt sich aber, dass auch Briefe nur einen Ausschnitt der Persönlichkeit abbilden, jenen nämlich, den sie anderen zu zeigen bereit ist. Wie das Schreiben ist auch Virginia Woolfs Krankheit, außer in den Abschiedsbriefen, kein Thema. Höchstens teilt die fast Genesene mit, wie sehr die Bettruhe und das ewige Milchtrinken sie langweilen – zu ihrer Zeit waren das die einzigen Rezepte für psychiatrische Patienten. Doch wie ein krankes Kind nicht isst, so schreibt die kranke Virginia Woolf nicht, auch keine Briefe. Die stummen Lücken ihrer Korrespondenz bezeichnen ihre wiederholten monatelangen Zusammenbrüche.

Der Erste Weltkrieg fehlt fast ganz. Bald nach ihrer Hochzeit 1912 und dem Abschluss ihres ersten Romans flüchtete sie sich, wohl aus Angst vor zweifacher Entblößung, jahrelang in das Dunkel des Wahnsinns. Der Zweite Weltkrieg als reale Bedrohung nimmt dagegen großen Raum ein. Virginia, die längst eine berühmte Schriftstellerin ist, erlebt, dass sich nicht nur der eigene Kopf, sondern die ganze Welt verdüstern kann. Die engen Freunde Lytton Strachey und Roger Fry sterben, der älteste Neffe Julian fällt im Spanischen Bürgerkrieg. Die Woolfs, die eine Invasion der Deutschen noch mehr als andere fürchteten, da Leonard Jude war, besorgen sich Gift für einen Doppelselbstmord. Und Virginia sieht ihre zweite große Liebe, die Stadt London, in Schutt und Asche fallen. Sie flüchtet sich in Bücher, »ich lese mich in einen Zustand der Empfindungslosigkeit hinein«, schreibt sie unter dem Eindruck von Bomben und Kampfflugzeugen an Ethel Smyth, und an Vita Sackville-West: »Ich habe keine Angst, ich meine, um meinen eigenen Körper. Aber er ist ein alter Körper. Und trotzdem hätte ich gern noch zehn weitere Jahre.« Sie hatte keine zwei Jahre mehr. Denn noch mehr als Hitler fürchtete sie ihre Krankheit, die Anfang 1941, wie Leonard Woolf sich erinnerte, ohne die üblichen Vorzeichen kam, so schnell wie der Blitzkrieg. Und so werden diese beiden Bände beendet vom letzten und berühmtesten Brief Virginias an Leonard Woolf: »Liebster, (...) wenn überhaupt jemand mich hätte retten können, wärst Du es gewesen. Alles ist von mir gegangen bis auf die Gewißheit Deiner Güte. Ich kann Dein Leben nicht länger ruinieren. Ich glaube nicht, daß zwei Menschen glücklicher hätten sein können als wir es waren. V.«

Diamant mit Umgebung

Die Erzählungen von F. Scott Fitzgerald

Jedes Meisterwerk balanciert einsam auf einem riesigen Berg aus Ausschuss, abgebrochenen Experimenten, weniger gelungenen oder sogar missglückten Versionen. Es ist das Verhältnis des Diamanten zum Geröll, und dieses Verhältnis ist einer der Flüche der Künstlerexistenz. Kein Schriftsteller hat nur Meisterwerke geschrieben, ja die Fehlschläge und Mittelmäßigkeiten gehören unbedingt dazu, damit auf ihnen das Überirdische weich landen kann, und so unerwartet und unkalkulierbar, wie es ihm eben passt. Und wie auch das Leben selbst nur in einigen seltenen Momenten strahlend schön und perfekt ist, so ist es ein Lebenswerk. Diese eher unangenehme Wahrheit, die uns ja höchstens Demut lehren könnte, ist an den Erzählungen Francis Scott Fitzgeralds gerade äußerst lehrreich zu besichtigen. Eine herrlich blauleinene, im Schuber gelieferte Ausgabe hat der Diogenes Verlag uns beschert, fast zweitausendachthundert Seiten seiner Storys, dazu in jedem der vier Bände ein kundiges Nachwort, gefolgt von editorischen Notizen.

Was ist das? Sind das alle Erzählungen Fitzgeralds? Nein, das wären nämlich noch viel mehr. Sind es also seine besten Erzählungen? Ebenso nein, das wären nämlich viel, viel weniger. Es ist, siehe oben, Diamant mit Umgebung.

Was es aber damit zu entdecken gilt, ist ein unheimlich intimer Querschnitt durch das Schaffen und die Arbeitsbedingungen dieses Autors, der im Lauf seines Lebens so hoch gestiegen und so tief gefallen ist, Stichworte Shootingstar der Zwanzigerjahre, Glamourpaar mit der göttlich schönen Zelda, doch dann Zeldas schizophrene Schübe und sein Kampf gegen den Alkohol, den er mit nur vierundvierzig Jahren verlor.

Es ist bekannt, dass Fitzgerald seine Erzählungen nur selten aus Neigung, sondern zum Zwecke des Gelderwerbs geschrieben hat, denn erstens war er einer der wenigen, die sich mit dem Schreiben zeitweise die sprichwörtliche goldene Nase verdienten, zweitens gaben Zelda und er in jungen Jahren das Geld mit beiden Händen aus, und immer noch mehr, als sie hatten. Bis zu viertausend Dollar hat Fitzgerald für seine Storys bekommen, als sein Marktwert am höchsten stand; das wäre heute schon viel, aber man muss es wohl noch mindestens mit acht multiplizieren. Trotzdem oder deshalb hat er selbst seine Storys minder geachtet; sie schienen ihn von der höherstehenden Arbeit an den Romanen abzulenken, mit denen er höchstens einen Bruchteil verdiente.

Von Dorothy Parker soll der Satz stammen, wonach Fitzgerald zwar schlechte Erzählungen geschrieben haben mag, aber nie schlecht geschrieben habe. Das stimmt so sehr, dass es wehtut. Denn diese Erzählungen sind, gerade in ihrer geballten Summe, eine skurrile Erfahrung, wie eine Reise durch etwas, was orientalischer Bazar, Flohmarkt und Oper in einem ist, Kitsch und Kunst und Räuberpistole.

Ehrlich, das hätten wir Fitzgerald nicht zugetraut, diese teilweise krachledernen Plots, wo Telegramme aus Übersee von Flugzeugabstürzen künden, die Heldin bricht zusammen, auf dem Fuß folgt das zweite Telegramm, der Geliebte, aber bisher kalt Zurückgewiesene wurde, an eine Planke geklammert, von einem Fischerboot gerettet, und alles ist gut, sie wird ihn nun lieben bis ans Ende aller Tage.

Oder, eine noch spektakulärere Variante des Lieds von den komplizierten Wegen der Liebe: Eine gelangweilte Wohlstandszicke wartet nur auf den Moment, mit einem alten Spieler durchzubrennen. Da wird Papas Yacht von einem ebenso genialen wie todtraurigen Musiker entführt, der mehrere »singende Neger« sein Eigen nennt und wegen eines gigantischen Juwelencoups international gesucht wird. Die Zicke lässt sich gern entführen, und nach einer Weile ziellos auf See verliebt sie sich sogar ein bisschen in den gehetzten Musiker. So richtig heftig verliebt sie sich, als am Horizont das Kanonenboot der Zollwache auftaucht und damit Verhaftung, Gefängnis, Trennung, Tragödie zu dräuen scheinen. Doch hat der süße junge Musiker, in Wahrheit ebenfalls ein Millionärssohn, alles nur gespielt, weil er sich in die Zicke verguckt hatte, aber ahnte, die würde er nur mit Abenteuer, Exzentrik und Anrüchigkeit rumkriegen! Zum Glück ist die Zicke, nach einer Schrecksekunde, klug genug, um die falsche Entführung mitsamt den so betörend singenden kleinen Negern als künstlerische Leistung zu würdigen – Hochzeitsglocken.

Ein Mann, dessen Familie seit Generationen buchstäblich auf einem Diamantenberg sitzt, was unermesslichen Reichtum garantiert, aber auch mörderische Geheimhaltung erzwingt – kein Schulfreund seiner Kinder, der je in das abgeschiedene Tal voll paradiesischem Luxus zu Besuch kam, hat es lebend verlassen.

Ein Ehepaar, dem kein Baby, sondern ein Greis geboren wird, der sich im Laufe seines Lebens zurückentwickelt und als Säugling stirbt. Was das Problem der »Lebensabschnittspartner« einmal auf ganz andere Weise beleuchtet. Wie gesagt, in vielen Fällen absolute Räuberpistolen.

Das Verrückte aber ist: Man merkt es kaum. Man muss

sich schon zum »professionellen Blick« zwingen, der doch im Grunde ein künstlicher ist. Den wahren Leser, der sich nur fesseln und unterhalten lassen will, umgarnt Fitzgerald mit dem Krachledernen ganz genauso reizend wie mit dem rätselhaft Kristallinen, für das er, etwa mit dem »Großen Gatsby«, berühmt geworden ist. Das macht, was sonst, seine Sprache.

Noch in seinen konstruiertesten Geschichten stehen ewige Sätze. Fitzgerald vermag sein Personal mit zwei, drei ironischen Bürstenstrichen so zu charakterisieren, dass man die Sprache vor Vergnügen knistern hört: »Die wohlbehüteten Kinder der reichen Oststaaten-Familien altern früh; mit vierunddreißig war Philip Jadwin schon nicht mehr sicher, ob er überhaupt Gefühle besaß.«[19] Oder: »Es war ein großgewachsener junger Mann mit langen Tänzerbeinen und mit dem Gesicht eines alten, erfahrenen Wiesels, für das kein Hühnerstall eine uneinnehmbare Festung war.« Oder: »Wie viele Amerikaner neigte er dazu, die Dinge eher zu schätzen als zu lieben. Seine Apathie entsprang weder Lebensangst noch Blasiertheit, sondern der Müdigkeit eines Menschenschlags, der seine Gewalttätigkeit erschöpft hat.« Für solche Formulierungen nimmt man die unwahrscheinlichste Handlung hin.

Dennoch kommen uns diese Erzählungen heute nie ganz nahe, so als lägen sie hinter Milchglas. Das mag am Alter der Protagonisten liegen, das heutzutage einfach befremdet: Keine junge Frau älter als achtzehn, kein junger Mann älter als zweiundzwanzig. Fünfundzwanzigjährige, die noch Debütantenbälle besuchen, fallen da bereits auf. Der alles entscheidende Moment, der dem ganzen folgenden Leben seine Richtung gibt, scheint nur in diesen lächerlichen, blutjungen vier Jahren zu liegen, an die sich, Hand aufs Herz, kein erwachsener Mensch wirklich erinnern kann. Fitzgerald, der jugendliche Held der »Roaring Twenties«, der übrigens mit Mitte dreißig schon weit älter aussah, muss mit dem Altern noch mehr gehadert haben als ohnehin üblich. In seinen Erzählungen werden auf Ältere nur despektierliche Blicke geworfen. Frauen um die vierzig sind vertratschte Matronen, Männer müde, meist dem Alkohol verfallene Nostalgiker mit »ledrigen Wangen« und Speckhüften. Eine besonders schöne und traurige Erzählung – »In deinem Alter« – handelt von einem Fünfzigjährigen, der um eine Zweiundzwanzigjährige wirbt und sich, so der Subtext, damit schon lächerlich macht, obwohl dieses Mädchen reichlich jugendlich geistlos ist. Trotzdem, es befindet sich – noch – im Paradies, dem der ältere Mann (gemeinsam mit dem Autor) hilflos hinterhertrauert.

Und deshalb bilden diese Erzählungen, chronologisch gelesen, eine Art Kommentar zu Fitzgeralds Leben. Die erwähnten wilden Plots gehören in die früheren Perioden, als der brillante junge Mann brillieren wollte. Später werden sie knapper und düsterer und variieren formal viel stärker, suchen sich auch, etwa mit den Filmstudios in Hollywood, die Fitzgerald als Drehbuchautor kennenlernte, neue und originell-satirische Schauplätze. In einer seiner berühmtesten Erzählungen, »Wiedersehen mit Babylon«, versucht ein schlecht beleumdeter Witwer vergebens, sein bei Verwandten untergebrachtes Kind zu sich zu holen, ein kaum verdecktes, herzzerreißendes Porträt seiner eigenen Situation, als Zelda in der Psychiatrie, die kleine Tochter Scottie bei Gouvernanten und in Internaten war.

Man wundert sich ja, dass Hollywood noch kein Fitzgerald-»Biopic« produziert hat, in dem seine wahnwitzig-symbiotische Liebesgeschichte mit Zelda, ihr dekadentes Leben voller Reisen und Partys, und schließlich der Absturz in Psychiatrie, Armut und Trunksucht in so zärtliche

Bilder gepackt wurden wie damals Mia Farrow und Robert Redford im »Großen Gatsby«. Doch die schemenhafte autobiographische Spiegelung in seinen Werken zu entdecken, ergänzt vielleicht noch durch Pietro Citatis luziden Essay »Schön und verdammt« (ebenfalls bei Diogenes), ist natürlich die anspruchsvollere und angemessene Herangehensweise. Fitzgeralds Erzählungen sind wie ein Selbstversuch für emphatische Leser, eine bezaubernde, immens unterhaltsame, ein wenig sepia-stichige Langstrecke. Und sie beweisen: Wer schreiben kann, kann über alles schreiben.

Ein schöner, böser Traum

Andrzej Barts Roman »Die Fliegenfängerfabrik«

Träume funktionieren schlecht in der Literatur. Man denke nur an Thomas Mann oder auch an Doderers Monumentalroman »Die Dämonen«. Zwei Traumkapitel stehen dort wie Fremdkörper in der Gegend herum, bedeutungsschwanger und doch kreuzlangweilig, weil eben nur geträumt. Wahrscheinlich ist die Literatur selbst aus so viel Traumstoff gemacht, dass ein Autor seine Figuren nicht gefahrlos, und jedenfalls nicht über mehrere Seiten, träumen lassen sollte. Der Leser möchte die Metaebene ja nicht sehen wie ein Lampenkabel, das aus der Kulisse hängt.

Doch nun hat der polnische Autor Andrzej Bart ein Buch geschrieben, das als Ganzes ein Traum ist und überraschenderweise auch wie ein solcher funktioniert, verführerisch, süchtig machend. Keine Technik ist zu bemerken, kein Illusionistentrick: Der Leser schwebt, er phantasiert, er rätselt, verliert gelegentlich den Faden und steigt in faszinierende Traumbilder wieder ein.

Dabei ist Barts Thema höchstens alptraumtauglich, wenn das nicht noch eine grobe Verharmlosung wäre. Es geht um das Ghetto von Łodz, um das Verhalten des berüchtigten Judenältesten Chaim Rumkowski. Seit die große und verehrungswürdige Hannah Arendt in ihrem Prozessbericht »Eichmann in Jerusalem« ihren eigenen – biographisch höchst verständlichen – blinden Fleck ausgestellt hat, als sie die Rolle der Judenräte kritisierte, gehört es zum Comment hoffährtiger Nachgeborener, sich über das Verhalten dieser Menschen zu empören.

Zugegeben, es ist mit unserem retrospektiven Wissen schwer zu begreifen, dass Juden selbst Deportationslisten zusammengestellt und für den reibungslosen Abmarsch in die Gaskammern gesorgt haben. Aber eben nur mit unserem Wissen, vom warmen Sofa aus und im sicheren Abstand von friedlich-demokratischen Wohlstandsjahrzehnten. Rumkowski aber war für ein Ghetto verantwortlich, in dem zeitweise weit über hundertsechzigtausend Einwohner unter den bekannten Bedingungen lebten. Indem er das Ghetto – natürlich auf dem Rücken seiner geschundenen Einwohner – zu einer hochprofitablen Produktionsstätte machte, die alle möglichen Waren an die Nazis lieferte, glaubte er, damit dessen Bestand und das Überleben der Łodzer Juden zu sichern. Als die Nazis die Herausgabe der Alten, Kranken und aller Kinder bis zehn Jahre verlangten, gab er sie ihnen, immer in der Hoffnung, wenigstens den viel größeren Rest zu retten. Seine Rede vom 4. September 1942, die in der Beschwörungsformel »Gebt mir eure Kinder« gipfelte, gehört zu den schauerlichsten Dokumenten dieser Zeit.

Gewiss ist Rumkowski eine der problematischsten Figuren unter den Judenräten. Zahllos sind die Vorwürfe, die ihm, der nach Liquidierung des Ghettos 1944 selbst in Auschwitz-Birkenau ermordet wurde, von Überlebenden gemacht wurden. Salopp gesagt, war er vermutlich ein menschliches Arschloch in einer unerträglich schrecklichen Rolle, die von charakterlich Höherstehenden jedoch kaum besser ausgefüllt worden wäre. Denn dass es die Nazis waren, die ihn zu alldem, schließlich zur Auslieferung von mehreren Zehntausend Kindern zwangen, das darf doch keinen Augenblick lang vergessen werden. Die Quellen sagen, dass diese Kinder gellend nach ihren Müttern schrien, als sie in ihren schönsten Kleidern deportiert wurden.

Wenn man also, wie Andrzej Bart, die moralische Frage abhandeln will, greift man am besten zu einem Extrembeispiel wie Rumkowski. Das ist so logisch wie größenwahnsinnig. Aber dieser Bart macht da, wo man nichts richtig machen kann, instinktiv einfach gar nichts falsch.

Das ganze Buch ist, wie gesagt, eine Art schöner, böser Traum. Ein Schriftsteller, der in Breslau lebt, wird von einem geheimnisvollen Boten nach Łodz befohlen. Nie wieder wollte er dorthin, doch jetzt muss er, ein innerer Zwang, eine Verpflichtung, keine Widerrede. Dazu eine zweite Handlung: Ein alter Mann, seine viel zu junge Frau und ein Halbwüchsiger, der nicht ihr Kind ist, aber irgendwie dazugehört, kommen mit einem Salonwagen an geheimnisvollem Ort an, einer stillgelegten Baumwollfabrik. Dort wird der alte Mann vor Gericht gestellt, ein irreguläres Verfahren, wie seine Frau, früher selbst Rechtsanwältin, weiß. Der Leser übernimmt gern ihre Sicht, die Sicht dieser reflektierten Frau, und spürt doch, dass das gefährlich ist.

Ein seltsamer Prozess: ein charismatischer Richter, ein überengagierter Staatsanwalt, ein unerfahrener, aber eventuell genialer Verteidiger, alte, kranke, verzweifelte, auch hasserfüllte Zeugen. Die meisten hier sind eigentlich schon tot, begreift man plötzlich staunend, denn das ist es, was Bart uns hier erzählt: Tote und überlebende Juden machen ihrem toten Judenältesten den Prozess. Hannah Arendt tritt in den Zeugenstand, ebenso Hans Biebow, der deutsche Leiter des Łodzer Ghettos, der nach dem Krieg für seine Untaten gehängt wurde.

Mit dieser märchenhaften Konstruktion zwingt Andrzej Bart uns ungeheuerliche Fragen auf: Ist man jemandem dankbar, der einem zwei Jahre Leben geschenkt hat? Nur zwei kurze Jahre? Oder wäre man, bei dem immens hohen

Preis, lieber gleich gestorben? Die Antwort darauf ist wohl, wie so oft, eine höchst individuelle, von Mensch zu Mensch verschieden. Nachdem die Kinder ausgeliefert worden waren, ließen die Nazis das Ghetto jedenfalls fast zwei Jahre in Ruhe, bis sie es liquidierten.

Andrzej Bart gelingt das Wunder, die komplexesten moralischen Fragen in reine Literatur aufzulösen, in fesselnd schöne, dabei schreckliche und traurige Bilder und Szenen. Er verschont diesen Rumkowski beileibe nicht, er lässt alle Zeugen aufmarschieren, die ihn der Selbstherrlichkeit und Schwäche, der Geltungssucht und auch sexueller Übergriffe bezichtigen. Es gibt auch ein paar, die ihn verteidigen, die von dem perfekten Sozialstaat im Ghetto erzählen, von Schulen, Waisenhäusern, von Krankenversorgung und Altersheimen.

Mit leichter Hand bricht Bart die Zwänge von Chronologie und Kausalität einfach auf. In Träumen darf man das. Sein Schriftsteller-Chronist, offenbar ein Überlebender, verliebt sich in ein junges Mädchen, das nicht überlebt hat, und streift mit ihm noch einmal durch die Łodzer Altstadt. Kafkas Schwestern verfolgen den Prozess als Zuschauerinnen, Elli und Valli, die nach Łodz deportiert und später in Chełmno umgebracht wurden. Der Chronist ertappt sich bei dem Gedanken, dass er lieber Ottla begegnet wäre, Kafkas Lieblingsschwester, und schämt sich gleich dafür.

Der angenommene Sohn Rumkowskis entkommt dem drückenden Gerichtssaal, treibt sich in Theatergarderoben herum, versteckt sich unter einem Diwan und sieht gerade noch rechtzeitig eine nackte Frau. Denn bald wird er ja sterben müssen, in Auschwitz.

Als einen Höhepunkt der Verhandlung bittet der Richter den ganzen Gerichtssaal ins Theater. Große Monologe der Weltliteratur zum Thema Schuld und Sühne werden aufgeführt, Shakespeare und Co., doch die zerlumpten Juden im Publikum nehmen all das für bare Münze, als zynische Rechtfertigung für das, was ihnen geschehen ist. Sie buhen, trampeln und schmeißen Gegenstände auf die ebenfalls jüdischen, vor dem Krieg berühmten Schauspieler, die schließlich vom Richter geschützt werden müssen; eine ungeheuerliche Vorstellung, ein ergreifender Einfall.

An diesen Stellen legt der Autor gelassen die Mechanik seines Romans offen, ohne ihm den Zauber zu nehmen. Solange er uns diese irrwitzige Geschichte erzählt, sind sie alle wieder da und haben dieselben Rechte, die Überlebenden wie die Toten. Und so seltsam es klingt: Auch dieser literarische Prozess hat den kathartischen, beinahe tröstlichen Effekt, den reale Prozesse so oft haben. Man geht die Sache noch einmal durch, wägt Für und Wider ab und genießt die Tatsache, dass sich der Angeklagte endlich einer Instanz stellen muss.

Doch wie kann ein solcher Prozess enden? Welches Urteil kann über einen Rumkowski gesprochen werden, von seinen eigenen Leuten? Der eifrige Staatsanwalt verzichtet überraschend auf sein Plädoyer, der Verteidiger übernimmt, beginnt nun selbst, seinen Mandanten anzuklagen, entreißt ihm schließlich den Gehstock und drischt damit auf einen Stuhl ein, neben dem Rumkowski sitzt. Er schlägt den Stuhl in Trümmer, nicht den Menschen: »Es war notwendig, ihm die falsche Überzeugung aus dem Kopf zu schlagen, er sei ein guter, fürsorglicher Jude gewesen, denn tatsächlich war er nur ein aufgeblasener Dummkopf. Ich beantrage deshalb das härteste Urteil ... Möge unsere Strafe sein, dass man ihn ewiglich als den in Erinnerung behält, der er war!«[20]

Danach ist der Prozess vorbei, und die Geschichte geht weiter, jene, die wirklich geschehen ist und über der man immer aufs Neue den Verstand verlieren könnte. Die Waggons fahren vor, die Menschen werden hineingetrieben, auch Rumkowski und seine Familie. Er hat keinen Salonwagen gekriegt, wie nachher gelegentlich behauptet wurde. Die Türen werden verschlossen, Abfahrt nach Auschwitz.

Dies ist wahrlich große Literatur. Sie gibt keine Antworten, sondern stellt hochkomplizierte Fragen vor uns hin, beleuchtet sie von allen Seiten, bis wir die zynische Zwangslage Rumkowskis genauer verstanden haben, als wir je wollten. Das aber lässt sich nicht in ein knappes »schuldig« oder »unschuldig« fassen, es ist etwas, wofür wir den langen Atem brauchen, für das ganze widersprüchliche, mehrdeutige Gewebe, das »Roman« heißt, oder »menschlicher Charakter«, oder »Leben«. Hier zeigt die Literatur selbst, wozu sie fähig ist, indem sie, wie mit diesem erträumten Prozess, kreative Formen findet, die andere, höhere Wahrheiten formulieren, als der beste historische Aufsatz es könnte.

Ja, es scheint, als habe dieser gelassene, immer leicht ironische Andrzej Bart mit diesem Buch dem so vielgestaltigen Koloss der Holocaustliteratur etwas ganz Eigenes hinzugefügt. Und das Urteil über Rumkowski hat er wie nebenbei auch gesprochen, voller Wut und Erbarmen.

Ein Dissident, kein Publikumsliebling

Laudatio auf Georg Kreisler

Ein befreundeter Schweizer Journalist hat ein Interview mit dem sichtlich verschlafenen und äußerst missgelaunten Elton John einmal todesmutig so begonnen: »Sir Elton, manchmal hasse ich Sie!« Da wachte der kratzbürstige Star blitzschnell auf und sagte: »Das fängt ja gut an. Warum?«

»Weil«, sprach der Journalist, »ich manchmal mitten in der Nacht aufwache und in meinem Kopf singt jemand *I'm still standing.*«[21]

Nein, diese Einleitung spielt nicht darauf an, dass ich vor ungefähr dreizehn Jahren Georg Kreisler interviewt habe, dessen Laune damals mit der des frühmorgendlichen Elton John vergleichbar gewesen sein dürfte. Ich verstehe heute übrigens diese Laune und schäme mich beinahe für das Interview. Georg Kreisler hatte damals gerade einen offenen Brief an die Republik Österreich geschrieben, wonach er sich offizielle Glückwünsche zu seinem bevorstehenden fünfundsiebzigsten Geburtstag verbat. Wir müssen das als eine typisch Kreisler'sche paradoxe Intervention verstehen. Solange er auftrat, wurde er in Österreich ignoriert, das heißt über Jahrzehnte selten bis nie engagiert, er selbst ist sogar überzeugt, er sei aktiv verhindert worden. So etwas lässt sich zwar nie beweisen, als gebürtige Wienerin glaube ich es aber sofort.

Mit diesem ungewöhnlichen Brief also rief er ganz laut in eine Grabesstille »Lasst mich dann übrigens auch zum Geburtstag in Ruhe«, da wachte die so berechenbare Journalistenmeute auf – darunter leider auch ich – und wollte sich den störrischen Jubilar als »Story« einverleiben.

Doch die Parallele zu der Elton-John-Geschichte ist natürlich die andere: Wer mit Georg Kreislers Werk vertraut ist in dem Sinne, dass er mehr als das »Taubenvergiften« kennt, der wird bestimmte Sätze und Reime nie mehr vergessen können. Das Gegenstück zum Ohrwurm der Popmusik ist Kreislers literarischer Verswurm. »Wenn in Arabien die Zeiten besser sind, dann heißt es Bessarabien«, singt Georg Kreisler oft in meinem Kopf, wenn mich die Langeweile des Alltags zu überfluten droht, »Wenn man Tomatensaft nur maschinell erzeugt, dann heißt er Automatensaft«.

Dieses scheinbar harmlose, sprachbesessene Wortblödeln ist zumindest für Menschen, die mit Sprache arbeiten, ein unabdingbares Aufwärmtraining wie die Tonleitern für den Sänger.

Dann gibt es bei Kreisler Reime, die von Robert Gernhardt sein könnten, würde man ihnen nicht genau anhören, dass ihnen auch noch eine Melodie zugrunde liegt: »Es sucht sein Gefol-ge im Alko-hol Genesung – und Erlösung. / Erst wenn ich aan Wein riech' – kann ich von Heinrich lassen, schrei'n die Massen«. Oder auch die Zeile aus den von Anfang bis Ende hinreißenden »Alten Tanten«: »Man gibt dem Araber sein eig'nes Dromedar – aber wozu?«

Kreisler hat auch Sätze geschrieben, die das Krönchen des Aphorismus tragen, Sätze, so schlagend, dass sie immer schon auf der Welt gewesen zu sein scheinen. Glasklare Einfachheit, die einem aber erst einmal einfallen muss – ihm ist sie eingefallen: »Der Tod, das muss ein Wiener sein, genau wie die Lieb' a Französin« oder: »Dreh das Fernsehen ab, Mutter, es zieht«.

Und wenn ich gestehe, dass zu meinen sadistischen

Lieblingsphantasien ein gemeines Zitatenquiz für Literaturkritiker gehört, wem würde dann wohl folgender Satz zugeschrieben:

»Ich singe Lieder in die blauwattierte Ferne, ich hänge Klagen an die pausenlose Zeit«?

Ich glaube ja, der Satz würde eher Paul Celan zugeschlagen als diesem angeblichen Kabarettisten mit der bedrohlich großen Brille, der, am Klavier sitzend, so giftig grinsen konnte.

Jetzt soll es mit der ganzen Vergleicherei aber wirklich ein Ende haben. Denn Georg Kreisler ist mit Ringelnatz, mit Morgenstern, mit Wedekind, mit Maurice Chevalier und mit Kurt Weill verglichen worden, und was hat es ihm genützt? Den Vergleich braucht man ja immer dann so händeringend, wenn ein viel zu wenig Gewürdigter am Bekannten, am längst Durchgesetzten festgemacht werden soll. Um auf diese brachiale Weise zu zeigen, in welche Klasse er eigentlich gehört.

Nun wird er mit dem Hölderlinpreis geehrt. Georg Kreisler wird bald achtundachtzig Jahre alt, hat jedoch bisher kaum nennenswerte Ehrungen bekommen. Das ist im Grunde ein riesiger Witz, so bittersüß, dass er von ihm selbst sein könnte.

Man mag das auf den ersten Blick ungerecht und unfassbar finden, aber es scheint mir auch ein beinahe tröstliches Beispiel zu sein für die naturgegebene Unvereinbarkeit großer Kunst mit dem Zeitgeist. Die Kunst stört die Menschen und kommt deshalb immer zu früh, nämlich dann, wenn die sich gerade erst an das gut Abgehangene gewöhnt haben.

Für Georg Kreisler gilt das in allen seinen Schaffensperioden. In den Fünfzigerjahren, in dieser verbissen harmonischen Wiederaufbauwelt, war sein Lied vom Taubenvergiften anstößig und im Österreichischen Rundfunk sogar eine Zeit lang verboten. Schließlich hatte man erst kürzlich im großen Stil vergiftet, und keine Tauben, aber daran wollte man sich von diesem ehemaligen jüdischen Flüchtlingskind wirklich nicht erinnern lassen. Später entspannte man sich ein wenig, verharmloste das Lied als Persiflage auf das gemütlich-bösartige Wienerherz und erfand eine Schublade mit der Aufschrift »schwarzer Humor«. Dort wollte man Herrn Kreisler fürderhin unterbringen. Er dichtete das Lied um, auf Atomkraftwerke, auf den Papst, aber die sogenannten Fans wollten am liebsten immer nur das »Original« von den Tauben hören. Bis heute gibt es solche Fans, die ihm nicht verzeihen wollen, dass er nicht dabei geblieben ist, beim schwarzen Humor als Lebensaufgabe, der dem Publikum den Abend hätte versüßen, aber nicht den Magen verderben sollen.

Doch Kreisler war da längst woanders und weiter, bei den »Seltsamen Gesängen«, den »Seltsamen Liebesliedern« und den »Nichtarischen Arien«, die allesamt literarisch hoch anspruchsvoll sind. Das Kunststück, das er in seinen besten Liedern vollbringt, durchzieht ja alle Ebenen, die musikalischen und die literarischen. Zuerst ist da natürlich die charmante Musik, das perfekte Schmiermittel, das einem hinterhältig das Herz öffnet. Die Musik ist aber genauso Ablenkung wie Kreislers vielgerühmter Humor. Denn wie jeder, über dessen Kunst man mehr als zweimal lachen kann, ist Georg Kreisler in Wahrheit kein lustiger, sondern ein tieftrauriger Künstler. Der echte Witz dient in der Kunst ja ausschließlich dazu, die Menschen weich und offen zu machen, damit sie sich überhaupt von irgendeinem Gedanken berühren lassen.

Georg Kreisler hat von klein auf eine profunde musikalische Ausbildung genossen (Geige, Gesang, Komposition) und spielt perfekt Klavier. Wer ihn je auf der Bühne erlebt hat, hat eventuell manchmal das Zuhören vergessen, gebannt von dem Faszinosum, dass er nie, nicht einmal bei den technisch schwierigsten Stücken wie seinem »Opernboogie« mit den vielen Zitaten aus der klassischen Musikliteratur, auf die Tasten sah. Er ist ein stolzer Perfektionist, und es ist nur allzu verständlich, dass er so manch anderen seiner Zunft schon aus rein handwerklichen Gründen nicht ernstnehmen kann.

Doch seine Waffe und seine hohe Kunst ist die Sprache. Georg Kreisler ist in erster Linie ein Sprachkünstler, auch wenn die Musik seinen Liedern noch eine zusätzliche Dimension gibt, um die man ihn nur beneiden kann. Jedes Lied erzählt eine ganze Geschichte auf knappstem Raum. Das geht nur, weil sie so vielschichtig sind. Es erübrigt sich, zu bemerken, dass bei Georg Kreislers Liedern kein Refrain je denselben Text hat (Ausnahme: »Telefonbuchpolka«), denn das wäre ja billig. Stattdessen vollziehen sich gerade innerhalb der wiederkehrenden Melodien die dramatischsten inhaltlichen und literarischen Steigerungen. Joachim Kaiser hat das einmal so formuliert:

»Kreislers Charme besteht darin, dass er seine Lieder nicht stolz auf Pointen hin schreibt, sondern die hübschesten Funde gleichsam nebenher einfließen lässt; nicht als Gags, sondern als Überfluss.«[22]

Auffallend und bedeutungsvoll ist der atmosphärische Unterschied zwischen Kreislers vertonten und den unvertonten Texten, also zwischen den Liedern auf der einen und den Erzählungen, Gedichten und autobiografischen Schriften auf der anderen Seite. Ganz grob gesagt: Während in den Liedern neben der gleißenden Ironie eine tief anrührende, unstillbare Trauer zu überwiegen scheint (ich betone es an dieser Stelle noch einmal: Die wirklich bösen, schwarzen und die brüllend komischen Lieder sind aufs Werk gesehen in der Minderheit, obwohl sie vielleicht die bekanntesten sind), dringt aus seinen reinen Texten eine kaum kaschierte Wut. Hier, in Büchern mit so herrlichen Titeln wie »Ist Wien überflüssig? Satiren über die einzige Stadt der Welt, in der ich geboren bin«, erweist sich Georg Kreisler deutlich als Teil der österreichischen literarischen Tradition, die ja eine sehr spezielle Mischung aus kalt-tiefenscharfer Analyse und heiß-emotionalem Wut- und Verzweiflungs-Geheul ist. Auch Georg Kreisler ist, wie manch anderer, ein Übertreibungskünstler. In seiner Übertreibung liegt paradox die Treffsicherheit.

Nun ist Österreich, oder die innere Konstruktion davon, ein zwar ungebetenes, aber offenbar unvermeidliches Lebensthema vieler österreichischer Künstler.

Im Fall Georg Kreislers erscheint mir jedoch ein besonderer biographischer Umstand wesentlich: Als im März 1938 der Nazi-Terror begann, war er ein Jugendlicher, noch keine sechzehn Jahre alt. Und dann müssen wir uns noch daran erinnern, wie sehr sich besonders die Österreicher hervorgetan haben, als man endlich ungestraft Juden quälen durfte. Selbst in Berlin fand man das, was die Österreicher anfachten, ein wenig übertrieben und rief zur Mäßigung auf. Natürlich gab es überall, in allen später von den Nazis besetzten Ländern, Antisemiten und Sadisten, die nur auf den Startschuss gewartet haben. Aber besonders in Österreich verfiel in diesem historischen Moment 1938 ein stilbildender Teil der Bevölkerung einer zügellosen und sadistisch-kreativen Volksfeststimmung. Jüdische Geschäfte und Synagogen zu plündern und anzuzünden war von oben befohlen. Die sogenannten »Aufreibepartien« und die »wilden Arisierungen« wurden von unten als besondere österreichische Folklore hinzuerfunden.

Georg Kreisler schreibt: »Da hatte man nun in einer Stadt gelebt, deren Bewohner man zu kennen glaubte, in der man geboren war, in der die Eltern geboren waren, man war unter anderem zum Postamt, zur Bank, zum Zahnarzt gegangen, und über Nacht durfte man im Postamt nicht mehr in der Schlange stehen, sondern musste warten, bis keine Schlange mehr da war, gab es in der Bank einen separaten Schalter, an dem man langsam und unhöflich abgefertigt wurde, und an der Tür des Zahnarztes stand: ›Nur für Juden‹, und er hatte keine Assistentin mehr. Statt normal gegrüßt zu werden, wurde man aufsässig und bedrohlich mit ›Heil Hitler‹ angeschrien. Wenn man sah, dass einige Leute beisammenstanden, lief man vorsichtshalber in die andere Richtung. Kam einem jemand auf der Straße entgegen, stieg man vom Gehsteig und machte Platz. Kaufte man etwas, wagte man kaum, auf das Wechselgeld zu warten, weil es zögernd und unwirsch ausgehändigt wurde. Man war ein räudiger Hund geworden, dessen einzige Sorge es war, den Fußtritten auszuweichen.«[23]

Ich glaube, mit solchen Erfahrungen ist es wie mit einer tödlichen Infektionskrankheit, die man rein zufällig überlebt hat. Die Immunabwehr merkt sich den Erreger ein Leben lang, zum eigenen Schutz. Der Zustand der Unversehrtheit ist damit aber ebenfalls verloren. Man bleibt gezeichnet.

Und unter diesem Aspekt lässt sich Georg Kreislers Leben durchaus betrachten. Ihn prägt eine grimmige Unbehaustheit, die, erst erzwungen, ihm später zur Natur geworden zu sein scheint:

»Man muss nur wissen, man hat niemals ein Zuhause
Und dass man niemals ein Zuhause haben wird.
Und dass man, wenn man einmal sagt, ich geh nach
Hause,
Sich höchstwahrscheinlich in der Ausdrucksweise irrt.«[24]

Sechzehn Jahre Wien, sechzehn Jahre USA, zwanzig Jahre ein zweiter Versuch mit Wien, dann zwölf Jahre Berlin, ein paar Jahre Salzburg, fünfzehn Jahre Basel, seit einiger Zeit zurück in Salzburg – und das seelische Pendant zur Unbehaustheit des Georg Kreisler ist eine habituelle Unangepasstheit, ein Widerstand, der sich manchmal schon regt, noch bevor überhaupt ein Korrumpierungsversuch stattgefunden hat: »Wenn man unter ›militant‹ versteht, dass man immer für seine Überzeugungen eintritt, auch wenn sie einem beruflich oder karrieremäßig schaden, dann bin ich einer der militantesten Menschen, die ich kenne. Was ich mir schon geschadet habe und immer noch schade, das macht mir so bald keiner nach. Aber ich muss hinzufügen, dass ich mir das gar nicht hoch anrechne.«[25]

Sozial mag das kontraproduktiv sein. Das heißt, der Mensch Georg Kreisler hat wohl in seinen Reaktionen, Bewertungen und Verdammungen gelegentlich überzogen. Aber für den Künstler Kreisler scheint dieses Misstrauen nach allen Seiten, auch gegen sich selbst, die Bedingung seiner kreativen Empfindlichkeit zu sein. Viele seiner Lieder, Gedichte und Kurzgeschichten bestehen ja beinahe nur aus Zwischentönen. Den Hauptton kann sich jeder selber denken, vielleicht ist es ja auch bei jedem ein anderer.

In Georg Kreislers Leben gibt es mehrere Beispiele dafür, dass ihn Zuspruch und Erfolg nur noch mehr zu Kompromisslosigkeit angestachelt haben. Die sich ähnelnden Geschichten gehen ungefähr so: Irgendein Rundfunk- oder auch Theaterintendant stößt auf Kreisler, vermutlich, während dieser die alten Lieder singt, die ja nur zwanzig, dreißig Jahre nach ihrer Entstehung ein begeistertes Publikum gefunden haben. Der Intendant ist auch begeistert und lädt den Künstler überschwänglich zu einem Auftragsstück ein. Kreisler murrt, dass das, was er aktuell schreibe, dann doch nie gesendet oder aufgeführt werde, doch der Intendant in seinem Überschwang ist unerbittlich. In einem Fall hat Kreisler um eine Kiste Trinkbares gewettet, ich glaube, es war Champagner. Er schreibt also das Auftragsstück, gibt es ab und hört eine Weile lang nichts. Im besten Fall kommt eines Tages die Kiste Champagner kommentarlos ins Haus. So geschehen etwa bei dem Lied »Treten Sie näher, Franz-Josef«, das der betreffende Rundfunkintendant zu Amtszeiten des bayerischen Ministerpräsidenten einfach nicht zu spielen wagte.

So ähnlich, nur ohne Champagner, ist es auch geschehen bei dem Theaterstück, das von den Münchner Kammerspielen in Auftrag gegeben wurde: Kreisler sollte eine Parodie auf ein beliebiges Stück aus der kommenden Spielzeit schreiben. Er wählte Frischs »Andorra« und nannte sein Stück »Sodom und Andorra«.

Aber was heißt da schon Parodie: In Wahrheit ist es ein unentbehrlicher, dabei gleichzeitig schreiend komischer Kommentar zu diesem Stück, in dem Frisch ja manch antisemitische Anklänge so offensichtlich völlig unbewusst unterlaufen sind, dass man weinen könnte bei diesem großen Autor. Aber Weinen ist Georg Kreislers Sache nicht. Besorgen Sie sich doch die Hörspielfassung des niemals auf einer Bühne aufgeführten »Sodom und Andorra«, sie ist als CD erhältlich. Sie werden erstens Tränen lachen und sich zweitens ziemlich unbehaglich fühlen, wenn Sie danach das ursprüngliche Stück noch einmal lesen. Ich würde ja so weit gehen, zu fordern, dass man »Andorra« überhaupt nur noch gemeinsam mit »Sodom und Andorra« zeigen sollte, so wie ja auch manch wissenschaftlicher Text ohne seine Fußnoten schlicht unverständlich ist.

Man kann also sagen, dass Georg Kreisler, aus Gründen, die in seinem Charakter ebenso wie in seiner Biographie liegen dürften, vor dem sogenannten großen Erfolg auch beinahe aktiv davongelaufen ist. Wo andere zu Publikumslieblingen wurden, wurde er zum Dissidenten. Das geht in seinem Fall so weit, dass ihm »Erfolg« irgendwann ein Synonym für Mittelmäßigkeit geworden zu sein scheint. Wo, Gott behüte, ein Erfolg lauerte, sattelte er blitzschnell um. Nur so ist zu erklären, warum er sich ausschließlich als Autor und Regisseur bezeichnen lassen will und Begriffe wie »Liedermacher« und »Kabarettist« mit dem Ausdruck äußersten Ekels von sich weist.

Nur so ist zu erklären, warum er sich so ungehalten von seinen betörend schönen, lebensklugen, hintersinnigen und melancholischen Liedern distanziert und sie seit Jahrzehnten abtut als reinen Broterwerb:

»Der Beruf, an den mich bequeme Menschen festnageln wollen, war für mich nie ein geliebter, sondern ein erzwungener. Theaterstücke schreibe ich, indem ich mir eine Bühne mit Schauspielern vorstelle, Romane oder Geschichten schreibe ich, indem ich mir nichts vorstelle, aber Lieder schreibe ich, indem ich mir die Eintrittspreise vorstelle. Ein Schuhmacher macht Schuhe, um sie zu verkaufen, und das neue Wort Liedermacher spricht für sich.«[26]

Es ist ja beinahe eine Situation wie in einem Ihrer »Seltsamen Liebeslieder«, dass ich nun hier stehe und Sie, Herrn Kreisler, dringend bitten möchte: Seien Sie nicht so grob zu Ihren Liedern! Lieben Sie sie wieder ein bisschen mehr. Sie haben herrliche Satiren, Gedichte, Opern geschrieben, aber diese Lieder sind das, was nur Sie allein können. Mit einem grauslich neumodischen Wort sind sie Ihr *Alleinstellungsmerkmal*, ein Wort übrigens, über das Sie wahrscheinlich ein Lied geschrieben hätten, damals, als Sie noch welche schrieben.

Und so finden die zwei Hälften meiner These über Georg Kreisler am Ende zusammen: Die Zeit wollte eigentlich nie reif sein für seine Schöpfungen, und Georg Kreisler wollte eigentlich nie reif sein für allgemeines Lob und Jubel. Das ist ja mehr als ein halbes Jahrhundert lang gut gelungen, aber spätestens heute, mit der Überreichung des Friedrich-Hölderlin-Preises, scheint bei dieser Erfolg- und Lobvermeidungsstrategie irgendetwas schiefgegangen zu sein. Vielleicht gibt es eine kritische Masse im Sinne von Menge an brillanten Liedern, Gedichten, Geschichten, die irgendwann auch den widerstrebendsten Autor lawinenartig erwischt, indem ihm ein bedeutender Preis übergestülpt wird. Ob das Georg Kreislers Werk nun wirklich schadet, falls es sich dem literarischen Kanon nähert, wird die Zeit weisen. Zum Schluss möchte ich nur noch bitten, mir zu verzeihen, dass ich nicht über Friedrich Hölderlin gesprochen habe. Aber um die Verwandtschaft zwischen Hölderlin und Kreisler zu beweisen, hätten mir zwei Worte genügt: Poesie und Polemik.

III. Autobiographisches

Bürohunde und Zickenkriege

Wenn ich heute an meine ersten Tage im *profil* denke, fühle ich mich so alt, als hätte ich den Untergang der Titanic erlebt. Es war der Sommer 1988, es war heiß, es gab an geheimem Ort ein einziges Fax, zu dem nur die Sekretärinnen Zutritt hatten, alle anderen hätten gar nicht gewusst, wie es zu bedienen war. Die internationale Kommunikationsform war – noch – das Telex, Papierschlangen, die aus einer Maschine quollen, ich könnte meinen Kindern heute nicht erklären, wie das eigentlich funktioniert hat. So ähnlich wie morsen?

Natürlich gab es keine Computer! Die kamen erst ein Jahr später, kleine Apple-Quader mit einem graugrieseligen Bildschirm, der unwesentlich größer war als der eines iPhones. Sie wurden theatralisch eingeführt von Alfred Worm[27], dem »Aufdecker der Nation«, dem es immer viel bedeutete, sich als technischer Avantgardist zu fühlen. Nun deckte er uns das Computerzeitalter auf. Und auch wir fanden das toll, ich glaube, nach dem Kurier war *profil* die zweite computerisierte Redaktion des Landes.

Bis dahin schrieb man auf Schreibmaschinen. Für die Manuskripte gab es vorgedruckte Formulare, man hatte die Maschine auf genau vierzig Anschläge einzustellen. Erst habe ich das nicht begriffen, »was mache ich, wenn ich gerade mitten im Wort bin?«, fragte ich mich verstört, als ich tagelang über meinem ersten Text brütete und tatsächlich annahm, die Brillanz der *profil*-Redakteure bestünde auch darin, intuitiv so zu schreiben, dass nach vierzig Anschlägen immer ein Leerzeichen kommt.

> Dabei war es nur eine wörtlich zu nehmen
> de Formalität, die es den Grafikern erla
> ubte, den Text schneller in die Layout-S
> palten umzugießen. Und alle Redakteure w
> aren an dieses seltsame Lesen längst gew
> öhnt.

Mein lieber Kollege Horst Christoph schrieb damals eine Literaturkritik auf drei Spalten, deren jede, seltener Zufall, in der letzten Zeile nicht mit einem dieser rätselhaft abgeschnittenen Worte endete, sondern mit Satzende und Punkt. Den Rest kann man sich denken. Wie gesagt, es war ein heißer Sommer. Irgendjemand hat wohl in der Grafik gelüftet, ein Windstoß wirbelte die Blätter herum, der Grafiker schaute nicht so genau hin, der Text wurde kreativ neu geordnet, Spalte eins wurde zu drei und umgekehrt. Als Horst in der nächsten Montagskonferenz über diese Schlamperei bittere Klage führte, war es gar niemandem aufgefallen, was ihn verständlicherweise nur noch mehr verdross. Immerhin, tröstete man ihn, sei die zweite Spalte am richtigen Platz, denn der Rest der Redaktion interessierte sich schon damals so wenig für die eigenen Kulturseiten wie in all den weiteren Jahren, in denen ich bei *profil* arbeitete.

Nun muss ich aber über mich sprechen, und das sind keine schönen Erinnerungen. Ich war gerade achtzehn und krankhaft schüchtern, so schüchtern, dass die allerschüchternste *profil*-Redakteurin, eine freundliche, etwas tantenhafte Person, die beim Sprechen immer rot wurde, meinem Vater, mit dem sie gelegentlich beruflich zu tun hatte, triumphierend verriet, »ein liebes Mädchen, Ihre Tochter, aber halt sehr schüchtern« – ohne dass sie dabei rot wurde!

Ich hatte eine meiner Deutsch-Schularbeiten aus der Maturaklasse (das Thema war ein *profil*-Artikel) eingeschickt und zur Antwort bekommen, dass es so etwas wie ein »Praktikum« nicht gäbe. Das war damals so selten wie Computer, während heute, verkehrte Welt, das Arbeitsleben beinahe nur noch aus Computern und Praktika besteht. Ich könne aber gern ein paar Wochen in der Redaktion »schnuppern«, und wenn etwas gedruckt würde, würde ich ganz normal bezahlt. Und so drückte ich mich nun da herum.

In der Montagskonferenz thronte kettenrauchend der unfassbar verwegen aussehende Helmut Voska, eine Art österreichischer Clint Eastwood, hinter dem Chefredakteurstisch, vor sich einen Blattspiegel, in dem er radierte und umschrieb, mit der schönsten Handschrift, die je ein Journalist gehabt hat. Daneben, um einen mit grünem Filz bespannten Konferenztisch, drängten sich die Redakteure, alles Helden, deren Namen ich vom Lesen kannte oder weil mein Vater bei seiner konzentrierten, allmontäglichen *profil*-Lektüre alle paar Minuten ausrief: »Der (oder die) Soundso spricht mir wieder aus der Seele!« Ich war also ins Pressezentrum der Seele meines Vaters katapultiert worden. Das wog schwer.

Sigrid Löffler. Michael Siegert. Liselotte Palme. Erika Wantoch. Paul Yvon. Reinhard Tramontana. Erhard Stackl. Robert Buchacher. Dazu ein extracooles Grüppchen langer, dünner Innenpolitik-Jungstars, die immer irgendwie umsturzbereit schienen, die oft mit Themen und Texten nicht einverstanden waren und diesen Sitzungen den nötigen gruppendynamischen Pep verliehen: Christian Ortner, Herbert Langsner, Hubertus Czernin, Ernst Schmiederer, Christoph Kotanko.

Es schien undenkbar, dass ich, wiewohl frisch maturiert, je die Reife erlangen würde, vor dieser Runde einen Artikel vorzuschlagen. Und wirklich habe ich das auch später nie besonders gut gekonnt, mit Überzeugung meine Ideen vertreten. Vorerst versteckte ich mich in der Tür, hinter den Sekretärinnen.

Aber zum Glück gibt es in allen Gruppen immer ein, zwei berufene Pädagogen, die sich um scheue Jungtiere kümmern. Ich glaube, es war Otmar Lahodynsky, der mich eines Tages freundlich bat, ihm ein paar Recherchen abzunehmen. Und plötzlich saß ich vor einem froschgrünen Tastentelefon (analoge Verbindung: rrr-rrrrrr-rr-rrrrrr-rrr-...) und sollte bei der Tiroler Landesschulbehörde nach der Verteilung von SP- und VP-Schuldirektoren fragen. Schon das war für mich eine Art Fegefeuer. Es war doch die schiere Anmaßung, irgendwo anzurufen, zu sagen: »Grüß Gott, Menasse, *profil*-Redaktion« und buchstäblich zu hören, wie die andere Seite erschrocken zusammenzuckte. Wenn du nur wüsstest, wer da sitzt, dachte ich schlotternd. Denn ich wusste ja, irgendwann käme der Tag, an dem ich rausmusste, irgendwohin gehen, etwas persönlich herausfinden, und dann würden sie mich sehen und denken, mein Gott, das ist das *profil*, vor dem wir uns so fürchten. Nur ein linkisches Mädchen. Als dieser Tag dann kam, sagte ich gleich zur Begrüßung, so ehrlich wie geschäftsschädigend: »Das ist mein erster Artikel.«

Mein erster Artikel wurde nie gedruckt, zum Glück. Mein zweiter Artikel handelte von Fußball, wahrscheinlich, weil mein Vater Fußballer gewesen ist. *profil* leistete sich niemals einen Sportredakteur (das gehörte noch zu Oscar Bronners[28] Gründungsstatuten: no sports), mit etwas mehr Sportinteresse hätte ich wohl schnell Karriere machen können. Ich besprach also alles mit meinem Vater, er sagte mir, was ich den Trainer (F. C. St. Pölten!) beim Interview fragen sollte, ich legte ihm den Text vor und fühlte mich wie ein Baby. Doch erschien der Artikel – mein erster Artikel! – mit einem völlig anderen Anfang. Ein Redakteur, ich nenne keine Namen, hatte ihn »flotter gemacht«. Mein Vater stöhnte: »Was ist denn das für ein Blödsinn?! Die Leute werden glauben, meine Tochter ist ahnungslos!«

»Die Leute werden zumindest nicht glauben, dass der Papa dem Kind die Artikel schreibt«, gab ich zurück und fühlte mich mies. War das wirklich mein Traumberuf?

Ja, es war mein Traumberuf. Vielleicht bin ich bereits in dem Alter, wo ich alles, was ich »früher« gemacht habe, zu verklären beginne, aber die Jahre bei *profil* waren ebenso neurotisch-anstrengend wie immens lehrreich und wichtig für mich. Ich liebte mein Ressort, das Ressort Gesellschaft, weil es so viele Möglichkeiten bot: »Alles, was nicht Politik oder Kultur oder Wirtschaft ist, einfach alles andere«, erklärte ich wichtig-fuchtelnd meinen Freunden. Ich verteidigte nach außen alles, was das *profil* schrieb und tat. Leuten, die behaupteten, das *profil* sei schlechter geworden, was heißt schlechter, man könne es schon gar nicht mehr lesen (die damals weitverbreitete Verklärung der »Ära Lingens«[29]), sprang ich ins Gesicht. Das *profil* war neun Jahre lang meine Religion und meine Familie. Die inneren Grabenkämpfe, die es dort wie in allen Redaktionen fast immer und oft mit aller Härte gegeben hat, haben mir in diesen prägenden Jahren zwischen achtzehn und siebenundzwanzig einen Intensivkurs in Sachen Leben beschert. Was in Redaktionen zwischenmenschlich möglich ist, in Tränen aufgelöste Redakteurinnen, Männer, denen beim Brüllen die Brillen von der Nase oder die Eheringe vom Finger springen, wutrot gefärbte Glatzen, Hysterien, Eitelkeiten, Beleidigt- und Feigheiten aller Art, Büroliebeleien, Bürohunde, Zickenkriege und, als höchste Kunst, shakespeareanisches Kaltmachen per Multifunktionsintrige – ich habe dort wahrlich alles erlebt.

»Alles« schließt natürlich auch das Positive ein: Unvergesslich bleibt der Zusammenhalt – übrigens auch die Solidarität anderer Redaktionen wie Standard und Falter –, als im Frühling 1996 Herausgeber Hubertus Czernin aus politischen Gründen abgelöst wurde. Nein, es waren keine »wirtschaftlichen Gründe«, wie so heuchlerisch nachher – und Jahre später sogar im *profil* selbst – behauptet wurde. »Wirtschaftliche Gründe« findet man immer, sie sind, gerade bei so überstürzten Entscheidungen wie dieser, einfach der landläufige Euphemismus für »Fußtritt«. Czernin musste gehen, weil er Franz Vranitzky in einer Fotomontage auf dem Cover als »nackten Kanzler« darstellen ließ (worüber man, als Geschmacksfrage, bis heute streiten mag) und weil *profil* unter seiner Leitung Kardinal Groer des Kindesmissbrauchs überführt hat – das war damals ein journalistischer Tabubruch der Sonderklasse, dessen Notwendigkeit aber heute nicht einmal mehr vom Papst bestritten wird. Die *profil*-Redaktion protestierte, trauerte, beflaggte das ganze Haus mit schwarzen Fahnen und feierte trotzig ein »Fest für Medienfreiheit« – trotzdem blieb ihr die Erkenntnis nicht erspart, dass Zeitungen im besten Fall zwar von Idealisten gemacht, aber selten von Idealisten besessen werden.

Doch wie gesagt, es waren prägende Jahre. Ich bin der festen Überzeugung, dass man Schreiben, ein gewisses Talent vorausgesetzt, wie alles andere lernen muss. Und für mich war das *profil*, waren einige fördernde, beruhigende und korrigierende Kollegen die perfekte Schule. Am meisten verdanke ich Ernst Schmiederer, der jahrelang mein Ressortleiter war. Er hat mir den notwendigen Schock zugefügt. Ich war zirka dreiundzwanzig und schon ein paar Jahre dabei, ich durfte schon halbwegs »große« Geschichten schreiben, ich fühlte mich ziemlich großartig. Da sagte er zu mir: »Eva, du weißt, ich mag deine Texte, aber versuch einfach einmal was anderes.« Er hat nicht »Masche« gesagt, dazu war er zu höflich (eine seltene Eigenschaft unter Journalisten!), aber er hat natürlich Masche gemeint. Eine Masche haben, im besten Fall zwei oder drei, irgendwo halbautomatisch einhaken und dann nur noch das Immergleiche herunterspulen – dieser gestrickte Teufel stand da plötzlich im Raum. Das hat er mir beigebracht: Solange man noch einen Stift halten oder den Computer einschalten kann, muss man als Schreibender ständig seine Maschen kontrollieren.

Es hatte, vor Schmiederer, auch eine andere, schlechtere Erfahrung gegeben, die im Rückblick aber komisch und prophetisch ist. Ein Kollege, zweifellos ein hervorragender Journalist, der eine Zeit lang meine Texte redigierte, hätte mir das Schreiben nämlich beinahe verleidet. Wir kamen chemisch einfach nicht miteinander zurecht. Er hatte eine sehr genaue, wie ich meinte: zu enge Vorstellung, was und wie ein Magazinartikel zu sein hatte (Fakten! Gliederung! Keine Schnörkel!). Auf eine unterkühlte, aber untadelige Weise verhandelten wir jedes Mal Satz für Satz über meine Texte. Einmal, als er aus dem zehnten Komma einen Punkt machen wollte, nachdem er schon neun Nebensätze davor zu Hauptsätzen umgeformt hatte, wurde ich sauer. Ich versuchte, ihm etwas über Rhythmus und eigenen Stil zu erklären. Und ich sehe ihn bis heute vor mir, wie er sich, mit einer vor Missbilligung bleichen Nasenspitze, ganz langsam in seinem Bürosessel vom Bildschirm weg zu mir hindreht, mich anschaut und mir mit dieser kontrolliert-leisen Stimme die größte Beleidigung hinschleudert, zu der er, der perfekte Journalist, überhaupt fähig ist: »Frau Menasse, halten Sie sich für eine Schriftstellerin?«

Berliner Humor erlernen

Als ich im Alter von immerhin dreißig Jahren von der Donau an die Spree zog, wurde ich allseits aufgemuntert: Die Wiener und die Berliner, so pries man mir die Sache an, seien wesensmäßig eng verwandt – nichts leichter als für den geborenen Wiener, nach Berlin zu ziehen! Beide Stämme seien ja habituell übellaunig und verfügten über diesen ganz speziellen, für andere kaum erlernbaren Humor. Doch in Berlin angekommen, fühlte ich mich wie auf einem fremden Planeten. Ich glaube, ich hätte mich sogar in Japan heimischer gefühlt, denn dort hätte ich wenigstens nicht erwartet, verstanden zu werden. Aber in Berlin? Tag für Tag öffnete ich den Mund, um in meiner Muttersprache, die ich vermeintlich mit den Berlinern gemeinsam hatte, Kommunikation zu versuchen, und bekam, auf Berlinerisch gesagt, jedes Mal voll eine auf die Schnauze. Im öffentlichen Nahverkehr: »Entschuldigung? Wo fährt denn hier der Bus nach Schöneberg?« – »Bei uns in Berlin fährt der Bus uff der Straße!« In der Videothek: »Entschuldigung? Haben Sie Viscontis Film ›Die Verdammten‹?« – »Den ham wa so oft, dass wa den verleihen tun!«

Nach nur wenigen Wochen in der deutschen Hauptstadt hatte ich fast irreparablen Schaden an meinem Selbstbewusstsein genommen. Ich war beinahe davon überzeugt, dass es mein Wiener Akzent war, der die Berliner so unglaublich rüpelhaft auf alles reagieren ließ, was ich äußerte. Erst durch die Beobachtung anderer begann ich langsam zu verstehen, dass die Kunst, mit Berlinern umzugehen, offenbar darin besteht, auf eine rüpelhafte Ansage noch dreimal rüpelhafter zu reagieren, worauf sich die gegenseitigen Frechheiten in gemeinsames Gelächter entladen. Das berlinerische »Rüpeln« – hier muss dringend ein neues Verb geschaffen werden – ist nämlich in Wahrheit ein Kommunikationsangebot! Die Regel lautet: Ich komm dir schräg, komm du mir noch schräger, dann sind wir Freunde. So funktioniert das. Das ist für den Wiener, der von Geburt an zu jener gespreizten Höflichkeit erzogen wird, die allein die typisch Wienerische Gemeinheit zu verbergen vermag, fast unmöglich zu erlernen. Doch nach zwei Jahren habe ich es geschafft, instinktiv, in höchster Not. Ich stand im Supermarkt an der einzigen geöffneten Kasse, es war heiß, und die Schlange war bereits beträchtlich. Die Berliner schienen noch übellauniger als sonst. Als ich endlich dran war und mein Portemonnaie aus der Tasche zog, fielen zirka dreißig Münzen heraus. Sie kullerten durch den Einkaufswagen auf den Boden, verstreuten sich auf dem Förderband, sprangen hierhin und dorthin. Ein dumpfes Stöhnen entrang sich der Menschenschlange. Das Aufheben dieser Münzen würde die Wartezeit noch mehr verlängern. Mir stieg das Blut zu Kopf. Gleich, so wusste ich, würde ich angerüpelt werden, und nicht zu knapp. Die Kassiererin übernahm gern den Part. Sie lehnte sich bequem zurück, sah mich abschätzig an und sagte vernehmlich: »Und det soll jetzt wohl ick für Sie uffheben, wa?« Ich sah auf die verstreuten Münzen, spürte die lauernde Warteschlange, der Schweiß brach mir am ganzen Körper aus. Und da überwand ich mit einem Mal alles, wozu ich erzogen worden war. Ich öffnete den Mund, und heraus kam der für mich selbst völlig unfassbare Satz: »Wird schließlich Zeit, dass

Sie auch mal arbeiten!« Die Schlange begann zu lachen, die Kassiererin auch. Die nächsten Wartenden bückten sich und hoben meine Münzen für mich auf. Ich war in Berlin angekommen.

Haus am See

Vor einigen Jahren haben wir ein Haus am See gekauft. Es ist ein hässliches, plumpes Häuschen an einem See, den niemand kennt. »An welchem See denn?«, fragen manchmal insistierend Berliner, die sich rühmen, alle bedeutenden und weniger bedeutenden Seen der weiteren Umgebung mindestens bis »Meck-Pomm« zu kennen, und die jederzeit mit Ranglisten der Schönheit und Wasserqualität ebenso aufwarten können wie mit den letzten Geheimtipps in Sachen garantierter Gottverlassenheit.

Aber an unserem See scheitern sie, »ach Mensch, das Urstromtal, da nennt sich ja jede Pfütze gleich See«.

Unsere schmale, aber langgestreckte Pfütze liegt so versteckt im Wald, dass es beim ersten Mal nicht reichte, sie auf einer Straßenkarte zu identifizieren. Wir mussten im Ort fragen und verfuhren uns trotzdem noch zweimal. In einem meiner Bücher gibt es eine Stelle, an der die Menschen, die zu den Lesungen kommen, manchmal lachen. Die Protagonistin hat auch ein Haus am See, und wenn sie per E-Mail ihre Freunde einlädt, schreibt sie in der Wegbeschreibung: »Wenn ihr ganz sicher seid, falsch zu sein, dann seid ihr goldrichtig.« Ich habe zwar noch nie so eine E-Mail geschrieben oder diesen Satz zu einem meiner Freunde gesagt, trotzdem ist er gewissermaßen autobiographisch, denn ich muss ihn im Zusammenhang mit unserem Häuschen gedacht haben. Und das zeigt ganz nebenbei wieder einmal, um wieviel verschlungener die Wege zwischen Realität und Fiktion sind, als die Leute immer glauben.

Von frühester Kindheit an verbindet sich für mich das sommerliche Paradies mit Bildern von kühlen, grünumsäumten Seen. Nicht vom Meer, nein. Das Meer war ein Statussymbol, das man gesehen haben musste, da Österreich bekanntlich seit fast hundert Jahren ein Binnenstaat ist. Und »Binnenstaat« hörte sich für mich als Schulkind schon so an wie »Land zweiter Klasse«. Nie habe ich den Verlust der Monarchie so bedauert wie damals, als ich frisch von ihrer Existenz und Ausdehnung erfuhr. Trotzdem lernten wir das Meer bald kennen, unser verlorenes, das Adriatische Meer, denn alle österreichischen Eltern, die es sich irgendwie leisten konnten, reisten in den Siebzigerjahren mit ihren Kindern in stundenlangen Autofahrten an die Adria, nach Italien oder Jugoslawien. Diese Urlaube waren ein immens anstrengendes Dorado aus Hitze, Sand, Eis, Spaghetti und Sonnenbrand, schön, aber auch gleißend fremd.

Doch nur am See lernte man schon als Kind, dass ein Hauptbestandteil des Glücks gerade in seiner verdammt kurzen Verweildauer liegt. Dass man sich nach dem Glück vor allem sehnt und dass man es, wenn man es endlich hat, nie auskosten kann, genau wie einem im Hochsommer das Eis unaufschleckbar in der Hand zerrinnt.

Ein Beispiel: vierzehn Tage Familienurlaub am Ossiacher See, davon die ersten zehn Tage verregnet, die Eltern haben sich wahrscheinlich angegiftet, meine Schwester und ich haben uns wahrscheinlich gezwickt, sekkiert*, geprügelt und konnten nur mit den damals üblichen Ohrfeigen auseinandergetrieben werden; manchmal, wenn der Regen angeblich »ein bisserl nachgelassen« hatte, wie meine sich zwischendurch in den Zweckoptimismus flüch-

* sekkieren, wiener.-jiddisch: triezen, ärgern

tende Mutter sagte, mussten wir im Wetterfleck* in den tropfenden Wäldern Eierschwammerln** oder Heidelbeeren suchen. Aber die meisten Details dieser Elendsperioden habe ich vergessen.

Unvergesslich jedoch sind die ersten Morgenstunden nach dem Wetterwechsel, wenn die Wiese noch feucht, das Wasser noch schwarz, die Sonne noch unscharf wie ein zerlaufener Dotter war. Wenn mit klatschenden Holzrudern die ersten Boote erschienen, wenn die ersten Verrückten, meist ältere Männer mit sehnigen Körpern und Badehauben, zu schwimmen begannen, wenn die Luft langsam wärmer wurde, wenn man am Steg saß und mit den Zehen durchs Eiswasser Linien zog. Das war das kristallklare Glück, das Aufblitzen eines Splitters vom Paradies, und mit dem dumpfen, tierhaften, sand- und sonnenölverschmierten Vegetieren unter südlicher Sonne nicht zu vergleichen.

Sommer ist für mich: See. Es bedeutet all das, was das Leben in unseren Breiten ansonsten nicht vorsieht: die Unbeschwertheit, mit fast gar nichts am Leib herumzulaufen, keine Jacke, keinen Pullover, keinen Schirm, keinen Schutz, nichts »zur Sicherheit« dabeizuhaben. Diese rein körperliche Unbeschwertheit führt, für die paar kostbaren Tage im Jahr, zu einer tiefen seelischen Befreiung. (Jedenfalls bei mir. Zumindest wenn die Kinder nicht streiten und der Mann das Haus nicht umbauen will und die Eltern gesund sind und das Telefon nicht läutet und die WM vorbei ist und keiner mehr einen sommerlichen Text von mir will.) Sind Seele und See eigentlich etymologisch verwandt?

Auf jeden Fall sind »Sommerfrische« und »See« für mich Synonyme. Die Sommerfrische ist ohne Wasser (Er-

* Regenumhang

** Pfifferlinge

frischung!) undenkbar. Und die Sommerfrische ist zwar vermutlich ein furchtbar konservatives Relikt aus vergangenen Zeiten und in andere Sprachen so wenig zu übersetzen wie »Sehnsucht«. Aber sie ist das glatte Gegenteil dessen, was inzwischen als weltweit gültiges Bild vom Urlaub im Umlauf ist, nämlich exhibitionierte Brüste und glänzende Muskeln, alles braungebrannt, darauf und darin Tätowierungen und Piercings, dazu Musik, bunte Cocktails, schreiend gute Laune et cetera, und das alles vor Sand, Palmen und Meer in undefinierbarer, also auswechselbarer Lage. Als die Vulkanasche den Flugverkehr lahmlegte, sagte eine Frau bedauernd in eine Fernsehkamera: »Wir wollten eigentlich in die Dom-Rep.«

Sommerfrische ist das Gegenteil vom Dom-Rep-Rap, ob der nun auf Mallorca, in Caorle oder Antalya spielt. Es ist Badekleidung ohne Sex-Appeal, Sonnenschirm ohne Werbung, Strand ohne Sand und Disko, Wasser ohne Salz, Hitze, na ja, sagen wir lieber: Wärme ohne sofortige Gesundheitsgefährdung. Es ist Freizeit mit Regenmöglichkeit, ja, mit Regenwahrscheinlichkeit und daher die einzig wahre Übung in innerer Ruhe. Kein Rausch, sondern freudige Demut, grundiert mit Melancholie.

Es gibt die saftigen, reichen, beinahe zu prächtigen Seen meiner Kindheit, die Kärntner Seen oder jene des Salzkammerguts, in Deutschland vergleichbar mit Chiemsee und Starnberger See. Das sind Orte wie große Symphonien, hinten gewaltige Landschaftskulisse, davor resche Dirndlträgerinnen, Schnitzel und Biere stemmend, im Gastgarten. Es gibt aber auch, wie kleine Etüden für die linke Hand, die kargen, armen Seen, umsäumt nur von Kiefern und Granitsteinbrüchen, daneben ein Standl mit Eskimo-Eis. So ist es im Waldviertel, nordwestlich von Wien, an der tschechischen Grenze. Dort trieb ich in meinen frühen Zwanzigern an jedem heißen Wochenende im Karpfenteich vor dem Haus meines Bruders glückstrunken auf dem Rücken und versuchte, mir mein künftiges Leben vorzustellen.

Mein damals künftiges Leben, auf das ich jetzt ja schon teilweise zurückblicken kann, bestand, wenig überraschend, aus sehr viel Unwichtigem und wenig Wichtigem. Zum definitiv Wichtigen gehörte die Entdeckung eines vergleichbaren Sees (samt Haus) in Deutschland, diesem mir zuerst so fremden Land. Erst als ich begriff, dass Brandenburg ein ebenso armes, karges, melancholisch-schönes, aber immerhin klimatisch wärmeres Waldviertel ist, konnte ich mich in Berlin sicher niederlassen.

Und so hat das plumpe kleine Haus uns gefunden: Indem es, auf einer Internet-Immobilienseite unter zirka fünfzig anderen fingernagelgroßen Hausfotos unübersehbar, sein ehemaliges Kneipenschild (»Seeblick«) hochhielt, sodass wir es »nur zum Spaß« anklickten. Und dann den See sahen.

Da wir zum ersten und vermutlich letzten Mal in unserem Leben ein Haus kauften, waren wir erfüllt von einem Misstrauen, das genau so groß war wie unsere Inkompetenz, es baulich zu beurteilen: »Warum steht es so lange leer?«, fragten wir uns und den Makler, der übrigens für diesen Beruf nicht geboren schien, so gleichgültig war ihm alles. »Für die Ossis zu teuer, die wollen Datschen«, murmelte er, »und die Wessis wollen was Repräsentatives, mit Fachwerk oder gleich'n Herrenhaus«. Selbst diese Begründung hat uns bezaubert, ihre wurschtige Aufrichtigkeit, und die Tatsache, dass auf der ganzen Welt nur wir zu diesem Haus zu passen schienen.

Nun bewohnen wir es den achten Sommer. Die Bilanz ist durchwegs positiv, im umfassend unberechenbaren See-

Sinn. Man hat selten Zeit, es zu genießen. Entweder ist etwas kaputt, und man muss es aufwendig reparieren. Oder es ist seit langer Zeit nichts kaputtgegangen, ein zwingender Anreiz, endlich mal wieder etwas zu verbessern, zu erneuern, zu streichen oder umzubauen. Dabei geht bestimmt irgendetwas aufwendig kaputt. Oder der Sommer ist komplett verregnet, was allerdings selten vorkam, meistens herrscht hier extreme Trockenheit und die höchste Stufe der Waldbrandgefahr, die Würstchen werden geruchsintensiv am Herd gebraten, und der teure Grill bleibt im Keller.

Je schöner das Haus, zumindest innen, wurde, desto hinfälliger wurde der See. Vor vier Jahren ist er ganz gekippt (Blaualgen!), nur er allein, die kleine, unbekannte Pfütze mitten in Brandenburg, das sich der ständig steigenden Wasserqualität aller seiner Seen rühmt. Warum das passiert ist, weiß keiner. Die Menschen im Ort jammern und erzählen von der herrlichen Zeit vor fünfzig Jahren, als es noch ein Strandbad mit Sandstrand gab, genau wie am Wannsee. Die lokalen Behörden wissen nicht, was sie tun sollen, da sich der Verursacher leider nicht von selbst meldet. Das Land Brandenburg ist nicht zuständig, da der See in Privatbesitz ist. Der Privatbesitzer hat, einen See weiter oben, ein gigantisches Hotel mit »Wellness-Spa-Bereich« gebaut, dem ist ein gesunder See eher zweitrangig.

Zum Glück gibt es andere Seen und Teiche in der unmittelbaren Umgebung, zu denen wir unsere Kinder zum Schwimmen chauffieren können. Zum Fahrradfahren sind sie zu faul. Ich bin vierzig geworden und beginne jetzt Sätze manchmal mit: »In meiner Kindheit hätte man sich nicht erlauben können ...« Zum runden Geburtstag haben mir meine Freunde ein Ruderboot geschenkt, dessen Holzruder theoretisch leise klatschen. Zurzeit ist es mir zum Rudern zu heiß, und abends sind die Mücken infernalisch. Wir übergießen uns mit Autan, wir haben die Zeckenzange am Gürtel baumeln, wir braten die Würstchen in der Pfanne, wir chauffieren die Kinder zu fremden Seen, und trotzdem … Und trotzdem geht nichts über den Sonnenuntergang, der die Stämme der Kiefern rosa färbt wie Schneewittchens Wangen. Nichts über die Stille und Einsamkeit, nichts über das penetrante Hochzeitsgeschrei des Kuckucks im Frühling. Nichts über die zwanzig putzigen Fledermäuse, die vorgestern Abend aus dem beleuchtbaren »Seeblick«-Schild ausgezogen sind, unter Hinterlassung erklecklicher Mengen an Fledermauskot auf unseren Fensterbrettern. Wir urlauben nicht nur, wir leben hier mitten im Wald, und das Leben ist nun mal kein reiner Genuss. Aber leichter wird es in der Sommerfrische, für die Seele, am See.

Ich hatte einen Vogel

Sentimental und überfordert sind wir Zivilisationstrottel, sobald wir mit der »Natur« konfrontiert sind, der wilden, grausamen. Ich rede gar nicht davon, dass wir unser Fleisch selber schlachten oder auch nur den geangelten Fisch eigenhändig erschlagen sollen; nein, mich persönlich brachte unlängst die blutige Anschaulichkeit des Wortes »Raubtier« schon reichlich aus dem seelischen Gleichgewicht.

Was war meine ganze Familie stolz auf das perfekte kleine Vogelnest, das ein emsiges Elternpaar – mithilfe des Tierbuchs flugs als »Waldbaumläufer« identifiziert – in unserem Garten bereitet hatte: kreativ in der hässlich-hellblauen Gardena-Halterung für den Gartenschlauch! Zeternd schossen die Eltern heraus, sobald man sich näherte; leider hängt der Schlauch direkt unter der Treppe, über die wir menschlichen Mitbewohner Bad und Bett erreichen. Ich machte mir sofort Sorgen über den Bruterfolg, der Rasen wurde deshalb aus Rücksicht nur selten gewässert; tagsüber benutzten wir die andere Toilette.

Es dauerte Wochen. Erst färbten sich die bläulichen Eier rötlich, dann lag da eine dunkle, nur durch die feinen orangefarbenen Schnäbel unterscheidbare Masse von fünf Vögelchen, schnell atmend, lautlos, in hinreißender Beobachtungshöhe.

Die Familie reiste ab nach Berlin, doch ich blieb, zum Schreiben.

Ich gestehe, wenn ich allein bin, spreche ich mit mir

selbst. Ich spreche dann auch zu einem Vogelnest, und zu den vom nächsten hohen Baum schimpfenden Vogeleltern sowieso. Ich muss ziemlich trottelhaft gewirkt haben, als ich mich eines Morgens, den Kaffeebecher in der Hand, rituell dem Nest näherte, »guten Morgen, ihr kleinen Vögelchen, wie geht es euch heute?«, dann verstummte, stehenblieb und gefühlt Minuten brauchte, um zu begreifen, was geschehen war. Kein Nest mehr. Nur noch, und das war der erste Schritt zur Erkenntnis, ein einzelner nackter Vogelhintern zwischen wurzelartigen Vogelbeinen, auf bekannte Weise bebend atmend, direkt auf dem blauen Plastik. Geschockte Blicke rundum. Das Nest Meter weiter in der Wiese, nebst zweier Leichen, bereits schwarz von den verlässlichen, emotionslosen Ameisen. Nur zwei. Die anderen beiden? Vermutlich im Magen des Verbrechers … Katze! Die Katze aus der Nachbarssiedlung! Schon x-mal von anderen des Vogelmords bezichtigt! Oder wer sonst? Ein Marder? Alles war geräusch- und fast spurlos verlaufen. Oben, neben meinem Bett, lag »Sherlock Holmes« von Conan Doyle, geliebte Kindheitslektüre. Das half hier auch nicht weiter.

Hier half nur die Nachbarin, von der es hieß, sie nehme Vogelbabys unerschrocken in die Hand. Ich konnte das nicht, noch nicht. Das Nest wird also aufgehoben und zurückgelegt, der einzige Überlebende, den es wider alle Wahrscheinlichkeit noch in der schützenden Aufhängung herausgefegt haben muss, wird unverletzt wieder hineingesetzt. Autorin, empört und den Tränen nahe, bezieht, anstatt zu schreiben, Beobachtungsposten im Garten. Stoßgebete an die verschwundenen Vogeleltern, die sich aber nicht erfüllen.

Dann läuft der sentimentale Autopilot an. Man stöbert in der Küche. Man kocht einen Esslöffel Müsli mit einer vielfachen Menge Wasser auf und traktiert das Ganze mit dem Pürierstab. Man findet im Arztkoffer des jüngsten Kindes eine Spritze, vorne etwas zerbissen, aber besser als nichts. Man steht etwa fünfzehnmal in rückenschädigender Haltung vor der Schlauchhalterung und fiept und piept und macht Schmatzgeräusche. Das Vogelkind reißt zwar den Schnabel auf, aber immer zu kurz für einen Treffer. Dann öffnet es den Schnabel eine Weile gar nicht mehr. Gibt es auf? Ob es schon stirbt? Ich gehe deprimiert zurück an den Computer. Ich soll hier schreiben, und nur Meter neben mir stirbt ein Vogelkind! Ich packe die Spritze und eile zurück. Ich flehe es an. Ich fiepe und piepe. Am Nachmittag gelingt es plötzlich. Brei in den Schnabel, Schluckbewegungen, ich sehe die winzige Vogelzunge gierig hin- und herfahren. Daraufhin wird das Tierchen ganz unruhig und wild, es benimmt sich, als wollte es das Nest verlassen, dabei hebt es am Ende nur den Hintern und kackt über den Rand. Wohlerzogen! Es nimmt noch zweimal Müsli nach, dann ruht es.

Abends wird das Wetter kühler, und nach der ersten Nacht allein im Nest erscheint mir der Vogel stundenlang fast leblos. Die Nachbarin kommt erneut zum Einsatz und packt ihn in eine mit Geschirrtüchern ausgelegte Tupperdose. So wird er im warmen Haus neben dem Computer auf den Tisch gestellt. Sobald er den Schnabel aufreißt, kriegt er seine Müslipampe verabreicht, wir lernen beide dazu. Anfangs erwischt man gern zu viel, dann quillt ein bisschen heraus, man putzt ihn also ab, damit er nicht verklebt, der Schnabel, so klein wie ein Fingernagel. Dass er immer nach dem ersten Bissen kackt, hat die Pflegerin jetzt verstanden. Er hebt inzwischen den Hintern nicht mehr heraus, sondern lässt sich ein Stück Küchenrolle drunterhalten. Wird er so schnell menschlich?

Wir etablieren einen ungefähren Zweistundenrhythmus.

Fressen, kacken, fressen, schlafen. Und wieder von vorne. Ich schlafe schlecht, weil ich jeden Morgen befürchte, er läge tot in seiner Schachtel. Ich wache um sechs Uhr auf und sehe nach ihm. Er lebt, will aber noch nicht fressen.

Nachts höre ich die Katze, die ich noch nie gesehen habe, im Garten miauen und hege Rachegefühle.

In der Küche riecht es, nicht unangenehm, trotzdem streng. Wald-Wild-Geruch, nicht von den Ausscheidungen, sondern vom Vogel selbst. Ich esse wenig in diesen Tagen, mir graust ganz allgemein. Ich schreibe wenig. Aber wenn der Vogel, der bis auf Kopf und Flügel nackt und nicht größer als mein Daumen ist, seinen Schnabel aufreißt und zerkochtes Müsli schluckt, bin ich recht zufrieden.

Ich will es noch besser machen. Im Hochmut liegt ja oft der Keim des Scheiterns. Ich telefoniere mit der Frau des Tierarztes. Sie hat einmal mit Katzenfutter eine Taube großgezogen. Ich kaufe ein winziges Döschen geleeartige »Truthahn-Paté«, die zwar bestialisch stinkt, sich aber leichter mit der Spritze aufziehen lässt. Einen Bissen nimmt er. Doch beim zweiten Mal, bilde ich mir ein, spuckt mein Vogel aus. Er kann eigentlich nicht spucken, aber er vermag offenbar mühsam, etwas NICHT zu schlucken. Ich spritze ihm den Schnabel von der Seite mit ein paar Tropfen Wasser sauber.

Ich kaufe in der Apotheke eine neue Spritze. Ich erzähle allen, die ich treffe, von meinem Vogel. Die meisten schütteln skeptisch den Kopf, ich sage: »Aber bitte, seit über achtundvierzig Stunden! Und Stoffwechsel!«

In meinem Kopf setzt sich das Wort »Maden« fest, erst hat es ein Nachbar fallengelassen, dann die Apothekerin: »Die fressen doch kleine Maden.« In unserem wunderbaren, wohl ausgestatteten Dorf gibt es auch einen Angelshop, zu dem ich kilometerweit radeln muss.

Weil die ganz kleinen Maden ausverkauft sind, erwerbe ich zögernd die mittelgroßen, in einer durchsichtigen Plastikschachtel, in der es sich sehr bewegt. Der Besitzer des Angelshops lacht über mein Gesicht. Sind diese Maden zu groß? Ich vereinbare mit mir: Ich spende meine teure Pinzette, mit der ich mir die Augenbrauen zupfe. Aber ich werde keine Maden kleinschneiden. Entweder es funktioniert oder nicht.

Es ist Abend, der kleine Vogel sperrt den Schnabel auf, ich bilde mir ein, er erkennt schon meine Stimme. Ich werfe zitternd eine Made hinein. Er schluckt und reißt den Schnabel wieder auf. Ich werfe noch eine Made hinein. Ich juble: Jetzt wird er groß und stark!

Ich verschwende die ersten, größenwahnsinnigen Gedanken an die Frage zukünftiger Flugübungen. Wird er später von selbst wissen, wie er sich sein Futter sucht?

Ich überlege: eine Made, im Verhältnis zur Körpergröße, das ist so viel wie ein großes Wiener Schnitzel. Das muss jetzt reichen. Er schläft, ich schreibe. Nach einer Weile bewegt sich etwas am Bildrand. Der Vogel schläft. Neben ihm, in seinem Stoffnest, zappelt eine Made. Beinahe hätte ich aufgeschrien. Ich packe die Made mit der Pinzette, der Vogel erwacht und reißt den Schnabel auf. Ich werfe die Made, die sich wehrt, hinein. Geschluckt. Vogel schläft. Ich beobachte ihn scharf. Nach etlichen Minuten kommt die Made wieder hoch und heraus, mir scheint, der Vogel seufzt beinahe, bevor er den Schnabel ein kleines bisschen öffnet und sie entlässt. Ich packe die Made mit der Pinzette und renne in den Garten. Ich lasse sie fallen und trample tobend in der dunklen Wiese herum. Ich gehe zum Kühlschrank und nehme eine kleinere Made heraus, die sich weniger bewegt. Nein, ich werde keine Maden kleinschneiden!

Ich erkenne, dass bei den Maden dort vorne ist, wo sie am dünnsten sind und einen schwarzen Punkt haben. Erst dächte man es andersherum. Ich glaube immer noch fest daran, dass jedes, auch das abseitigste Wissen prinzipiell sinnvoll ist. Obwohl ich das hier nicht argumentieren kann.

Ich schreibe bis Mitternacht, der Vogel ist unruhig. Nachher bilde ich mir ein, er habe mit dem Schnabel geklappert. Trotzdem schlafe ich in dieser Nacht zum ersten Mal wieder gut.

Ich erwache spät und ahne alles. Ich gehe hinunter und sehe es schon von Weitem, obwohl wie immer nur Kopf und Schnabel unter dem Tuch hervorlugen, ich habe ihn abends immer warm zugedeckt. Aber jetzt liegt er auf der Seite, damit es keine Missverständnisse gibt. Ich nehme das Körbchen und gehe nach hinten in den Garten, ich zupfe den Stoff weg und werfe meinen kleinen Freund in hohem Bogen über den Zaun ins dichte Gehölz. Unserem jüngsten Sohn werden wir später sagen, ich hätte ihn »in den Wald gebracht«. Ich schmeiße die Maden in die Mülltonne. Und alle benutzten Geschirrtücher hinterher. Die Pinzette koche ich aus.

Am Nachmittag reist die Familie wieder an.

»Es vogelt«, sagt mein Mann und rümpft die Nase.

»Hätte ich nur nicht diese Scheißmaden …« und »wäre ich nur bei meinem Müsli …« lauten meine fortgesetzten Selbstanklagen. Mein Mann erinnerte mich daran, dass ursprünglich die Katze schuld war.

Diese Geschichte hat keine Moral. Ich habe mein Bestes gegeben und hatte dabei nicht einmal Internet. Ich habe noch zwei Nächte lang von Maden geträumt, die mir zwischen den Zähnen steckten und schlängelnd nachwuchsen, sooft ich sie auch mit der Pinzette entfernte. Demnächst werde ich den Hohlraum der Schlauchaufhängung zustopfen oder zukleben. Denn ehrlich, die jungen Amseln, die letztes Jahr darin ausgebrütet wurden, waren auch verdächtig schnell weg. Trotzdem fühle ich mich seither wieder besonders inkompetent, hilflos und lächerlich, was aber wahrscheinlich keine schlechte Voraussetzung ist, wenn man versucht, einen Roman zu schreiben.

Stell dir vor, du hättest den Hintern von Montserrat Caballé

Im Grunde besteht das einzige Glück des Älterwerdens darin, in sich selbst immer weitere Sümpfe von Dummheit zu entdecken und, wenn möglich, trockenzulegen. Mein Verhältnis zur Musik war ein solcher Sumpf. Nicht zur Musik an sich, nur zur selbstgemachten. Ich war eine engstirnige Verfechterin des klassischen deutschen Geniekults. Auf der einen Seite die Sterne am Firmament: Dirigenten, Pianisten, Geiger, Sänger, denen gottgleiche Anbetung gebührt. Auf der anderen Seite die zweifelhaften Scharen fröhlicher Dilettanten, die, wenn sie denn schon nicht anders können, als selber zu singen oder auf irgendwelchen Instrumenten herumzustümpern, dies bitte in schalldichten Bunkern tun mögen, ohne die empfindlichen Ohren der Gesellschaft damit zu belästigen.

An diesen hochfahrenden Ansprüchen ist auch mein Klavierspiel gescheitert. Da es mir nicht gelang, im formbaren Kindesalter ein Niveau zu erreichen, das mir akzeptabel schien, ließ ich es lieber ganz. Ich beschuldige bis heute meine Mutter, das Klavier zu spät angeschafft zu haben. Es ist ja immer bequem, andere Gründe zu finden als die eigene Talentlosigkeit. Aber inzwischen finde ich beides feige, die Sündenbock-Konstruktion genauso wie die wehleidige Selbstermächtigung, aufzuhören, nur weil aus mir nicht nur kein Lipatti, sondern nicht einmal eine mittelmäßige Barpianistin werden konnte.

Denn dass das eine mit dem anderen, die begnadeten

Götter mit dem laienhaft musizierenden Volk etwas zu tun haben könnten, ist mir erstaunlich spät aufgegangen. Aus Gründen, die erst langsam zum Vorschein kamen, startete ich ein paar Wochen, bevor ich vierzig wurde, einen etwas skurrilen Selbstversuch.

Und so fand ich mich eines Tages in einer fremden Schöneberger Wohnung, wo ich mit der Nasenspitze dicht vor einer weißen Wand »uuoouuh« machte – verwenden wir vorläufig dieses eher allgemeine Verb.

In meinem Rücken saß eine Frau am Klavier und schlug gelegentlich eine Taste an, ich glaube, es war ein F.

Pling! – Uuoouuh!

»Viel weniger Luft«, sagte die freundliche Stimme hinter mir, »stell dir vor, die Wand singt dir den Ton zu, nicht umgekehrt.«

Pling! – Uuuuooouuuh!

»Genau! Hast du das gehört?«

Ich drehe mich um, hochrot, und sage voller ehrlichem Selbsthass: »Nein.«

Irgendetwas Erfreuliches ist passiert, aber ich habe es gar nicht gehört. Ich singe wie ein Blinder malt. Ist ja wieder typisch. Eine Szene wie aus einem Alptraum. Wie bin ich hierhergekommen? Was ist in mich gefahren?

Es gibt, aber das wurde mir erst später klar, eine Zwillingsszene dazu. Sie ist noch viel alptraumhafter. Ich bin zwölf, ich singe seit zwei Jahren im Schulchor, der jedes Jahr im Frühling am Wiener Chorwettbewerb »Jugendsingen« teilnimmt und dort so erfolgreich ist wie der 1. FC Kaiserslautern in der vergangenen Saison.

Aber im Jahr 1982 wurde unser Musiklehrer, den wir hier Professor Koranda nennen wollen, unversehens von Ehrgeiz durchpulst. Er muss davon geträumt haben, wenigstens ein einziges Mal nur Vorletzter zu werden, oder sogar Drittletzter. Er ließ die Kinder einzeln vorsingen. Und da stehe ich, ängstlich, mit meiner großen blauen Brille vorne neben dem Flügel, schräg hinter mir die kichernde, auf Versagen lauernde Meute. Korandas Zeigefinger hackt auf eine schwarze Taste, ich glaube, es war das Gis. Hier liegt offenbar der Fehler in der Liedzeile, die ich gerade gesungen habe. Ich versuche es noch einmal, saftlos wie ein tuberkulöser Spatz. Koranda trommelt auf das Gis ein. Er hebt beide Hände, als würde er mit aller Kraft ein unsichtbares Tablett vor seinem Gesicht hochstemmen. »Giiiis!«, ruft er in Gis. Ich hebe sein Tablett offenbar nicht hoch genug. Er schließt die Augen, wie im Schmerz, dann schüttelt er langsam den Kopf. Ich bin draußen.

Warum ist Gesang eigentlich mit so besonders viel Peinlichkeit verbunden? Zumindest bei Kindern lächeln wir nachsichtig, wenn sie auf dem Klavier danebenhauen, wir zucken vielleicht, wenn sie eine Geige malträtieren und dieses Geräusch erzeugen, das man sonst nur aus der metallverarbeitenden Industrie kennt. Aber jemand, der sich hinstellt und falsch, oder nicht ganz richtig, oder auch nur nicht besonders gut singt, der ruft körperlich messbares Fremdschämen und aggressive Verachtung hervor. Deshalb wird Troubadix auch jedes Mal gefesselt, geknebelt und auf den Baum gezogen.

Davon leben die Castingshows. Deren gelungenste Momente sind ja immer die, wo das johlende Fremdschämen bruchlos in den Gottesdienst am Klangwunder übergeht, wie damals, als die übergewichtige, unansehnliche schottische Arbeitslose Susan Boyle in einer Art goldenen Wursthaut auf die Bühne von »Britain's Got Talent« gestapft kam und die grässliche Kitschnummer »I dreamed a dream« derart herzergreifend sang, dass den Konfektionsgröße-null-Tussis im Publikum vor Rührung die falschen

Wimpern abfielen. Millionen Klicks auf Youtube, ein Plattenvertrag und eine Kosmetikerin, die Susans buschige Augenbrauen zupfte – a star was born.

Der Hass auf den schlechten Sänger ist wohl vergleichbar mit dem auf den falschen Propheten. Denn umgekehrt vermag uns nichts so tief anzurühren wie die Schönheit einer menschlichen Stimme, kein Instrument, das der Mensch zu ihrer Nachahmung oder Begleitung gebaut hat: kein Klavier mit seinem riesigen Tonumfang, keine Orgel, auch wenn sie die Wucht von Gottes Atem simuliert. Und die innigsten Stellen in der Orchestermusik sind oft jene, wo die »singenden« Instrumente dominieren, Celli, Oboen oder Klarinetten, die ja wirklich klingen können wie lachende oder schwatzende Menschen. Aber dennoch geht nichts über den Moment, in dem eine Stimme einsetzt. Die Komplementärfigur zum zappelnden Troubadix ist deshalb Odysseus, der den übermenschlich schönen Gesang der Sirenen hören wollte, ohne daran, wie alle seine Vorgänger, gleich zu sterben. Offenen Ohres ließ er sich am Mast festbinden; und seine Matrosen, Wachs in den Gehörgängen, steuerten ihn am Sirenenfelsen vorbei.

Das Jahr, in dem ich vierzig wurde, war aus verschiedenen Gründen kompliziert und schmerzhaft. Nur deshalb, aus einer Art existenziellem Trotz, tat ich etwas, das mir gleichzeitig völlig abwegig schien: Ich vereinbarte eine Gesangsstunde. Die Lehrerin gefiel mir, weil sie auf ihrer Webseite vom »Singen im Sterntaler-Stil« schrieb: »Man öffnet die Arme, und es regnet Klang.« Dies sei im besten Fall ein »völlig müheloser« und gleichzeitig »hochenergetischer Zustand«. Das klang ganz anders als alles, was ich bisher mit Musikunterricht verbunden hatte, nämlich Tränen und Peinlichkeit, Leiden, Technik, harte Arbeit. Es klang verlockend und niederschwellig, aber es klang auch, für eine Geniekult-Anhängerin, ein wenig anrüchig: nach der Wohlfühlnummer für stümpernde, mittelalte Frauen.

Na gut, aber schließlich war ich genau das. »Andere in meinem Alter gehen aquarellieren, töpfern oder zum Yoga«, erklärte ich grimmig meinen Freunden, »ich lerne jetzt halt ein bisschen singen.«

Inzwischen kann ich sagen: Ich habe in den letzten zwei Jahren unglaublich viel gelernt, durchaus auch singen, aber vor allem, dass es in jedem Alter möglich ist, etwas ganz Neues über sich selbst zu erfahren. Ich habe mich in fast jeder Hinsicht zum Trottel gemacht und dabei mehr Spaß gehabt als je zuvor – jedenfalls bei etwas, das »Unterricht« heißt. Ich habe mit meiner Lehrerin, der großartigen Veronika Böhle, einen zufälligen Volltreffer gelandet und mich ihr, aus Sympathie und Vertrauen, völlig ausgeliefert. Wenn sie mich auffordert, mich beim Singen blond zu fühlen, so blond und hysterisch, wie ich nur kann, dann komme ich ihrem Wunsch, so gut es geht, nach. Wenn sie sagt, ich solle durch den Raum gehen und dabei so tun, als wäre mein Hintern größer als der von Montserrat Caballé und Jessye Norman zusammen, bemühe ich mich redlich. Sie spricht vom Innenraum meines Schädels: Ich solle mir vorstellen, dass von den Ohren nach innen heftig flatternde blanke Drähte abgingen. Wenn sie sich in der Schädelmitte berühren, gibt es Kurzschlüsse, sprühen Funken. Sie sollen sich ständig berühren, es sollte in meinem Kopf also britzeln wie in einem Umspannwerk. Und plötzlich hörte ich, dass der Ton, den ich mit diesem Bild im Kopf sang, anders klang, gefährlicher.

Als ich mich wie ein störrisches Kind weigerte, bestimmte hohe Töne zu versuchen (»Das ist mir viel zu hoch! Meine Stimme ist dafür nicht gemacht!«), lachte sie nur, denn schließlich hörte sie besser als ich, wofür meine

Stimme theoretisch gemacht ist. Sie ließ mich rückwärtsgehen, singend, mit geschlossenen Augen, und bei der bestimmten Stelle (es war »nur« ein hohes E) musste ich mich auf ihr winziges Sofa fallen lassen. Beim dritten Versuch stand es plötzlich da, das hohe E, wie ein silberner Strahl mitten im Raum, denn beim blinden Fallen hatte ich vergessen, mich darauf zu konzentrieren, was ich angeblich ganz bestimmt nicht konnte.

»Metall«, ruft sie inzwischen nur noch, während sie mich am Klavier begleitet, denn sie hat mich abgerichtet wie einen Hund, »Ingwer, Kohlensäure in der Nase und empfindliche Zahnhälse!« Ich lache und singe, und ich höre die Unterschiede längst, die wispernden Obertöne, die Zacken, die Schlacken, die sanft gewellten Ebenen, die Engstellen. Stimmen sind wie Landschaften, man muss sie umgraben und kann sie gestalten. Die Stimmgabel, das Maßband meines Misstrauens, brauche ich beim Üben nur noch selten, obwohl die das Tablett stemmenden Hände immer noch gelegentlich in meinem Kopf herumgeistern.

Vor Kurzem habe ich im Konzert eines sehr bekannten Sängers gehört, dass seine ersten hohen Töne durchaus ein paar Koranda-Millimeter gebraucht hätten. »Normale Anfangsunsicherheit«, befand in der Pause eine Frau, die, wie sich herausstellte, immerhin Klavierprofessorin am Mozarteum ist. Ihre Gelassenheit war ein weiterer Beweis dafür, dass der proskynetische Glaube an die Unfehlbarkeit der Meister einfach nur dumm ist und direkt in Rache und Fundamentalismus führt – während der mündige Liebhaber hört, schweigt und verzeiht.

Stimme und Gehör sind eben nicht nur angeborene Geschenke, Auszeichnungen des Schicksals oder des Genmaterials. Weniges im Leben ist ganz unveränderlich. Zumindest kann man das Singen und Hören üben wie andere Dinge auch, wie Vokabeln, Kochen oder Küssen. Der eine hat halt ein bisschen mehr Talent dazu, der andere weniger. Oft hat der mit dem kleineren Talent mehr Biss, weil ihn die eigene Unvollkommenheit antreibt. Meine Schulfreundin C. zum Beispiel hatte nach Meinung aller, die sie je singen gehört haben, eine Riesenstimme. Bei Professor Koranda musste sie nicht einmal vorsingen, sie war eine der Stützen des Chores. Zehn C.s, und wir hätten das Jugendsingen gewonnen. Aber hat ihre Stimme, ihre stupende Musikalität sie selbst je interessiert? Nicht die Bohne. Sie raucht seit fünfundzwanzig Jahren Kette, hat einen ganz anderen Beruf ergriffen und singt wahrscheinlich nicht einmal in der Dusche. Also könnte der Neid doch langsam aufhören, mich zu fressen.

Ich blättere durch meine Noten und Notizen: »Gebärkurs, leiernd« steht über der langsamen Mittelpassage einer barocken Arie, »mechanische Spieldosenfigur, endgültig übergeschnappt« über jener dritten Wiederholung in Glucks Orpheus-Arie, die er dann gnadenhalber mit einer Verzierung ausstattet – die Verzierung des vor Schmerz wahnsinnig Gewordenen.

»Warum, zum Teufel, schreibt er das in C-Dur«, frage ich empört, »wie soll man in C-Dur verzweifelt sein?«

»Das ist eben die Herausforderung«, sagt Veronika, die, wie jede gute Pädagogin, eine Instinkt-Psychologin ist, und grinst: »Wenn man das sogar in C-Dur schafft, ist man wirklich verzweifelt.«

Eine Händel-Arie habe ich gelernt, indem ich mir vorstellen musste, bei eiskaltem Wind auf einer Klippe am Meer zu stehen. »Alle starren dich an, und beim letzten Ton springst du runter«, schlug Veronika vor und kicherte. Leider findet sie oft, dass ich für Händel »zu gesund« singe.

»Das ist nicht Verdi«, mahnt sie, »es ist Händel. Deine milchweiße Haut ist so empfindlich, dass sogar ein Badeschwamm eine Zumutung ist.« So schraubt sie mit Sprachbildern wie mit Werkzeugen an mir herum. Sie stimmt mich, mit Wörtern. Für jemanden, der von dieser speziellen Funktion der Sprache noch nichts wusste, war das eine elektrisierende Erfahrung.

Denn bisher kannte ich es nur andersherum: Schriftsteller sprechen oft von Rhythmen, Klängen, Melodien im Kopf, wenn sie zu beschreiben versuchen, wie sie schreiben.

Und so sitze ich in der Oper und sehe die Welt neu, veronikalogisch. Da leuchtet es völlig ein, dass der Perserkönig und sein Bruder in Stefan Herheims sensationeller Berliner Inszenierung von Händels »Xerxes« vierhändig an Romilda herumgrapschen, während sie singt – wie anders könnte man solche Koloraturen denn singen als heftig bedrängt und gekitzelt?

Und das ist es wohl auch, was mich an der ganzen Sache so besonders fasziniert: der pulsierende Zusammenhang zwischen Sprache und Musik. Gewiss arbeiten auch Dirigenten mit Metaphern wie »Gebärkurs« oder »Badeschwamm-Zumutung«, wenn sie mit ihrem Orchester etwas einstudieren. Gewiss haben auch die Musiker und Sänger Bilder wie »nackt auf der Klippe« oder »leiernde Spieluhr« im Kopf, während sie musizieren. Und im besten Fall sitzt dann ein feinfühliger Kritiker im Konzert und vermag dem, was er hört, wieder neue, passende Worte anzuschmiegen.

Das ist natürlich kein Übersetzen wie von einer Sprache in die andere. Eher ist es ein wundersames Verwandeln von einem Aggregatzustand in den anderen, von der elastischen, aber dennoch festen Haut der Sprache in das blutvolle Fließen der Musik und wieder weiter, in ein anderes Festes, das sich aufs Neue, aber anders, verflüssigt.

Die Komplexität von klassischer Musik muss uns also, ebenso wie die eines guten Romans, genau das Gegenteil dessen lehren, was der Geniekult behauptet: nicht eingeschüchterte Demut, sondern vertrauensvolles Vergnügen. Es sind Millionen einzelner Töne (oder eben Wörter), die das Ganze ergeben. Und wie sie es bilden, warum und mit welchem Effekt auf das Publikum, das ist so kompliziert, dass es von niemandem vollständig analysiert werden kann. Es gibt keinen Masterplan für das Geglückte, es bleibt ein Stück Magie.

Und deshalb werden kein einzelner missglückter Ton oder keine »durchgegangene Metapher« (Doderer) jemals die Macht haben, das große Ganze zu zerstören, nicht einmal: zu stören, genauso wenig wie eine partielle Geistesabwesenheit des dritten Geigers infolge von Eheproblemen oder ein etwas zu langer innerer Monolog. Misstrauen Sie dem Literaturkritiker, der wegen irgendeines Adjektivs so theatralisch wie rhetorisch nach dem Lektor ruft, misstrauen Sie dem Musikkritiker, der auf die Beschreibung von »nicht ganz sauberen Höhen« einen ganzen mürrischen Absatz verwendet. Denken Sie an die Koranda-Millimeter. Der Gesangsunterricht hat mich jedenfalls, neben vielem anderen, auch gelehrt, mir endlich das eigene Scheitern zu verzeihen. Derzeit grillt mich das hohe F, bekanntlich nur einen Halbton höher als das E, aber schier unerreichbar. Jedenfalls nicht in dieser Vivaldi-Arie, in der man es fast zwei Takte lang halten muss. Mein F ist schrill, wie festgebacken, es schwingt nicht. Kein Vibrato ist in mir aufzufinden, in keinem Neben- oder Stirnhöhlenresonanzraum. Nicht einmal der Trick mit dem Sofa funktioniert, denn ich »kriege« den Ton ja, aber ich kann ihn nicht fließen lassen. Ich piepse, ich quietsche, ich frage mich schamesrot, wie Gesangslehrer ihre Schüler tagein, tagaus ertragen. Aber ich mache weiter, Veronika sei Dank. Gelassen sagt sie: »Das braucht halt Zeit.« Vielleicht wird mich das F am Ende trotzdem besiegen. Ich werde es akzeptieren, es gibt noch andere Arien, ätsch, Antonio. Ich werde mir die Niederlage jedenfalls nicht mehr, wie früher, egozentrisch zum Charakterfehler aufblasen. Und genau das sollte man spätestens in der Lebensmitte gelernt haben. Ob das beim Yoga genauso gelungen wäre? Beim Töpfern, da bin ich mir sicher, nicht.

IV. Zwei Erzählungen

Und Goethe war übrigens Jungfrau

»Stier hoch drei«, sagte Tante Judy, wenn sie jemandem vorgestellt wurde, und sie sagte das so oft, dass wir nicht einmal mehr die Augen verdrehten. »Und das ist unsere Tante Judy«, sagte zum Beispiel meine Mutter, die einen neuen Tennispartner angeschleppt hatte, weiß Gott, wo sie die immer auftrieb. »Habe die Ehre«, sagte der Mann, meistens Rechtsanwalt, Arzt oder Steuerberater, und Tante Judy quiekte ein bisschen, wenn sie ihm die Hand gab, und sagte dann: »Stier hoch drei!«

Doch die soignierten älteren Herren, die meine Mutter zum Tennisspielen warb, waren auf diesem Ohr völlig taub. Ich erinnere mich an keinen, der nachgefragt hätte. Sie nickten freundlich-abwesend, im Ausdruck etwas schafartig. Meine Schwester meint, sie alle hätten wenig soziale Intelligenz besessen, diese Herren, die sich darum rissen, mit meiner Mutter Tennis zu spielen. Ich dagegen glaube, es lag daran, dass sie Männer waren. Frauen reagierten immer, wenn Tante Judy »Stier hoch drei« sagte. Die Mehrzahl war irritiert, weil sie es auf Anhieb nicht verstand, was

Tante Judy die ersehnte Gelegenheit schenkte, ihren unerträglichen Witz zum x-ten Mal zu erklären (Sternzeichen Stier, Aszendent Stier und ständig pleite, auf Wienerisch »stier«). Doch einmal antwortete eine Rothaarige tatsächlich: »Doppelter Skorpion und zum Glück gut geerbt.«

Da verfinsterte sich Tante Judys Miene. Sie hasste Skorpionfrauen, wie wir alle wussten, die wir ja auch ihren »Stier«-Spruch zum Erbrechen oft gehört hatten. Sie protestierte wütend, wenn wir ihre Abneigung dahingehend vereinfachten, dass sie alle Skorpione ablehne. »Um Himmels willen, ein Zwölftel der Menschheit«, zeterte sie, »nein, nein, nur die Frauen.«

»Also nur ein Vierundzwanzigstel der Menschheit«, stellte meine Schwester fest, »und was ist mit den Löwen, Aszendent Schütze?«

»Bei denen bin ich einfach vorsichtig«, gab Tante Judy zurück, »das hat nichts mit Nichtmögen zu tun.«

Das war Tante Judy, klein, dick, alterslos, immer in wildgemusterten sogenannten »Hängerkleidern«. Geflochtene Ledergürtel dort, wo früher ihre Taille gewesen war, woran sich aber kein lebender Mensch erinnern konnte. Unverheiratet, vermutlich unberührt, bis auf eine geheimnisvolle, unglückliche Episode vor unvordenklichen Zeiten, ich vermute, mit einem Löwen, Aszendent Schütze. Seit jeher besessen von Astrologie, summa: »a pain in the ass«, wie Tante Lia sagte, die ebenso unverheiratet, dafür aber studierte Physikerin war.

In unserer Kindheit setzte Tante Judy alles daran, uns mit ihrem Wahn zu infizieren. Kam ich aus der Schule, verprügelt, mit zerschundenen Knien und heulte, »Der Franzi und der Wolfi haben mich …«, dann nickte sie verständnisvoll und sagte: »Ein Pech, die Klasse. Zu viele Widder und Löwen für jemanden wie dich.« Hatte meine Schwester zum wiederholten Mal eine Fünf in Latein, stritten meine Eltern und Tante Judy. »Ein Antisemit«, sagte mein Vater über den Lehrer. »Ein Steinbock«, konterte Tante Judy. »*Sie* ist ein faules Stück«, fand meine Mutter.

Deshalb habe ich schon als Kind nicht reagiert, wenn ich nach meinem Sternzeichen gefragt wurde. »Weiß ich nicht«, murmelte ich mürrisch, und wenn es mir jemand triumphierend sagte – es sind fast immer Frauen, die zu allen zwölf Monaten die Tierkreiszeichen wissen –, dann sagte ich unfreundlich: »Bei uns zu Hause glauben wir an so was nicht.« Das, aus Kindermund, bringt die Leute meistens zum Schweigen.

Doch in Wahrheit wurde in meiner Familie ein wahrer Krieg der Sterne geführt, ein erbitterter Kampf der Aufklärung gegen den Aberglauben. Das führte unvermeidlich dazu, dass ich mehr über Astrologie wusste als alle meine Freundinnen, die einander im Schulbus kichernd ihre Horoskope vorlasen. Zeitungshoroskope verachtete Tante Judy übrigens. Sie vertraute nur den komplizierten individuellen Berechnungen ihrer persönlichen Sterndeuterin, die sich doch tatsächlich »Madame Bernadette« nannte, obwohl sie zivil Hertha Blaha hieß.

Würde ich mich an Tante Judy nicht so genau erinnern, vor allem daran, wie sie am Schluss gerochen hat, dann könnte man meinen, sie sei eine Art übersinnliche Erscheinung gewesen, ein Mephisto in kugeliger Tantenform, der unseren Verstand auf die Probe stellte. Denn was haben wir uns angestrengt, sie zu widerlegen, zu verunsichern, zu bekehren! Das begann bei der Frage des Zeitpunkts. Die Geburt meiner Schwester war eingeleitet worden, wegen Beckenendlage. »Hätten die mich kommen lassen, wie ich wollte, wäre ich Krebs«, giftete meine Schwester, »ein ganz anderer Mensch, deiner Meinung nach!«

»Leider wissen wir nicht, wie du dann gewesen wärst«, antwortete Tante Judy milde. »Wenn – dann, nicht wahr?«

»Aber man ist doch schon im Bauch ein Mensch«, versuchte ich es aufs Neue, »wenn schon, müsste man doch die Zeugung ...«

»Zeugungshoroskope fändest du plausibler?«, fragte Tante Judy und sah mich pfiffig an. »Nein«, schrie ich, »aber warum fragst du?«

Und dann hatte sie mich wieder einmal erwischt, diese Meisterin einer Logik, von der ich wusste, dass sie irrsinnig war, es ihr aber nie beweisen konnte. In ihrem sanften Singsang erläuterte sie, dass wohl die meisten Waagen im Steinbock, die Schützen im Fisch, die, sie räusperte sich, Skorpione im Wassermann gezeugt worden waren. Und so weiter. Dass man den Zeugungszeitpunkt nie genau feststellen könne, sei also ein Beleg für ihre These, nicht für meine. »Vielleicht führen bestimmte kosmische Aspekte während der Zeugung eher zu Beckenendlagen oder Frühgeburten«, grübelte sie, »wer kann das schon sagen?« Meine Schwester verließ wortlos den Raum.

Tante Judy war völlig frei von der koketten Scham, mit der »normale« Horoskopliebhaberinnen ihre Sucht bemänteln. »Ich weiß, ein bissel kindisch«, kichern sie, oder »nur beim Friseur, in den Zeitschriften«, oder »ist doch ganz lustig, als Gesellschaftsspiel«. Nur sehr junge Frauen, solche, die ihre astrologische Erstinfektion gerade durchgemacht haben, sind annähernd so übergriffig wie Tante Judy. Diese jungen, meist sehr schönen und selbstbewussten Frauen laufen dann mit großen Büchern und Tabellen herum, inzwischen auch mit Taschencomputern, und horoskopieren überfallsartig jeden, der ihnen begegnet. Doch selbst sie lassen ihren Opfern meist einen Ausweg, mit der typischen Herablassung der Jugend, bei der man nie weiß, ob sie Pose oder Ernst ist: »Dann glaub's halt nicht, aber schau mir trotzdem bis morgen deine Geburtsstunde nach!«

Tante Judy dagegen, und das machte sie als Propagandistin der Sterndeutung so einzigartig und gefährlich, behandelte Astrologie als Frage des gesunden Menschenverstands. Sie wurde nicht müde, uns nachzuweisen, nach welchen »zufälligen, ungerechten Kriterien« wir unsere Mitmenschen beurteilten. »Fette Haare, Dialekt?«, sagte sie, »so jemanden schreibt's ihr doch gleich ab!« Sie hingegen fragte zu unserer fortgesetzten Pein dauernd fremde Leute nach deren Geburtstag. Das gebe ihr, behauptete sie, doch einen viel objektiveren Eindruck, als wenn der Mensch zum Beispiel zwei verschiedene Socken anhabe.

»Aszendent Zwilling«, murmelte meine Mutter.

»Was sagst?«, fragte Tante Judy erfreut.

»Nix«, versetzte meine Mutter, »du hörst Stimmen!« Sie hätte niemals zugegeben, dass Tante Judys Ordnungssystem uns allen längst in Fleisch und Blut übergegangen war. Und zerstreute, unordentliche Menschen hatten eben meistens irgendwo einen dominanten Zwilling.

Meine Schwester war klug genug, sich auf die Abgründe der Vorurteils-Diskussion nicht einzulassen. Mich dagegen quält bis heute die Erinnerung an ein Gespräch, in dem Tante Judy mit einem Wassermann im sechsten Haus argumentierte, während ich versuchte, all die entsetzlichen Eigenschaften meines Klassenkameraden Wolfi, seine unreine Haut, seinen Mundgeruch und seine fortgesetzten Brutalitäten auf »schlechte Erbsubstanz« zurückzuführen. Ich war elf Jahre alt und stand stark unter dem Eindruck der Mendel'schen Gesetze, dieser roten und weißen Erbsenblüten auf der Schautafel im Biologieunterricht. Nachdem ich einmal Wolfis Eltern gesehen hatte – sie besaßen die Tierhandlung in unserer Straße –, glaubte ich alles zu verstehen. Doch Tante Judy schüttelte nur den Kopf. Sie zählte Künstler und Intellektuelle auf, die aus zerrütteten Verhältnissen stammten, und Massenmörder, die schon als Fünfjährige träumerisch zart Klavier spielten. »Die kosmische Geburtskonstellation ist das Gefäß des Charakters«, predigte sie unverdrossen, »aber was man im Leben daraus macht, ist variabel.« Wir hatten das so oft gehört, dass wir diesen Ersten Lehrsatz der Tante Judy im Schlaf fortsetzen konnten: »Nur außerhalb des Gefäßes, da kann keiner sein Häuferl hinmachen!«

So eine Kindheit prägt einen, genauso, wie die meisten Menschen noch immer große Eurobeträge in D-Mark oder Schilling umrechnen. Sobald ich den Geburtstag von jemandem erfahre, flüstert ein inneres Stimmchen: »frühe Waage«. Oder »mittlere Jungfrau«. Und natürlich, so sehr ich dagegen ankämpfe, bedeutet das etwas für mich, so wie manche Menschen Zahlen als farbig empfinden. Mein erstes Horoskop habe ich dennoch erst viele Jahre später erstellen lassen, als Tante Judy schon lange nicht mehr lebte. Ich war schwanger, hatte gerade gelernt, zu einer Musik, die ich früher als »indisches Gejaule« bezeichnet hätte, laut schnaufend zu entspannen, und gelesen, dass mein Intellekt derzeit von der Emotionalität lahmgelegt werde, rein hormonell gesehen. Ich war bereit für Tante Judys Erbe. In diesem Horoskop stand unter anderem, dass »Merkur im zehnten Haus« mir »erhebliche sprachliche Fähigkeiten« schenkt, die ich beruflich nützen sollte.

Meiner Meinung nach haben die Sterne Tante Judy umgebracht, obwohl sie das noch am Totenbett bestritt. Sie hatte es ihr Leben lang »am Unterleib«, so lautete ihre verschämte Formulierung. Anders als man annehmen würde, waren damit aber nicht ihre ohnehin ungenützt gebliebenen Fortpflanzungsorgane gemeint, nein, sie litt unter einer schwachen und oft entzündeten Blase. Sie hatte stets ein flauschiges Sitzkissen dabei, in das man eine kleine Wärmflasche stecken konnte. In ihrem Kaffeehaus händigte sie diese Wärmflasche von Zeit zu Zeit diskret dem Kellner aus, der sie in der Küche nachwärmen ließ. Da sich Madame Bernadette seit den späten Siebzigerjahren auch der klassischen Homöopathie verschrieben hatte, warf Tante Judy eines Tages ihre Antibiotika weg und nahm fortan Globuli. Ich glaube, es war kurz bevor alle Frauen in Judys und Madame Bernadettes Alter die Aluminiumkochtöpfe aus ihren Küchen verbannten, die gerade noch als letzter Schrei in Sachen »Wärmeleitfähigkeit« gegolten hatten. Oder war es kurz danach?

Tante Judy jedenfalls wurde unter dem Einfluss Madame Bernadettes, ihrer Globuli, wahrscheinlich aber vor allem aufgrund anhaltender Schmerzen nervös und wunderlich. Sie ging ein paar Jahre lang überhaupt nicht mehr zum Arzt, weil sie angeblich keinen fand, der ihr »zusagte«. In Wirklichkeit biss sie sich an den Sprechstundenhilfen die Zähne aus, die sich weigerten, Patienten die genauen Geburtstage und -stunden ihrer Ärzte mitzuteilen. Doch nachdem meine Mutter eines Tages entdeckt hatte, dass Tante Judys Sitzkissen voller eingetrockneter Blutflecke war, waren wir alarmiert. Man empfahl uns einen Urologen. Mein Vater nahm es auf sich, ihn anzurufen und ihm die Lage zu erklären. Dieser überaus verständnisvolle Herr Doktor instruierte daraufhin seine Ordinationshilfe, Tante Judys telefonische Anfrage umstandslos mit »Wassermann, Aszendent Fisch« zu beantworten, eine Kombination, die Judy für Urologen besonders bevorzugte. Meine Schwester hatte zur Sicherheit sogar eine passende Geburtsstunde für den Arzt nachgeschlagen.

Doch es war natürlich zu spät. Als wir sie zum ersten Mal im Krankenhaus besuchten, empfing uns Tante Judy mit einem neuen Witz, genauso unerträglich wie der alte: »Krebs im alten Haus!« Ihre Blase musste entfernt und durch irgendeine künstliche Konstruktion samt Katheter ersetzt werden – sie nannte das tapfer ihre »Wasser-Konjunktion«. Um den Operationstermin gab es einen unerfreulichen Kampf, weil Madame Bernadette astrologisch günstige Vorschläge gemacht hatte, die sich nicht mit den Arbeitszeiten des Chirurgen deckten. Schließlich roch Tante Judy nicht mehr zart nach Urin, sondern beißend nach Desinfektionsmitteln. Und sie sah ihre fatale Verirrung noch immer nicht ein. »Der Mensch stirbt, wenn seine Zeit gekommen ist«, sagte sie begütigend und beharrte darauf, dass Madame Bernadette viel Gutes für sie getan habe, denn »mit meinen problematischen Anlagen könnte ich schon längst hinüber sein«.

Eines Tages kurz nach Weihnachten eröffnete sie uns, dass sie wahrscheinlich rund um den elften Mai sterben würde, »eher etwas später als früher«. Meine Mutter begann zu weinen. »Geh, Kinderl«, murmelte Tante Judy gerührt und streichelte ihren Unterarm. Meine Mutter zog ihn abrupt weg. »Du hast schon wieder mit dieser Blaha telefoniert«, zischte sie, »das verzeih ich dir nie!«

»Ich wünsch mir jedenfalls für den Stein …«, fuhr Tante Judy fort.

»*Stier hoch drei*?«, fragte mein Vater.

»Nein, Goethe«, sagte Tante Judy.

»Goethe?«, fragte mein Vater erstaunt.

»*Wie an dem Tag, der dich der Welt verliehen …*«, begann Tante Judy, und meine Schwester und ich nickten und fuhren leise fort: »... *die Sonne stand zum Gruße der Planeten, bist alsobald und fort und fort gediehen, nach dem Gesetz, wonach du angetreten.*«

Und so geschah es. Tante Judy starb friedlich bei Sonnenuntergang, und zwar am neunzehnten Mai. Die Frage, ob der Neunzehnte noch als »rund um den Elften« zu betrachten sei oder ob sich die Blaha diesmal »nachweislich« geirrt hatte, wurde in meiner Familie noch jahrelang debattiert. Meine Schwester und ich waren jedenfalls davon überzeugt, dass dieser Todeszeitpunkt ein Lehrbeispiel für die Macht der Psyche war – bis zum Elften eisern durchgehalten, und danach einfach aufgegeben. »Scheint zu funktionieren wie Placebo«, mutmaßte meine Schwester, die im Herbst darauf mit dem Studium der Psychologie beginnen wollte.

Mein Vater schüttelte nur den Kopf. Er glaubte an Psychologie genauso wenig wie an Astrologie, und von Placebo hatte er noch nie gehört. Mein Vater glaubte an den Antifaschismus, aber das ist wirklich eine ganz andere Geschichte.

Guten Abend, gut' Nacht

Niemals hätte ich mir träumen lassen, dass ich einmal die Nacht im Hotel Angst verbringen würde, sagte die Frau und lachte und sah dabei nicht glücklich aus. Stell dir vor, da komme ich spätabends in Bordighera an, nehme ein Taxi und sage: Bringen Sie mich bitte in ein gutes Hotel. Avec plaisir, antwortet darauf der Fahrer, aber bis heute unterstellt ihm meine Erinnerung eine grashalmfeine Bosheit.

Den Namen des Hotels habe ich in der Dunkelheit nicht erkennen können, nur die Umrisse von Palmen, den Geruch der Sommernacht und dass es ein großes Hotel war, ein riesiger protziger Kasten, aus dem Musik drang, Gelächter und Gläsergeklirr. Draußen, vor dem Hotel, war es umso stiller. Die Grillen zirpten, du weißt schon, wie es eben klingt und riecht, im Sommer, im Süden, bei Nacht. Bitte sehr, Madame, das beste Haus am Platze, sagte der Fahrer und riss mit übertriebener Geste die Tür auf, ich habe ihn gleich nicht gemocht, oder bilde ich mir das nur im Nachhinein ein. Jeder Gast wird vom Direktor persönlich begrüßt, flüsterte er mir noch zu, da sah ich schon einen kleinen Mann vom Eingang her auf mich zueilen. Klein war er, aber elastisch, wie gefedert, Statur und Ausstrahlung eines Zirkusdirektors, so … adrett, ein kleines Bärtchen, jedes Haar an seinem Platz, vielleicht ein bisschen grau, doch eigentlich alterslos, zeitlos. Ob er ein bisschen hinkte? Gestatten, mein Name ist Angst, sagte er mit Schweizer Akzent, und seine angedeutete Verbeugung ließ mich an ein dressiertes Tier denken. Machen Sie keine Witze, sagte ich, halb verblüfft, halb ärgerlich.

Es tut mir leid, Madame, sagte er, ich sage es mit dem Ausdruck echten Bedauerns, aber jeder hat seine Bürde zu tragen. Das ist wohl wahr, lenkte ich ein, überlegte, was wohl meine Bürde sei, ich wollte mich auf kein Gespräch einlassen, und plötzlich hielt ich es auch für möglich, dass einer einfach »Angst« heißen könnte, was gibt es nicht alles für Namen, was sind nicht die Kinder oft mit ihren Namen so gestraft wie mit ihren Eltern.

Es war ein Hotel, wie es sie heute kaum mehr gibt, großes Theater in Architektur und Interieur, ein Bauwerk, in dem die Worte Borte, Butler, Bordüre, Livree und Luster heimisch sind. Im Ballsaal ein Fest, die Schwingtüren klappten auf und zu, die Reihe der Lakaien und Helfershelfer riss niemals ab, dienstbare Geister, um den reibungslosen Ablauf alles Denk- und Undenkbaren zu allen Zeiten bemüht. Drinnen grölten Männer, viele waren uniformiert, gerade die Krieger brauchen ja Amüsement, damit sie vergessen; wer damals nicht dabei war, hat ja keine Ahnung. Auf einem Tisch tanzte ein loses Mädchen, die Fahne hoch, die Beine fest geschlossen, Männer griffen nach ihr, oder ich habe mir das nur eingebildet, weil doch immer die Männer nach einem Mädchen greifen, sobald es nur auf dem Tisch tanzt. Ich war müde. Doch irgendein Trotz ließ mich noch eine Flasche Champagner aufs Zimmer bestellen. »With compliments, Direktor Angst« stand auf der Karte, die mit dem Champagner und den noch nassen roten Früchten gebracht wurde. Verdammter, schleimiger Angst, dachte ich, ich kann für meinen Rausch auch selber bezahlen.

Was soll ich dir sagen, sagte die Frau und zog heftig an der Zigarette, ich habe entsetzlich schlecht geschlafen. Erst träumte ich vom Hoteldirektor. Gestatten, mein Name ist Angst, sagte er schon wieder, aber diesmal gab ich ihm mit dreckigem Grinsen zurück: Und mein Name ist Hase, nehmen Sie mich, schon wegen des schönen Doppelnamens, zur Frau? Avec plaisir, sagte Angst mit seiner kleinen affigen Verbeugung, doch dann geschah irgendetwas Furchtbares, davon wachte ich auf. Nun lag ich lange schlaflos und hörte vielstimmig Kinder weinen. Halluzinationen, geschuldet dem Alter, habe ich wütend gedacht und an der Narbe auf meinem nackten Bauch gekratzt, bis sie an einer Stelle feucht wurde. Ich fühlte mich leer. Wenn ich mit der flachen Hand auf verschiedene Stellen meines Körpers schlüge, müsste das klingen wie afrikanische Trommeln, stellte ich mir vor, helle dünne Haut, gespannt über einem Hohlraum. Stattdessen begann mein Bauch wieder zu ticken. Irgendwann stand ich auf und trat auf den Balkon. Es war immer noch heiß, wie in der Hölle. Mein Gott, dachte ich, ich bin wirklich am Ende. Wenn einem zu Hitze nur noch Hölle einfällt, wenn man jede läufige Katze mit einem weinenden Kind verwechselt, wenn man unversehens im Hotel Angst landet und sich fühlt wie in der Geisterbahn, dann ist es Zeit für … ja, für was eigentlich? Für eine Psychotherapie? Freud und Leid im Hotel Angst? Ironie war immer meine Stärke. Doch in der Dunkelheit, wenn ich allein bin, wenn ich nicht schlafen kann, kommt sie mir manchmal abhanden. Dann wird es kritisch.

Am nächsten Morgen fiel mir auf, dass es im Frühstückssaal kein einziges Kind gab. Ältere Herrschaften mit trockener Haut und verbissenen Mienen frühstückten, als wäre hier ihre letzte Station. Die Uniformierten waren verschwunden wie ein Spuk. Die Sonne schien zaghaft durch die vielen Zimmerpflanzen, der ganze Saal wie ein Terrarium für alte Echsen. Als ich das schwere Silbergeschirr bewunderte, sagte der blutjunge Kellner, noch bartlos, aber steif und ernst in seinem schwarzen Anzug, dieses Geschirr hat schon viel gesehen. Da bin ich aber froh, dass ich nicht dabei war, scherzte ich, doch er verstand nicht.

Auf der Terrasse spielten zwischen Oleanderbüschen übermütig junge Katzen. Sie waren alle versehrt. Manche waren dreibeinig, manche hatten keinen Schwanz, einige waren einäugig oder hatten ein zerfranstes, eitriges Ohr. Man sollte sie alle umbringen, sagte ein gepflegter älterer Mann, als er neben mich trat, ertränken, vergasen, erschießen. Er nippte an einem schmalen Glas und strahlte mich an. So schön und noch allein?

Ich wandte mich ab, bemüht, langsam zur Rezeption zu gehen, nicht wie auf der Flucht. Als ich die hohe Rechnung beglich, überreichte man mir ein kleines, aufwendig verpacktes Geschenk. Wir sind allzeit bestrebt, unsere Gäste individuell zu verwöhnen, sagte man und lächelte dazu.

Die Frau kramte in ihrer Handtasche. Das war drin, sagte sie und stellte eine Schneekugel auf den Tisch, so eine Kugel, wie es sie von allen Sehenswürdigkeiten auf der Welt gibt, vom Riesenrad und vom Eiffelturm, von der Seufzerbrücke, vom World Trade Center und vom Manneken Pis. Die Schneekugel aus dem Hotel Angst enthielt einen weißen Embryo aus Kunstharz, dritter Monat, wie die Frau fachkundig erklärte, wenn man ihn schüttelt, schneit es, du kennst das Prinzip. Auf der Unterseite des Sockels stand eingraviert »Souvenir – mit freundlichen Grüßen, Hotel Angst«. Warum nur hast du das behalten, fragte die andere erschrocken. Dieses Kind *kann* ich behalten, sagte die Frau und lachte plötzlich wie verrückt, jeder hat eben seine Bürde zu tragen.[30]

Anmerkungen

Vorwort

1 Martin Walser: »Vormittag eines Schriftstellers«, Suhrkamp Taschenbuch, Frankfurt am Main 1996, S. 20

I. Politisch-Feuilletonistisches

Lieber aufgeregt als abgeklärt

2 Heinrich Böll: »Werke«, Kölner Ausgabe Band 18, Kiepenheuer und Witsch, Köln 2003, S. 142

3 Ebd. S. 10

4 Anke Bastrop: Nach dem »Marsch aufs Kanzleramt« – beteiligt euch! auf: www.detektor.fm/kultur/nach-dem-marsch-aufs-kanzleramt-beteiligt-euch

Nicht christlich, sondern krank

5 Im Juli 2011 stimmte der Deutsche Bundestag mit 326 Stimmen einem überparteilichen Gesetzentwurf zu, der die PID in einem engen Rahmen zulässt, etwa wenn aufgrund der genetischen Veranlagung der Eltern eine schwerwiegende Erbkrankheit beim Kind oder eine Tot- oder Fehlgeburt wahrscheinlich ist. Dieses Gesetz ist seit Dezember 2011 in Kraft. In Österreich ist ein ähnliches Gesetz in Vorbereitung, in der Schweiz ist die PID weiterhin verboten.

Mut zur Wut

6 In der Debatte um Sibylle Lewitscharoffs Rede äußerte sich auch ihre Verlagskollegin, die Schriftstellerin Judith Schalansky. In einem Gastbeitrag in der Süddeutschen Zeitung vom 8. März 2014 bekannte sie, eine lesbisch lebende Frau, schwanger zu sein, »aber auf die als abartig verteufelte Weise«. Sie kam zu dem Schluss: »Wenn Menschen, aus welchen Gründen auch immer, die vollumfängliche Würde abgesprochen wird, ist das nicht mehr die Kultivierung eines Ressentiments,

sondern eine ungeheuerliche Hetze, die einem absurden, biologistischen, faschistoiden Natürlichkeitsideal huldigt.« Darauf antwortete wiederum Harald Martenstein im Tagesspiegel vom 9. März: »Wenn aber Leute als ›faschistoid‹ und als ›Hetzer‹ bezeichnet werden, so geschehen in der ›Süddeutschen Zeitung‹ in Bezug auf Lewitscharoff, dann geht es nicht um Widerspruch, dann geht es um die Verbannung aus dem öffentlichen Leben.«

Aus enttäuschter Liebe

7 Damals, 2012, noch Mahmud Ahmadinedschad (iranischer Präsident 2005–2013)

Was nur die Literatur vermag

8 Als der Historiker Götz Aly 2003 den privat gestifteten Marion-Samuel-Preis erhielt, trug er die wenigen verbliebenen Fakten über das Berliner Schulmädchen zusammen, dessen Name stellvertretend für die Million Kinder steht, die im Nationalsozialismus ermordet wurden. Marion Samuel starb vermutlich noch vor ihrem 12. Geburtstag in Auschwitz: »Im Tunnel – Das kurze Leben der Marion Samuel 1931–1943«, S. Fischer, Frankfurt am Main 2004

9 Filip Müller: »Sonderbehandlung. Drei Jahre in den Krematorien und Gaskammern von Auschwitz«, Steinhausen, München 1979, zitiert nach: Robert Jan van Pelt und Debórah Dwork: »Auschwitz – Von 1270 bis heute«, Pendo, Zürich 1998, S. 373

10 Imre Kertész: »Roman eines Schicksallosen«, Rowohlt Berlin, Berlin 1996, S. 272 ff.

Dünne Haut und Konsensschrott

11 »Wer ein Jahr jünger ist, hat keine Ahnung«: ZEIT Nr. 25/Juli 2007

II. Literarisches

So lacht die Hölle

12 Alle Zitate aus Ulrich Becher: »Murmeljagd«, Schöffling, Frankfurt am Main 2009

Zart, klar und unbarmherzig

13 Blake Bailey: »A Tragic Honesty: The Life and Work of Richard Yates«, Picador, New York 2003

14 Richard Yates: »Zeiten des Aufruhrs«, Manesse, München 2006, S. 272

15 Ebd., S. 136

16 Zit. nach Blake Bailey, s. o., S. 611

Jubeltag für Schriftsteller

17 »Miles City, Montana«, in Alice Munro: »Der Mond über der Eisbahn«, Berliner Taschenbuch Verlag, Berlin 2001, S. 122

Mehr Herz als Verstand auf Papier

18 Dieses und alle folgenden Zitate aus Virgina Woolf: »Briefe 1, 1888-1927« und »Briefe 2, 1928-1941«, Fischer Verlag, Frankfurt 2006

Diamant mit Umgebung

19 Alle Zitate aus: F. Scott Fitzgerald: »Erzählungen. Die letzte Schöne des Südens / Wiedersehen mit Babylon / Der letzte Kuss / Winterträume«, Diogenes, Zürich 2009

Ein schöner, böser Traum

20 Andrzej Bart: »Die Fliegenfängerfabrik«, Schöffling, Frankfurt am Main 2011, S. 237

Ein Dissident, kein Publikumsliebling

21 Peer Teuwsen: »Das gute Gespräch«, Basel 2009, S. 12

22 Joachim Kaiser 1984 in einem Text für Theater heute, zitiert nach der Biographie von Hans-Jürgen Fink und Michael Seufert: »Georg Kreisler gibt es gar nicht«, Fischer Taschenbuch, Frankfurt am Main 2007, S. 221

23 Georg Kreisler: »Lola und das Blaue vom Himmel«, Edition Memoria, Hürth 2002, S. 106 f.

24 Georg Kreisler: »Weder noch«, z. B. auf der CD »Literarisches und Nichtarisches«, Preiser Records 2006

25 Musik und Unterricht, Heft 53/Nov. 1998, Interview mit Stefan Balzter

26 Georg Kreisler: »Lola und das Blaue vom Himmel«, Edition Memoria, Hürth 2002, S. 123

III. Autobiographisches

Bürohunde und Zickenkriege

27 Alfred Worm (1945–2007), österreichischer investigativer Journalist, berühmter Aufdecker etwa des »Bauring-Skandals«, des »AKH-Skandals« und des »NORICUM-Skandals«

28 Oscar Bronner, geboren 1943, Maler und Journalist, Sohn des Kabarettisten Gerhard Bronner, gründete die Magazine Trend, profil und die Tageszeitung Der Standard

29 Peter Michael Lingens, geboren 1939, legendärer Herausgeber des profil bis 1987

IV. Zwei Erzählungen

Guten Abend, gut' Nacht

30 Geschrieben für das »Institutsbuch für Heil- und Sonderpädagogik« der österreichischen Künstlerin Michaela Spiegel zu ihren großformatigen Fotobildern des verfallenen »Hotel Angst« in Bordighera sowie Objekten, die Kunstharzembryos in Schneekugeln zeigen.

Quellennachweise

I. Politisch-Feuilletonistisches

Lieber aufgeregt als abgeklärt
Dankesrede zum Heinrich-Böll-Preis, gehalten am 22. November 2013 in Köln

Nicht christlich, sondern krank
Zur Debatte um die Präimplantationsdiagnostik
Erstveröffentlichung unter dem Titel »Zellhaufen mit Potential« in Spiegel Nr. 44/2010

Mut zur Wut
Sibylle Lewitscharoff und die Meinungsfreiheit
Erstveröffentlichung unter dem Titel »Unheilige Wut« in ZEIT Nr. 21/2014 vom 13. März 2014

Aus enttäuschter Liebe
Das Israel-Gedicht von Günter Grass, erschienen unter dem Titel »Günter Grass wirkt auf paradoxe Weise« in Falter Nr. 15/2012 vom 11. April 2012

Was nur die Literatur vermag
Laudatio aus Anlass der Verleihung des Marion-Samuel-Preises 2007 an Imre Kertész, gehalten am 12. November 2007 in der Augsburger Synagoge

Wer den Mund aufmacht, macht sich angreifbar
Rede zum 85. Geburtstag von Günter Grass, gehalten am 14. Oktober 2012 in Lübeck

Dünne Haut und Konsensschrott
Schriftsteller und ihre Kritiker
Erstveröffentlichung unter demselben Titel in »Keine Lust auf Untergang. Gegen eine Trivialisierung der Gesellschaft«, hrsg. von Norbert Niemann und Thomas Kraft, Langen-Müller, München 2010

Unter Piefkes
Als Österreicherin in Deutschland
Erstveröffentlichung in »Wir sind gekommen, um zu bleiben. Deutsche in Österreich«, hrsg. von Eva Steffen, Czernin, Wien 2009

Wasserkopf und Krone
Über Wien, die Heimatstadt
Erstveröffentlichung in »Wien: Küss die Hand, Moderne«, Corso, Hamburg 2011

Meister einer Klasse, die er selbst erfunden hat
Grabrede für Georg Kreisler, gehalten am 1. Dezember 2011 in Salzburg

Tanz vor dem Orkan
Auf dem Wiener Philharmonikerball
Erstveröffentlichung unter dem Titel »Österreichisches Taktgefühl« in Die Weltwoche Nr. 4/2007

Raus aus dem Quadrat
Deutschland, auf seinen Bahnsteigen und anderswo
Rede in der Reihe »Deutschlandbilder«, gehalten am 14. März 2013 auf der Leipziger Buchmesse sowie veröffentlicht in S. P. R. I. T. Z. (»Sprache im Technischen Zeitalter«) Nr. 207/September 2013

Welcher Preis passt zu mir?
Dankesrede zum Gerty-Spies-Preis, gehalten am 24. September 2013 in Mainz

II. Literarisches

So lacht die Hölle
Über Ulrich Becher, Erstveröffentlichung in Die Welt vom 17. Oktober 2009

Zart, klar und unbarmherzig
Über Richard Yates
Erstveröffentlichung als Nachwort in der Manesse-Ausgabe von »Zeiten des Aufruhrs«, München 2006

Die Unterschätzte
Über Alice Munro
Erstveröffentlichung unter dem Titel »Das große Vielleicht« in ZEIT Nr. 13/06 vom 23. März 2006

Jubeltag für Schriftsteller
Zum Literatur-Nobelpreis für Alice Munro
Erstveröffentlichung unter dem Titel »So leicht, als wäre es nichts« in ZEIT Nr. 43/13 vom 17. Oktober 2013

Mehr Herz als Verstand auf Papier
Die Briefe der Virginia Woolf
Erstveröffentlichung unter dem Titel »An der Nabelschnur« in ZEIT Nr. 40/06 vom 27. September 2006

Diamant mit Umgebung
Die Erzählungen von F. Scott Fitzgerald
Erstveröffentlichung unter dem Titel »Das Lied von den komplizierten Wegen der Liebe« in Frankfurter Allgemeine Zeitung vom 20. Februar 2010

Ein schöner, böser Traum
Andrzej Barts Roman »Die Fliegenfängerfabrik«
Erstveröffentlichung unter demselben Titel in Die Welt vom 7. Mai 2011

Ein Dissident, kein Publikumsliebling
Laudatio anlässlich der Verleihung des Friedrich-Hölderlin-Preises 2010 an Georg Kreisler, gehalten am 6. Juni 2010 in Bad Homburg

III. Autobiographisches

Bürohunde und Zickenkriege
Erstveröffentlichung in *profil* Nr. 36/6. September 2010

Berliner Humor erlernen
Erstveröffentlichung als »Das erste Mal … Berliner Humor verstehen« in Brigitte Woman Nr. 11/2006

Haus am See
Erstveröffentlichung unter dem Titel »Draußen baden« in SZ-Magazin Nr. 32/2010

Ich hatte einen Vogel
Erstveröffentlichung in SZ-Magazin Nr. 30/2011

Stell dir vor, du hättest den Hintern von Montserrat Caballé
Erstveröffentlichung in SZ-Magazin Nr. 28/2012

IV. Zwei Erzählungen

Und Goethe war übrigens Jungfrau
Erstveröffentlichung unter dem Titel »Im Bann der Sternzeichen« in ZEIT Nr. 52/06 vom 19. Dezember 2006

Guten Abend, gut' Nacht
Erstveröffentlichung im »Institutsbuch des Instituts für Heil- und Sonderpädagogik« der bildenden Künstlerin Michaela Spiegel, hrsg. vom Künstlerhaus Klagenfurt 2002

Terézia Mora

Der letzte Mann auf dem Kontinent

Roman

384 Seiten, btb 74128

Er ist Anfang 40, verheiratet und einziger Vertreter einer US-amerikanischen Firma für drahtlose Netzwerke in den Ländern Mittel- und Osteuropas: In einer Zeit globaler Wirtschaftskatastrophen macht sich Darius Kopp daran, sein Lebensidyll zu verteidigen. Seine Firma hat sich zwar in ein Phantom verwandelt (seine Chefs sitzen ohnehin in London und in Kalifornien), und auch seine Ehe mit seiner großen Liebe steht vor dem Aus. Dennoch möchte er lange daran glauben, dass alles gut gehen wird und er in der besten aller möglichen Welten lebt. Vor allem aber, dass es ihm geglückt ist, sich vom schönen Leben ein großes Stück zu sichern …

»Dieses Buch ist ganz westlich, zeitgenössisch, schnell, temporeich und eben auf eine schöne Weise verrückt.«

Hubert Winkels, 3 sat, Kulturzeit

»So klug wie gewinnend, so selbstverständlich wie eigensinnig, hellsichtig bis zum Gleißen und voller Poesie.«

Tilman Spreckelsen, FAZ

Juli Zeh

Adler und Engel

Ein Prozess

448 Seiten, btb 72926

Der junge Karrierejurist Max wird Zeuge, wie sich seine Freundin Jessie erschießt, während sie mit ihm telefoniert. Für Max bricht eine Welt zusammen. Erst Clara, eine junge Radiomoderatorin, kann ihn zu einem schonungslosen Blick auf die Wahrheit zwingen. Sie überredet ihn zu einer Reise in seine Vergangenheit. Allmählich wird Max klar, dass sein Leben und seine Liebe zu Jessie, der Tochter eines Drogenkönigs, in ein Netz aus Politik und Verbrechen verstrickt sind.

»Ein traumwandlerisch sicher hingelegter Roman, exakt zur richtigen Zeit am richtigen Ort: Die Kollegen von der Popfraktion werden sich warm anziehen müssen.«

Der Spiegel

»Die Ausnahme-Juristin Juli Zeh hat einen sensationellen Debüt-Roman geschrieben: aufregend, mutig, kompromisslos«

Brigitte

»Mit diesem erstaunlichen, fulminanten Roman hat sich die Autorin die Tür zu einer literarischen Zukunft weit geöffnet.«

Süddeutsche Zeitung